The Father and His Family
: A Restatement of the Plan of Redemption
by E. W. KENYON

ⓒ 1998
KENYON'S GOSPEL PUBLISHING SOCIETY, INC.
Printed in U.S.A.

2012 / Korean by Word of Faith Company, Korea.
Translated and published by permission
Printed in Korea.

하나님 아버지와 그분의 가족

발행일 2012. 11. 22 1판 1쇄 발행
　　　　2023. 10. 31 1판 2쇄 발행

지은이　E. W. 케년
옮긴이　서승훈
발행인　최순애
발행처　믿음의 말씀사
2000. 8. 14 등록 제 68호
(우) 16934 경기도 용인시 기흥구 신정로 301번길 59
Tel. 031) 8005-5483 Fax. 031) 8005-5485
http://faithbook.kr

ISBN 89-94901-33-7 03230
값 19,000원

* 성경 구절은 개역개정판을 기준으로 삼음.

본 저작물의 한국어판 저작권은 Kenyon's Gospel Publishing Society와의 독점 협약으로 '믿음의 말씀사'
가 소유합니다. 저작권법에 의해 한국 내에서 보호를 받는 저작물이므로 무단 전재와 복제를 금합니다.

다시 쓰는 하나님의 속량 계획

하나님 아버지와 그분의 가족

E. W. 케년 지음 | 서승훈 옮김

믿음의말씀사

| 목차 |

T. L. & 데이지 오스본의 편지 · 7
들어가는 말 · 12
아버지라는 사실 · 14
가족이라는 사실 · 16
저자 서문 · 18

1장 창조 세계가 존재하는 이유 · 27
2장 인간의 반역 · 41
3장 죽음의 지배 · 65
4장 사탄 · 81
5장 지옥 · 105
6장 인간은 중개자가 필요하다 · 123
7장 성육신 또는 예수님의 인성과 신성 · 141

8장 어떻게 하나님께서 공의로울 수 있는가? · 157

9장 죄의 담당자 · 177

10장 영원한 생명 · 209

11장 새로운 탄생 · 219

12장 성령님 · 243

13장 하나님 가족의 새 법 · 255

14장 하나님의 가정 · 269

15장 우리의 권리를 주장하기 · 283

16장 하나님은 변화된 몸을 원하신다 · 303

17장 필멸성과 불멸성 · 311

18장 의 · 321

19장 교제 · 331

20장 그리스도인이 되는 법 · 337

T. L. & 데이지 오스본의 편지

그리스도 안에서 친애하는 친구에게

케년 박사가 쓴 놀라운 책들이 저와 제 아내, 그리고 저희 사역에 얼마나 큰 의미를 지니고 있는지를 당신에게 말하게 되어 매우 기쁩니다. 우리는 1946년, 한 친구를 통해 케년의 책을 접하게 되었습니다. 그것은 『두 가지 의』라는 책이었습니다. 우리가 그 책을 알게 된 것은 하나님의 뜻이었습니다. 왜냐하면 하나님의 말씀 안에서 우리의 기초가 그리 견고하지 못했었기 때문입니다. 지금에서야 우리는 우리의 믿음이 실제로는 감각 지식에 근거한 것이었다는 것을 깨달았습니다. 저는 대가족이 사는 농장에서 성장하였는데, 그것으로부터 물려받은 가장 위대한 선물은 저희 부모님이 성경에 대해 깊은 존경심을 가지고 계셨고, 운 좋게도 저도 성경이 절대적이고 완전한 진리라는 거의 맹목적인 믿음과 함께 성장했다는 것입니다.

그러나 하나님의 말씀을 믿는다고 생각하는 수백만 명의 다른 사람들처럼, 소위 우리의 믿음이라는 것은 정말로 감각 지식에 의존했던 것입니다. 그때 『두 가지 의』라는 작은 책이 우리에게 전해졌고(그것은 소책자로 인쇄된 초기 보급판 중의 하나였습니다), 그 후 『두 가지 종류의 지식』과 여러 다른 책들을 받아보았습니다. 그것은 놀라운 개혁이었습니다!

우리는 선교사로 인도에 갔지만, 콜레라와 장티푸스와 우리를 실의에 빠뜨리는 상황의 희생물이 되어 결과적으로 사역을 형편없이 실패하고 말았습니다. 집으로 돌아왔을 때, 우리의 사역에 대한 전망은 어두웠습니다. 그때 케년의 책을 알게 되었고, 그와 동시에 치유와 기적을 일으키는 놀라운 사역에서 하나님께 쓰임 받는 한 복음 전도자가 우리가 사는 도시를 방문했습니다.

케년의 책들은 우리에게 하나님의 말씀 안에서의 기초를 마련해 주었습니다. 그리고 그 복음 전도자는 말씀을 행할 때 가장 놀라운 기적들이 나타나는 것을 입증해 주었습니다. 우리의 삶은 변화되었습니다. 우리는 오레건주의 포트랜드에서 목회하고 있던 교회를 사임하고 인도로 돌아갔습니다. 앞서 인도에 있었을 때, 우리는 그리스도를 알지 못한 채 고통과 빈곤 속에 살아가는 수백만의 사람들을 보았지만, 그리스도가 오늘도 살아계신 하나님의 아들이라는 사실을 그들에게 납득시킬 수 없었습니다.

그러나 길 위의 성경학교인 케년의 책들을 통해 우리는 전 세계 비그리스도인들에게 복음을 전할 해결책을 갖게 되었습니다.

그날 이후, 그리고 1949년 오스본 재단이 설립된 이래로 우리는 전 세계 60여 개 나라에 있는 대규모 경기장과 야구장, 넓은 벌판, 해변, 그리고 논에서 20명부터 십만 명에 이르는 군중들을 상대로 대규모 복음 전도집회를 가졌습니다. 모든 나라들이 영향을 받았습니다.

우리가 발행하는 잡지 'Faith Digest'는 매달 백만여 가정에 보내지고 있습니다. 우리 재단은 불신자들을 위한 선교로써 매달 2천 명 이상을 후원합니다. 현지 교회가 매일 한 곳 이상 세워집니다. 우리가 출판한 책은 백여 개의 언어로 발간됩니다. (그것은 하루에 1톤이 넘는 분량입니다.) 우리의 위대한 복음 전파 사역을 담은 기록 영화와 설교 테이프들이 50개 이상의 주요 언어로 만들어집니다.

이 모든 것은 케년 박사가 쓴 전대미문의 책들에 의해 우리 마음에 심어진 놀라운 진리의 씨앗들로부터 생겨난 것입니다. 당신의 아버지인 E. W. 케년이 시대를 앞서간 사도라는 사실에는 의심의 여지가 없습니다. 그의 놀라운 글들이 전 세계로 퍼져감에 따라 하나님의 영광을 드러내는 새로운 구름이 나타나 세계를 뒤덮기 시작했습니다. 그것은 케년 박사에 의해 심겨진 좋은 씨앗의 수확물인 믿음의 진리가 새롭게 드러난 것이었습니다.

기존에 수립된 신학과 기독교 전문가들은 케년의 글에 나타난 대담함에 충격을 받았고 그들의 기초가 흔들렸습니다. 예배형식을 중요시하는 교양 있는 사제들은 진정한 예수님의 길, 예수님의 믿음을 결코 이해할 수 없습니다. 그러나 마틴 루터가 인간은 그리스도 안에서만 진정한 믿음에 의해 구원받을 수 있다고 선언하며 그의 신성모독 및 건방진 주장이 종교계를 뒤흔든 이후, 교계는 E. W. 케년 박사가 제시한 개혁적이지만 단순한 진리로 인해 매우 무기력해졌습니다.

그의 놀라운 저서들이 등장한 이후, 표적이 뒤따르는 부흥과 복음주의의 영광스러운 물결이 그 자유의 세계를 완전히 둘러싸고 흠뻑 적셔버렸습니다. 저는 전 세계적으로 대규모 사역을 하며 하나님께 쓰임 받았거나 쓰임 받는 사람들(미국인, 영국인, 유럽인, 아프리카인, 인도인, 한국인, 아시아인, 필리핀인, 남미인들 등)의 대부분을 개인적으로 알고 있습니다. 사람들을 거대한 사역에 동참시키며 세상을 휩쓴 이 새로운 믿음의 씨앗과 뿌리는 분명히 E. W. 케년 박사의 기름 부음 받고 재능 있는 문필로부터 나온 글과 획기적인 출판물들의 영향으로부터 시작되었습니다.

케년 박사의 책들은 세상을 완전히 휩쓴 젊은이들의 "예수 운동Jesus Movement[1]"을 자라게 한 온상입니다.

수년 전, 저는 당신으로부터 내가 원할 때마다 언제든지 케년 박사의 글을 인용할 수 있다는 허락을 받았습니다. 그의 책들은 25여 년 동안 우리에게 영감을 주었고, 우리의 글에 힘을 실어주었습니다. 어떤 사실에 관해 설명할 때, 케년 박사가 이미 말했던 것보다 더 좋게 표현하기 난감할 때가 자주 있습니다. 진리를 전달하는 데 있어 신선하고 분명하지만, 간결한 방식으로 영어를 사용하는 그의 재능은 하나님이 주신 선물이며, 그에 필적할 사람은 아무도 없다고 생각합니다.

저는 이렇게 기도하고 싶습니다.

"그의 글이 계속 살아있기를!" 왜냐하면 진리는 사라질 수 없기 때문입니다. 저는 E. W. 케년의 마음과 생각과 글에 대해 하나님께 감사드립니다. 그리고 변함없는 비전을 가지고 다른 것들과 비교할 수 없는 이런 글을 풍성히 출판하는데 있어 지치지 않고 헌신해 온 그의 딸에 대해서도 하나님께 감사드립니다. 그로 인해 이 세대가 그의 글들을 공유할 수 있게 되었습니다.

---

[1] 1960년대와 1970년대 미국의 서해안을 중심으로 시작하여 북아메리카와 유럽으로 퍼져 나갔던 기독교 운동으로서, 히피 문화 속에 복음을 전하여 1980년대에 들어서 약화될 때까지, 갈보리 채플Calvary Chapel 교회를 통해 "마라나타" 찬양단의 음악과 함께 많은 영혼을 구원하고 교회를 세웠던 개신교 운동(역자주)

비록 수백 명의 사람들이 케년 박사의 책들을 모방하려고 했지만 (그러나 유사한 글이 등장하도록 선동한 일례에 대해서는 하나님께 감사드립니다), 설명하기 힘든 어떤 이유로 누구도 하나님으로부터 당신의 아버지 같은 은사를 받지 못했습니다. 그는 분명 문필을 위해 지명받은 사도였습니다. 그리고 그의 업적들은 우리의 왕 되신 주님이 다시 오실 때까지 그 길을 계속 밝혀주고, 사람들로 하여금 행동하게 만들 것입니다. 최근 몇 년 동안, 우리는 털사와 오클라호마에 있는 오스본 재단에 케년 박사의 책들을 비축해 왔습니다. 진리를 알기 원하는 사람들을 만나면 언제든지 그들에게 그의 책들을 선물하기 때문입니다. 그들의 기름진 마음 밭에 이보다 더 위대한 씨앗을 심을 수 없다고 생각합니다. 또한 젊은이들에게 수백 권에 달하는 케년 박사의 도서 세트를 주었습니다. (결코 단 한 권도 판매하지 않았습니다.) 그리고 기독교 사역에서 더 많은 열매를 좇아 굶주리고 갈급해 하는 모든 사람들에게 무료로 나누어 주기 위해 케년 박사의 책들을 계속 비축해 둘 것입니다.

　루스 케년씨, 당신 아버지의 글을 계속 출판해 주셔서 감사합니다. 그리고 언론을 통해 그 풍성한 진리들을 함께 나눔으로써 당신의 세대를 섬겨주셔서 감사합니다. 이 진리는 하나님 아버지의 마음으로부터 나와서 그의 종 E. W. 케년 박사를 통해 오늘날 세상 밖으로 전해졌습니다.

　그리스도 안에서 매우 존경하고 감사드리며,

오스본 재단 설립자, **T. L. 오스본**
오스본 재단 부사장, **데이지 오스본**

들어가는 말

이 시대의 지성인들은 일반 교단의 교리 속에 제시된 성경에 대한 정통적 해석에 대해 반발해 왔습니다.

불안의 영이 기독교계의 중심부를 점령했습니다. 현대의 비판학[2]은 많은 믿음의 옛 경계표landmarks를 파괴하였습니다.

수백만의 믿음이 산산이 부서졌습니다. 교회는 시대의 상상력에 대한 지배력을 잃어버렸습니다. 사역은 불신앙의 샛길에서 방황하고 있습니다. 그들은 모든 신학 사상에 물음표를 제기했습니다.

기독교 내 큰 교단들 가운데서도 일관된 교리를 거의 찾아볼 수 없습니다.

우리는 해답이 필요한 문제에 직면해 있습니다.

세상, 우주, 인간의 가족이 있는데, 이것들이 존재하는 이유는 무엇입니까?

과학은 그 질문에 답하지 못했을 뿐 아니라 그 문제를 풀려는 시도조차 하지 않았습니다.

---

[2] 비판학Criticism : 특별히 성경을 이성적, 과학적, 역사적 관점에서 비판적으로 평가하고 이해하려는 학문적 시도를 말한다.(역자주)

우리는 초기의 연구 조사를 통해 "창조의 이유"라는 긴 역사를 지닌 문제에 대해 지적으로 동의하지 않은 과학이나 철학, 혹은 신학은 그 체제가 지속될 수 없다는 것을 믿게 되었습니다.

이 질문에 대한 해답은 다음 장에서 찾게 될 것입니다.

이 글을 읽는 분들의 믿음이 강건해지고, 그들에게 있어 지식이 모호한 추론을, 강함이 약함을 대신하게 되리라 확신합니다.

아버지라는 사실
THE FATHER FACT

성경에서 가장 강력한 두 가지 사실은 아버지라는 사실The Father Fact과 가족이라는 사실The Family Fact입니다. 속량의 계획은 이 두 가지 사실을 중심으로 움직입니다.

하지만 이 기초적인 두 가지 사실들은 신학적 추론의 장황한 말들에 의해 그 계시가 가려져 왔습니다.

속량의 전체 계획은 다음과 같습니다.

첫째, 가족을 향한 하나님 아버지의 꿈.

둘째, 죄의 파국으로부터 속량.

셋째, 꿈의 실현.

넷째, 가족의 보금자리인 새 하늘과 새 땅.

속량의 전체 계획은 위대한 하나님 아버지의 심령의 갈망과 외로움에 대한 계시입니다. 이 장엄한 창조의 드라마는 인간의 아름다운 보금자리에 대한 하나님의 꿈과 그분의 청사진에서 시작되었습니다.

장차 남편이나 아버지가 될 누구도 하나님 아버지께서 그분의 자녀인 인간을 위해 보금자리를 계획하고 꿈꾸셨던 것보다 더 열렬히 자신의 보금자리를 꿈꿀 수는 없었습니다. 하나님 아버지께서는 오랜 세월을 거쳐서 지구라는 보금자리를 지으셨고, 오로지 그분의 생각mind으로만 그림을 그릴 수 있고 그분의 능력으로만 창조할 수 있는 보화들로 그곳을 채우셨습니다.

그분은 땅을 완벽하게 조성하신 후 별과 해와 달과 경이로운 별자리를 우주 공간에 두셨으며, 보이지 않는 세계뿐만 아니라 보이는 세계에도 보이지 않는 중력의 끈으로 지구를 고정시키셨습니다.

별과 별자리 하나하나는 그분의 능력의 말씀에 의해 그 자리에 놓여졌고, 각각 정해진 경로를 그리며 움직입니다.

하나님 아버지께서 자신의 자녀이자 가족인 인간을 위해 마련하신 놀라운 보금자리인 이 지구를 위해 별과 행성, 별자리와 별무리 하나하나는 각기 수행할 임무가 있습니다.

이 책은 인간을 스스로에게서 구원하여 살아 계신 하나님 아버지의 임재 안에서 그에게 흠 없고 행복한 가족을 주기 위한 사랑의 과정들에 대한 이야기입니다.

가족이라는 사실
THE FAMILY FACT

　기독교는 종교가 아닙니다. 기독교는 한 분의 아버지와 그의 자녀들로 이루어진 가족입니다.
　이런 측면에서 기독교는 세상에 있는 다른 모든 종교와 다릅니다.
　기독교는 신조나 교리 체계나 윤리학 조직이 아닙니다.
　신조는 기독교에서 나온 것입니다.
　율법도 기독교에서 나왔습니다.
　교리들도 기독교의 가르침으로부터 형성된 것입니다. 그리고 세계에서 가장 뛰어난 윤리학은 기독교의 산물이었습니다.
　그것들은 모두 기독교의 일부이며, 가족이라는 위대한 사실의 부분들입니다.
　기독교의 특별함은 기독교의 하나님이 우주의 위대한 가족의 하나님이시라는 사실입니다.
　당신의 가족이 과학이 아니듯이, 기독교도 과학이 아닙니다. 그러나 이는 과학적 사실에 근거합니다.
　기독교는 철학이 아니라, 하나님과 인간의 관계에 대한 계시입니다.

기독교는 신학이 아니라, '인간의 속량'과 '하나님과 인간의 연합'에 대한 실재입니다.

| 저자 서문 |

두 종류의 지식
THE TWO KINDS OF KNOWLEDGE

    몇 해 전 캘리포니아의 한 광부가 자신이 받은 개발권의 효력이 만료되어 간다는 사실을 깨달았습니다. 그는 오두막을 짓고 집으로 삼았습니다. 그의 마음은 완전히 좌절되었습니다. 시굴하는 곳마다 실패하였습니다.

    어느 날 아침 그는 오두막 앞에 앉아 있던 중 꽃을 좀 심기로 작정했습니다. 곡괭이와 삽을 집어 들고 일하기 시작했습니다. 그리고 일한 지 얼마 지나지 않아 그는 그 지역 전체에서 가장 풍성한 광맥을 발견했습니다.

    그는 수년 동안 그 위를 밟고 다녔습니다.

    이것은 우리가 말씀 안에서 찾은 가장 놀라운 발견들 중 하나에도 똑같이 적용됩니다.

    이 광부와 우리의 차이점은 이것입니다. 광부는 거기에 광맥이 있다는 것을 전혀 몰랐지만, 우리는 하나님 아버지와 그분의 가족에 대한 사실을 모호하게나마 알고 있으면서도 그 중요성을 결코 깨닫지 못했던 것입니다.

    우리는 그것이 성경에 대한 학계 전반의 합리론적인 태도를 해결한다는 것을 알지 못했습니다.

우리는 그것이 성경 해석에 대한 문제를 해결한다는 것을 알지 못했습니다.

우리는 그것이 현대 교회의 상태에 대한 해결책이라는 것을 알지 못했습니다.

우리는 그것이 대부분의 신학교에 있는 배교背敎 문제를 해결한다는 사실을 알지 못했습니다.

오늘날 세상에는 두 종류의 지식이 있습니다. 그런데 우리는 놀랍게도 그 둘을 한 번도 대조하거나 비교해 본 적이 없습니다.

훌륭한 대학교와 기술학교, 전문대학 등에서 가르치는 것이 그 첫 번째 지식입니다.

또 다른 지식은 성경이라 불리는 책으로부터 나오는 지식입니다.

전자는 인간의 오감을 통해 얻는 지식이며, 후자는 하나님으로부터 오는 계시입니다.

오늘날 과학계, 교육계, 공학계의 모든 지식은 보고, 듣고, 느끼고, 맛보고, 냄새 맡는 오감을 통해서 이루어졌다는 것은 널리 인정된 사실입니다.

인간이 지금껏 천지 만물과 가졌던 모든 접촉은 인간의 오감을 통해 이루어졌습니다. 인간은 오감을 떠나서는 아무런 지식도 얻지 못했습니다.

감각 지식sense knowledge의 한계를 다음의 예를 통해 설명할 수 있겠습니다. 태어나서 한 번도 시각을 가져본 적이 없는 눈먼 사람은 색깔에 대해 어떤 것도 알 수 없습니다. 한 번도 들어본 적이 없는 귀먹은 사람은 소리에 대해 어떤 것도 알 수 없습니다.

따라서 오감을 지닌 우리 역시, 이 다섯 가지 통로를 통해서 우리의 혼mind에 들어온 것 이외는 아무것도 알 수 없습니다. 다시 말해 거대한 지식 체계는 '실험'을 통해 구축된 것입니다.

이 지식의 원천은 바로 우리의 몸이었습니다.

우리는 그런 지식을 감각 지식이라고 부릅니다.

감각 지식은 감각적 지각Sense Perception을 통해 오게 되며, 실제로 우리의 몸은 실험실이었던 것입니다.

화학, 금속공학, 기계학이라는 거대한 지식은 인간의 끊임없는 실험을 통해서 이루어진 것입니다.

감각적 지각을 통해 물리적 세계만을 접촉해 왔던 사람들이 하나님의 존재를 부인할 수밖에 없는 것은 그리 놀랄 일이 아닙니다. 물질세계에서 늘 그들이 하나님을 발견할 수 없기 때문입니다.

화학이나 생물학 실험을 통해서는 영이나 혼을 발견할 수 없습니다.

이런 이유로 그들은 자연스럽게 초자연적인 것을 배제하고, 기적은 불가능하다고 여기는 것입니다.

그들은 물질 영역과 마찬가지로, 영적 영역에도 위대한 실재들이 존재한다는 사실을 깨닫지 못합니다.

그들은 인간이 영적인 존재라는 것과 하나님으로부터 오는 계시가 반드시 필요하다는 사실을 납득하지 못했습니다.

이 계시 지식은 우리를 기적의 세계로 이끕니다.

우리는 이 계시로써 하나님을 진짜 아버지로 알게 되었습니다.

우리는 그분과 접촉할 수 있었고, 또한 우리가 하나님을 알게 된 이 물질세계로 그분을 모셔 올 수 있게 되었습니다.

그러나 감각 지식은 하나님을 알 수도, 찾을 수도, 볼 수도, 들을 수도, 느낄 수도 없습니다.

그래서 그들은 자신들의 영역에서 하나님의 존재를 부인합니다.

이제 당신은 왜 거듭나지 않은 사람이 성경을 해석하여 그 영적인 내용을 우리에게 전해 줄 수 없는지 그 이유를 이해할 수 있습니다.

오직 새로운 탄생에 의해 혼이 빛을 받은 사람들만이 하나님을 알고 그분의 계시를 이해할 수 있습니다.

이 사실은 위대하지만 거듭나지 않은 학자들의 성경에 대한 비평을 교회가 그렇게까지 심각하게 받아들이지 말아야 하는 이유를 설명합니다.

그들 가운데 일부는 성경을 번역하기도 했습니다. 우리는 그들의 정직성이나 학문성을 의심하지는 않습니다. 그들은 단순한 감각 지식을 지닌 인간이 할 수 있는 최선을 다했습니다. 눈먼 사람이 위대한 예술 작품을 해석하려 한다고 해서 우리가 그 시도를 비판하지는 않을 것입니다.

다윈Darwin 박사도 그래서 진화론을 제시한 것입니다.

감각 지식은 제한적입니다. 육에 속한 사람natural man;자연인은 생명의 원천, 물질의 원천, 인간의 기원이나 동물의 왕국에 대한 기원을 알지 못합니다.

자연인은 창조 세계가 어떻게 존재하게 되었는지 전혀 알지 못합니다.

자연인은 어떤 설명을 제시해야 한다고 느끼고, 그래서 추측합니다.

진화론은 대부분이 추측으로 이루어져 있습니다.

그러나 우리에게는 이 모든 것들이 어떻게 존재하게 되었는지에 대한 하나님의 선언문이 있습니다.

감각 지식은 하나님의 선언문을 부인하지만, 우리는 그것을 이해할 수 있습니다.

자연인에게는 그렇게 행동하는 것이 당연했습니다.

우리는 이제 감각 지식의 한계를 볼 수 있습니다. 감각 지식의 한계는 고린도전서 2장에서 완전하게 설명되고 있는데, 그 절정은 바로 이 구절입니다. "육에 속한 사람은 하나님 성령의 일들을 받지 아니하나니 이는 그것들이 그에게는 어리석게 보임이요 또 그는 그것들을 알 수도 없나니 그러한 일은 영적으로 분별 되기 때문이라" 고전 2:14

여기서 우리는 하나님의 일들은 영적으로 분별 되기 때문에 자연인은 그것들을 알 수 없다는 사실을 읽게 됩니다. 자연인은 오직 물질적인 것만 알 수 있습니다.

우리는 이 점을 이해할 수 있습니다. 인간과 외부 세계 사이의 모든 접촉이 인간의 중추신경계와 오감을 통해서 이루어진다는 사실을 알기 때문입니다.

오감은 육신적인 몸에 속한 것이어서 오로지 물질만을 접촉할 수 있습니다.

그러므로 인간은 오직 물리적으로 분별 되는 것만을 압니다. 인간은 자기가 살고 있는 우주에 대해서는 많이 배웠지만, 창조주에 대해서는 전혀 배운 적이 없습니다. 볼테르Voltaire가 말했듯이, 인간은 별을 연구할 수는 있지만 그 자신을 알지는 못합니다.

하나님께서는 인간의 수준에서 그를 만나셨고 인간의 오감으로 접할 수 있는 계시를 주셨습니다.

고린도전서 2:12-13은 하나님께서 그 일을 어떻게 하셨는지 말합니다.

"우리가 세상의 영을 받지 아니하고 오직 하나님으로부터 온 영을 받았으니 이는 우리로 하여금 하나님께서 우리에게 은혜로 주신 것들을 알게 하려 하심이라 우리가 이것을 말하거니와 사람의 지혜가 가르친 말로 아니하고 오직 성령께서 가르치신 것으로 하니 영적인 일은 영적인 것으로 분별하느니라"

이 구절은 우리의 눈으로 볼 수 있고 귀로 들을 수 있는 말을 통해 하나님께서 인간을 향한 그분의 계획과 목적에 대한 계시를 우리에게 주셨다는 사실을 보여줍니다.

그렇다면 왜 하나님께서는 인간을 계시가 없이는 하나님을 알 수 없는 존재로 창조하셨을까요? 어떤 사람들은 이런 질문을 떠올릴 수도 있습니다.

이 책 후반부에서 더 충분히 보게 되겠지만, 하나님께서는 인간을 영적인 존재로 창조하셨고 영이 거하는 곳으로서 그에게 몸을 주셨습니다. 인간은 자신의 영이 거하는 육신적인 몸을 통해 외부 세계와 접촉해야 했습니다. 인간은 오감이라는 매체를 통해 이 세계에 대한 지식을 얻었습니다. 신경계의 목적은 인간에게 하나님을 나타내는 것이 결코 아니었습니다. 인간은 자신의 영을 통해 하나님을 알아야 했습니다.

인간이 영적으로 죽었을 때, 다시 말해 하나님으로부터 분리되었을 때 그는 하나님을 알 수 있는 통로가 전혀 없는 상태로 남겨졌습니다. 그래서 하나님께서는 인간이 지식을 얻는 매체의 수준에서 그를 만나셔야만 했습니다.

하나님께서는 그 일을 행하셨고, 이 계시는 우리에게 성경으로써 알려져 있습니다.

자연인, 곧 육신적인 사람이자 오직 감각 지식만을 가진 사람은 하나님의 이 계시를 이해할 수 없습니다.

그는 반드시 재창조되어야 합니다. 영적인 것들을 판단할 수 있기에 앞서 그의 혼이 조명되어야 합니다.

따라서 교회는 성경에 대한 새로운 무신론적 태도에 겁을 먹을 필요가 없습니다.

사실 현대의 모든 과학자들은 그들의 저작에서 하나님을 향한 갈망을 드러내고 있지만, 감각 지식을 가지고는 하나님을 찾을 수 없습니다.

이 책은 감각 지식만을 가지고 있는 사람들에게 계시의 필요성을 알리고, 이 계시 속에 드러난 사실들을 보여주기 위해 쓴 것입니다

"과학자들과 철학자들이 현상을 깊이 연구하면 할수록 내가 제안해 왔던 진리들이 더욱 찬란하게 드러날 것이다. 그 진리란, 말로 할 수 없는 오랜 기간 동안 하나님께서 인간의 출현을 준비하느라 분주하셨다는 사실이요, 인간이 그분의 위업 가운데 최고의 목표, 곧 이 행성에 대한 그분의 창조적인 생각의 최종 목표였다는 사실이요, 오랜 기간을 거쳐서 이루어진 이 모든 준비 작업이 단지 짧은 수명과 낮은 수준의 생존을 위한 보금자리를 마련하려는 것이 아니었다는 사실이요, 인내심을 요구하는 이 접근 방식이 그렇게도 불합리하고 무가치한 식으로 완성될 수 없었다는 사실이요, 수 세기 동안 오래도록 기다려 왔다가 마침내 왕관을 쓴 인간이 죽기 위해 태어나지는 않았다는 사실이다."

– W. W. 킹슬리Kingsley

1 장

창조 세계가 존재하는 이유
THE REASON FOR CREATION

창조 세계는 설계자의 탁월한 솜씨를 보여줍니다.

창조 세계는 우연의 산물이 아닙니다.

광물의 영역을 탐구하든, 식물 혹은 하등 동물에서 고등 동물에 이르는 동물 세계 전체의 신비를 탐색하든, 당신은 어디서나 치밀한 설계의 흔적들과 마주하게 됩니다.

우연은 결코 없습니다.

창조 세계는 변하지 않는 법칙들의 엄격한 지배를 받아왔습니다.

현미경은 가장 미세한 생명체에도 이 법칙이 적용된다는 사실을 밝혀줍니다.

가장 하등 세균에서부터 가장 고등 형태의 창조물에 이르기까지 동일한 법칙의 지배를 받습니다.

모든 창조에는 지적인 목적이 스며 있습니다.

창조의 매 단계마다 초점이 되는 원대한 목적이 있습니다.

땅의 기초를 놓으신 그분은 동일한 계획과 목적을 가지고 계셨습니다. 그분은 마지막 마무리 손질을 하셨을 때와 똑같은 청사진을 가지고 계십니다.

이것이 이상하게 들릴 수도 있을 것입니다. 그러나 그럼에도 불구하고 이것이 진실입니다. 그래서 과학은 창조 세계가 존재하는 적절한 이유를 제시해 오지 못했습니다.

과학은 이 부분에서 침묵했습니다. 하지만 이 부분이야말로 과학이 가장 먼저 연구했어야 할 부분이었습니다.

"창조의 이유"를 설명하지 않는 우주론은 존재할 수 없습니다.

창조 세계가 아무런 계획도 의도도 없고 설계되지도 않은 우연의 소산이라면, 우연이야말로 기적의 일꾼이며 우리의 경배를 받아 마땅할 것입니다.

인간의 유업 가운데 그 어떤 지성소도 인정하지 않는 철학은 이런 질문에 대답조차 하지 않았으며, 그 전당에 어떤 발자취도 남겨놓지 않았습니다. 이런 논의에서 철학적인 주장이 나온 적은 한 번도 없었습니다.

오직 시인만이 그의 서정시를 이 고상한 주제로 돌렸습니다.

과학과 예술과 모든 철학의 영감의 어머니인 신학은 창조 세계가 존재하는 이유를 아직까지도 제시한 적이 없었습니다.

신학은 기초가 없이 거대한 상부구조를 구축했습니다. 신학은 하나님의 절대주권과 자유의지에 대해서는 유창하게 주장했지만, 창조 세계가 존재하는 이유에 대해서는 침묵해 왔습니다.

신학자들은 하나님과 개인적으로 관계하는 것보다 추상적인 신학에서 더 큰 즐거움을 발견했고, 하나님에 관한 지식보다는 형이상학에서 더 큰 기쁨을 찾았으며, 하나님의 말씀보다는 인간의 의견에서 더 큰 쾌락을 발견했습니다.

아직까지 과학, 철학, 신학 그 무엇도 한 세대를 지속할 만한 교과서를 쓸 수가 없었습니다.

이론은 시간의 제한을 받지만, 진리는 영원하다는 사실을 우리는 망각해 왔습니다.

누구도 구구단을 고치겠다고 생각하지 않습니다.

진리는 결코 수정할 필요가 없는 것입니다. 그러나 이론은 시대마다 수정됩니다.

창세기 맨 앞의 세 장에 대한 모든 공격과 조소에도 불구하고, 그 부분들은 유일하게 창조 세계에 대해 지적인 사고mind를 만족시키는 근거로서 여전히 유효합니다. 어둡고 무한한 우주공간을 통해 궤도를 따라 움직이는 모든 천체의 존재 이유가 바로 이 지구라고 성경에서 선언하는 것은 흥미로운 일입니다.

창세기의 역사

창세기는 우리가 가진 창조(세계)에 대한 이론을 완전히 재구성하도록 만듭니다.

창세기 1:14-19의 말씀입니다. "하나님이 이르시되 하늘의 궁창에 광명체들이 있어 낮과 밤을 나뉘게 하고 그것들로 징조와 계절과 날과 해를 이루게 하라 또 광명체들이 하늘의 궁창에 있어 땅을 비추라 하시니 그대로 되니라 하나님이 두 큰 광명체를 만드사 큰 광명체로 낮을 주관하게 하시고 작은 광명체로 밤을 주관하게 하시며 또 별들을 만드시고 하나님이 그것들을 하늘의 궁창에 두어 땅the Earth을 비추게 하시며 낮과 밤을 주관하게 하시고 빛과 어둠을 나뉘게 하시니 하나님이 보시기에 좋았더라 저녁이 되고 아침이 되니 이는 넷째 날이니라"

위 말씀을 통해 지구가 하나님의 말씀에 의해 이미 창조되어 그 자리를 잡았다는 사실을 알 수 있습니다.

이제 하나님께서는 해와 달과 별과 행성들이 궁창에서 이 지구를 섬기도록 각각의 자리에 두고, 낮과 밤을 나누고, 우리에게 징조와 계절과 날日과 해年를 주기 시작하십니다.

이 성경 구절에서 보면 지구는 우주가 존재하는 이유인 것처럼 보일 것입니다.

최고의 천문학자들에 따르면 지구는 우주에서 생명체를 지닌 유일한 행성입니다.

이것이 진실이라면, 이는 지구가 놀라운 하나님의 계획과 목적에서 한 자리를 차지한다는 사실을 입증하는 것입니다.

조금 전에 인용한 성경 구절을 한 번 더 언급해 보겠습니다. "그것들로 징조와 계절과 날과 해를 이루게 하라 또 광명체들이 하늘의 궁창에 있어 땅을 비추라"창 1:14-15

대양과 바다의 밀물과 썰물은 천체들의 영향을 받습니다.

더위와 추위, 가뭄과 폭풍은 행성의 영향을 받은 직접적인 결과입니다.

폭풍은 특정 행성들의 위치와 영향력에 따라 발생하는 지역이 예측될 수도 있습니다.

이런 일은 매주 이루어지고 있으며, 확증된 과학이 되었습니다.

지진은 발생하기 몇 년 전에 미리 예측할 수 있습니다. 왜냐하면 어떤 행성들이 지표면의 특정 부분에 대해 한 시간 동안 그 영향력을 집중하여 지각 변동을 일으킬 것이기 때문입니다.

행성들의 위치에 대한 정확한 지식을 통해 혹한과 혹서를 몇 달 전에 예측할 수 있습니다.

이상의 추론으로부터 우리는 행성들이 우리에게 계절을 주고, 징조가 되며, 항상 지구를 섬기는 지속적인 동료와 종이 되기 위해 하늘에 놓여진 것임을 분명히 알게 됩니다.

다시 말해 이것은 우리가 하늘이라 부르는 별들이 반짝이는 거대한 우주가 바로 이 지구 때문에 존재한다는 점을 입증하는 것이라 말하고 싶습니다.

이를 설명하기 위해 흥미로운 이야기를 하나 하겠습니다. 어느 날 어떤 유명한 천문학자가 천체가 지구에 끼치는 영향력에 대해 자기 아들과 토론하고 있었습니다.

그는 이렇게 말했습니다. "난 우리가 가진 가장 성능 좋은 천체망원경으로도 보이지 않는 곳에 놓인 천체에 의해 어느 순간 지구가 궤도에서 들어 올려진 것이라는 사실을 발견했단다. 지금보다 더 큰 천체망원경을 만든다면, 네가 가서 하늘을 샅샅이 살펴 우리가 사는 행성에 그러한 영향을 끼치는 것이 무엇인지 알아내기 바란다."

유명한 릭 천문대Lick Observatory가 성능 좋은 천체망원경과 함께 세워졌을 때, 그 아들은 바다와 대륙을 건너서 그곳으로 갔습니다. 구름 한 점 없는 어느 날 밤, 그는 보이지도 않고 천문도에도 기록되지 않은 행성이 그 강력한 팔을 뻗어서 지구를 붙들고 있는 어두운 우주공간 쪽으로 거대한 천체망원경을 틀었습니다.

잠시 응시하니, 갑자기 작은 빛이 나타났습니다. 그것은 미지의 우주로부터 크게 궤도를 돌고 있는 어떤 별이었습니다.

그는 지구에 아주 불가사의하게 영향을 끼쳐왔던 별을 보았던 것입니다. 그것은 사람의 육안으로 볼 수 있는 가장 먼 별로부터 수백만 마일이나 떨어져 있는 별이었습니다.

거대한 궤도를 도는 이 초대형 별은 몇 년 주기로 우리 행성에 접근하여, 측량할 수 없는 우주 공간을 통해 강력한 중력의 손을 뻗어 작은 지구를 붙잡아 그 궤도에서 들어 올릴 수 있었습니다. 대양에 떠 있는 배가 키의 사소한 조작에도 반응하듯이, 지구 역시 그 멀리 떨어져 있는 별의 움직임에 호응하여 즉시로 그 궤도를 벗어납니다. 그러다가 그 행성의 당기는 힘이 느슨해지면, 지구는 원래의 자리로 되돌아가서 규칙적으로 그 궤도를 돕니다.

이것은 한 가지 사실을 확인해 줍니다. 이 거대한 우주 전체에서 작은 지구에 영향을 끼치지 않는 행성이나 태양이나 달이나 별은 존재하지 않는다는 사실입니다.

태양에 비해 너무도 작아서 묻혀버릴 수도 있는 이 지구가 우주의 중심이며, 우주가 존재하는 이유라는 사실을 깨달을 때 무척 마음이 떨립니다.

오늘 밤, 셀 수 없고 천문도에도 기록되지 않은 천체들의 품 안에서 지구는 어머니의 팔에 안긴 아이처럼 안전하게 안겨 있습니다.

하늘은 오늘 밤 지구의 단 하나뿐인 완벽한 시계입니다. 사람이 만든 어떤 시계도 우리에게 시간을 완벽하게 알려주지 않습니다. 하지만 별이 가는 길을 아는 사람은, 길이 없는 거대한 우주공간 안에서 모든 별과 태양과 행성이 시간표대로 특정 시점에 지나갈 것임을 알고 있습니다.

그 별은 수천 년 동안 보이지 않을 수도 있지만, 그것의 정해진 시간표에 따라 일초의 어긋남도 없이 하늘의 교차로에 나타날 것입니다.

오! 조물주의 불가사의함이여, 창조주의 경이로움이여, 우리의 이 거대한 우주를 지탱하시는 이의 위력이여!

지구가 존재하는 이유

별이 떠 있는 하늘이 지구 때문에 존재한다면, 지구의 존재 이유는 무엇일까요?

새벽 별이 하나님 아버지의 쓸쓸한 심령에 첫 노래를 불러주기 전, 지구의 기초가 놓이기 전, 최초의 빛줄기가 어둡고 거대한 공간을 뚫고 지나가기 전, 위대한 창조주 하나님의 심령에는 깊고도 강렬하며 영원한 어떤 열망이 있었습니다.

그 열망은 자녀에 대한 원초적인 갈망이었습니다.

창조주 하나님 아버지의 마음은 아들과 딸을 간절히 바랐습니다.

이 열망은 형태를 갖추었고, 하나님께서는 그분의 사람을 위해 우주를 계획하셨습니다. 그리고 그분은 그 우주 중심에 보금자리를 정하셨습니다.

하나님께 시간이란 것은 존재하지 않습니다.

시간은 낮과 밤, 태양과 달에 속한 것입니다.

전능하신 하나님께서는 낮이나 밤이나 햇수에 지장을 받지 않으셨습니다.

사랑이신 그분께서 거대한 우주의 기초를 놓았을 때 그분은 이 모든 것이 그분의 사람을 위한 보금자리가 되도록 계획하시고 작정하셨습니다.

그 보금자리는 사람의 탄생지요, 기쁨의 동산이요, 하나님 아버지를 알기 위해 배우는 학교가 되어야 했습니다.

사랑이신 하나님은 많은 시간을 들이셨습니다.

하나님께서는 많은 시간을 통해 그분의 사람을 위해 온갖 종류의 부요한 보물들을 축적하는 일을 하셨습니다.

그분은 철과 구리, 은과 금 등의 매장물들과 사람의 손길에 반응할 셀 수 없이 다양한 금속과 화학물질, 자원들로 지구의 내부를 채우셨습니다.

그분은 산과 계곡, 협곡, 고원지대, 대초원과 어여쁜 개울과 세차게 흐르는 강과 사람의 심령을 기쁨으로 떨게 한 각양각색의 꽃들이 어우러진 초록빛 외투로 지구의 표면을 덮으셨습니다.

산 중턱은 거대한 수목들로 덮여 있습니다. 그 나무들은 지저귀는 새들과 윙윙거리는 곤충으로 가득하고, 살며시 부는 바람에 섬세하게 이파리를 떨며 사람을 위해 더할 나위 없는 멜로디를 만듭니다.

온갖 과일과 채소들이 도처에 넘쳐났다는 사실은, 사람을 향한 하나님의 크나큰 아버지의 마음 안에 담긴 사랑이 자연의 언어로 분명하게 드러난 것이었습니다.

이는 위대한 하나님 아버지께서 사람에게 품으신 위대한 꿈과 심령의 계획을 설명해 줍니다.

조물주는 지표면의 어느 구역에 인간이 살지 않을지를 아셨습니다.

그래서 그곳에 기초과학, 역학 및 과학 분야에 필요한 구리, 철, 석탄, 석회석 등 다른 모든 천연자원과 화학물질을 저장해 두셨습니다.

수백만의 인구를 먹여 살리는 곡식이 자라는 거대한 평원으로부터 멀지 않은 곳에서 당신은 거대한 화학물질과 금속, 광물 및 석유가 매장된 곳을 발견할 것입니다.

하나님께서는 사람들이 필요할 때마다 쉽게 찾아 쓸 수 있도록 그것들을 한곳에 모아두셨습니다. 여기에 우연이란 없었습니다.

백금과 황금이 철만큼 많고, 철이 금만큼 희귀했다면, 기계의 시대는 결코 존재하지 않았을 것입니다.

땅에 테를 둘러서 나라들을 서로 이어주는 철로는 존재할 수가 없었을 것입니다. 기관차 엔진은 금이나 구리로 절대 만들어질 수 없었습니다.

사람이 아직 태어나지 않았음에도 위대한 조물주는 사람의 필요를 아시고 창조의 놀라운 계획 속에서 그 필요를 채우셨습니다.

동물의 세계

동물의 세계에 오늘날 약 스물다섯 종의 가축이 존재하고 있다는 것은 흥미로운 사실일 것입니다.

과학자들은 개와 집고양이가 원래는 야생동물이었지만 길들여진 것이라고 설명하려 애썼지만, 본성은 이를 부인합니다.

북극에서 적도에 이르기까지, 해 뜨는 곳에서 해 지는 곳까지, 인간의 모든 필요를 채워주는 개들이 있습니다.

이상한 사실은 지금까지 어떤 야생동물도 가축을 대신하지 못했다는 것입니다.

과학자들은 개가 늑대 과(科)에 속한다고 말하지만, 누가 아무 종류의 늑대 한 마리를 데려다가 길들여서 자기 자녀를 지켜주는 보호자이자 친구인 애완용 개로 삼거나 농장이나 집에서 매일 생활하는 동료로 삼을 수 있겠습니까? 당신 집안은 스무 세대에 걸쳐 늑대를 키워왔을 수도 있지만, 그 늑대는 여전히 늑대일 뿐입니다.

반면 당신이 인간의 충성스러운 친구인 개를 스무 세대에 걸쳐 숲에다 야생 상태로 풀어 놓았다가 다시 집으로 데려온다고 해도, 그 개는 일주일 내에 당신을 위해 목숨도 버릴 만큼 충성스러운 하인이자 친구요 노예가 됩니다.

개는 전능하신 하나님께서 사람의 충성스러운 하인이자 동료이자 연인이 되도록 창조하신 존재입니다.

집고양이는 집 안에서 자녀와 어린아이의 친구이자 단짝이요, 노인의 애완동물이 되도록 창조되었습니다.

지혜로운 창조주께서는 말을 만드실 때 사람의 필요를 채우는 목적에 맞게 하인과 짐을 지는 일꾼으로서 설계하셨습니다.

그분께서는 말의 입에 이가 자라지 않는 부분을 남겨두어서, 입에 재갈이 물려진 상태에서도 불편함이 없이 먹이를 먹을 수 있게 하셨습니다.

소에게 사자나 하이에나의 난폭한 기질이 주어졌다면, 가축으로는 완전히 부적합했을 것입니다.

개에게 늑대나 여우의 기질이 주어졌다면, 또는 집고양이에게 호랑이의 기질이 주어졌다면 우리의 집은 안전하지 못했을 것입니다.

말에게 얼룩말의 기질이 주어졌다면, 사람의 짐을 지는 일꾼이자 떨어질 수 없는 친구가 되지 못했을 것입니다.

그렇습니다. 사람을 창조하신 그분은, 사람의 손길에 반응하고 사람과의 우정을 연모하고 열망하며 사람의 목소리에 기꺼이 복종하는 그런 가축들이 사람에게 필요할 것을 아셨습니다. 지면이 허락한다면, 뛰어난 지성을 가진 창조자의 지혜로운 예비하심을 보여주는 다른 가축들에 대해서 더 말할 수 있습니다.

식물의 세계

사람을 위해 창조된 다양한 종류의 수목들을 보는 것은 굉장히 흥미로운 일이 될 것입니다.

유칼립투스 과科만하더라도 183가지의 변종이 있습니다. 참나무, 소나무, 단풍나무, 버드나무, 미루나무는 인류가 발전하고 번창하는 데 필요한 것과 욕구를 채우도록 창조되었습니다.

식물의 세계에는 십만 종이 넘는 식물들이 있습니다. 그리고 십만 종이 넘는 식물을 먹고 사는 오십만 종이 넘는 곤충이 있습니다.

모든 초목, 관목, 채소, 과일 또는 모든 식물 세계의 나무들은 인간이 사용하도록 설계되고 계획되었습니다. 인간은 지적으로 성장하고 식물 세계의 신비를 탐구함에 따라, 이 위대한 기계의 시대에서 끊임없이 나타나는 수많은 필요들에 대한 해결책을 그 속에서 발견하고 있습니다.

사람이 존재하는 이유

하늘이 존재하는 이유가 지구 때문이고, 지구가 존재하는 이유가 사람 때문이라면, 사람이 존재하는 이유는 무엇일까요?

답은 단 하나이며 아주 간단합니다. 그것은 위대한 하나님 아버지의 외로운 심령 때문입니다.

바울은 에베소서에서 "이 땅의 가족이든 하늘의 가족이든 모든 가족의 아버지 됨Fatherhood은 하나님으로부터 발원한다"고 말합니다.

하나님의 심령은 자녀, 곧 아들과 딸을 열망하며 갈구했습니다.

하나님께는 그분을 섬기는 종인 천사가 있었습니다. 하지만 그분은 자녀를 원하셨기에 놀라운 사랑의 인내로 오랜 시간 사람을 위해 땅과 하늘을 준비하셨습니다.

이것이 사실이라면, 사람은 가장 놀라운 존재입니다.

하나님께서 사람을 너무도 원하시고 사랑하셔서 그를 위해 준비하는 데 수백만 년을 보내셨다면, 사람이 하나님의 심령과 꿈과 영원에서 얼마나 중요한 위치를 차지하는 것이겠습니까!

확인 문제

1. 창조 세계는 설계자를 어떻게 드러냅니까?

2. 지구가 천체의 존재 이유임을 보여주는 성경 구절은 무엇입니까?

3. 보화를 지닌 지구가 인간을 향한 하나님의 꿈과 계획을 어떻게 설명합니까?

4. 가축은 인간의 필요에 대한 하나님의 사려 깊은 공급하심을 어떻게 나타냅니까?

5. 사람이 존재하는 이유는 무엇입니까?

"사람이 세상의 주인이 되었습니다. 다른 피조물들은 인간의 기쁨을 위해 그 생명을 유지하고 있습니다. 사람은 땅에 저장된 열매와 연료와 광물을 기계장치에 사용하고, 강과 태양으로부터 전기를 끌어모읍니다. 또한 눈 깜짝할 사이에 전 세계로 자신의 생각을 전달하고, 천체망원경과 분광기로 우주를 탐색하며, 가장 빨리 나는 새보다 훨씬 빠른 속도로 육지와 바다와 공중을 누빕니다."

(비록 타락하여 권좌에서 물러났을지라도 인간은 우주의 주인이라는 본래 지위에 대한 흔적을 간직하고 있습니다.)

2장

인간의 반역
MAN'S TREASON

인간의 현재 상태는 정상입니까?

우리는 인간을 향한 아버지의 이상과 계획에 따라 살고 있습니까?

죄와 질병과 죽음이 하나님의 계획의 일부입니까? 그분이 죄와 질병과 죽음을 만드신 분입니까?

증오와 질투와 살인이 하나님의 계획의 일부입니까?

이 땅을 휩쓰는 잔인한 동족상잔의 전쟁은 하나님의 원래 목적의 일부입니까?

하나님의 본래 계획은 죄와 고통, 슬픔과 미움, 그리고 죽음도 없는 것이었을까요?

인간의 본성

창조 세계뿐만 아니라 창조 세계의 극치인 인간이 존재하는 이유는 하나님의 심령 때문이라고 믿습니다.

"찬송하리로다 하나님 곧 우리 주 예수 그리스도의 아버지께서 그리스도 안에서 하늘에 속한 모든 신령한 복을 우리에게 주시되 곧 창세 전에 그리스도 안에서 우리를 택하사 우리로 사랑 안에서 그 앞에 거룩하고 흠이 없게 하시려고 그 기쁘신 뜻대로 우리를 예정하사 예수 그리스도로 말미암아 자기의 아들들이 되게 하셨으니"엡 1:3-5

인간은 세상의 기초가 놓이기도 전에 아들이 되도록 정해졌습니다. 사랑이신 하나님은 예수 그리스도를 통하여 우리를 자신의 자녀로 입양하기로 정하셨습니다.

다른 말로 하면, 세상의 기초가 놓이기 전 하나님께서는 가족을 갖기로 결심하셨고, 인간은 그 결심에 대한 회답이었습니다.

처음에 인간은 어떤 존재였을까요?

창세기 1장은 사람이 하나님의 형상image을 따라 그분의 모양likeness대로 창조되었다고 선언합니다.

"하나님의 형상과 모양대로"라는 말은 무슨 뜻일까요?

우리가 원래의 인간에 대해 알고 있는 바에 따르면, 하나님께서는 그분의 동료이자 영원한 동반자가 되도록 인간을 창조하셨습니다.

비록 육신의 몸에 살고 있지만, 인간은 영적인 존재입니다.

"하나님께서는 인간의 심령에 영원eternity을 두셨도다"전 3:11

우리는 인간이 창조주의 동료가 되도록 창조되었음을 알고 있습니다. 다시 말해 주인에 대한 종이나 가축의 자리를 수행하도록 창조된 것이 아니라, 영원토록 영원하신 아버지의 아들이자 동료이자 동반자가 되도록 정해졌던 것입니다.

이 주제를 다루기 전에 태초에 인간이 어떠한 존재였는지를 더 충분하게 살펴보는 것이 좋겠습니다.

인간의 종류

감각 지식으로부터 발전해 나온 다윈의 진화론은 오랫동안 불신과 숙명론이라는 시커먼 구름을 드리워 진리를 이해하기 어렵게 만들었지만, 이런 사실에도 불구하고 조사를 계속하겠습니다.

지면이 협소한 관계로, 진화론에 대한 깊은 논의는 불가능할 것입니다.

다만 세 종류의 구별된 생명이 존재하며, 이 생명들은 건널 수 없는 간격에 의해 분리되어 있다고 최근 발표된 과학계의 공식 입장을 언급하는 것으로 충분하겠습니다. 그 세 종류의 생명은 식물의 생명, 동물의 생명, 인간의 생명입니다.

식물은 절대로 그 간격을 뛰어넘어 동물이 될 수 없으며, 동물 역시 결단코 그 간격을 뛰어넘어 인간이 될 수 없습니다.

이는 감각의 영역에서 발생한 다윈의 가설을 영원히 무너뜨리는 것입니다.

야생 상태에서는 어떤 동물도, 심지어 같은 종일지라도 다른 동물끼리 교배하는 경우가 없으며, 서로 다른 종끼리는 결코 어울리지 않는다는 사실에 주의하십시오.

화석이나 숲 어디에서도 곰과 사슴 사이에, 사슴과 호랑이 사이에, 사자와 하이에나 사이에, 또는 까마귀와 개똥지빠귀 사이에, 매와 비둘기, 혹은 말과 코끼리 사이에 교배가 일어난 것을 발견한 적이 없습니다.

"하나님이 이르시되 땅은 생물을 그 종류대로 내되 가축과 기는 것과 땅의 짐승을 종류대로 내라 하시니 그대로 되니라 하나님이 땅의 짐승을 그 종류대로 가축을 그 종류대로 땅에 기는 모든 것을 그 종류대로 만드시니 하나님이 보시기에 좋았더라" 창 1:24-25

동물 역사의 모든 단계에 나타난 화석을 아주 세세하게 살피고 조사하더라도, 모든 동물이 '그 종류대로' 라는 창세기의 이 말씀은 진리입니다.

회의론자일지라도 동물의 역사에서 가장 작은 유기체에서 가장 거대한 포유동물에 이르기까지 이종교배가 있었다는 흔적을 찾을 수 없습니다. 모든 동물은 처음에 있던 그 부류에 그대로 머물러 왔습니다.

거대 석탄층에서 고사리류의 식물이 묻혀 있는 것을 발견할 수 있는데, 이는 오늘날 숲속의 서늘한 음지에서 캐는 것과 똑같은 식물입니다.

석탄층 아래, 즉 지하 약 335m 지점에 묻혀 있는 단풍나무 잎은 우리가 알고 있는 것과 똑같은 단풍나무 잎입니다. 단풍나무 잎에는 변화가 없습니다. 나뭇잎의 갈라진 조각의 수나 생김새는 당신의 화단에서 자라는 단풍나무 잎과 똑같습니다.

오늘날 우리가 과거 바다였던 지층에서 발견하는 것과 똑같은 형태의 생명체가 바위에서도 발견됩니다. 변한 것은 전혀 없습니다.

자연은 자연의 법칙을 알고 있습니다. 그리고 야생동물은 그 법칙에 완전히 순종하며 살고 있습니다.

인간, 창조 세계의 통치자

성경은 인간이 창조되었을 때 모든 동물에게 이름을 지어줄 수 있을 정도의 지적인 면을 그 혼에 가지고 있다고 선언합니다.

"여호와 하나님이 흙으로 각종 들짐승과 공중의 각종 새를 지으시고 아담이 무엇이라고 부르나 보시려고 그것들을 그에게로 이끌어 가시니 아담이 각 생물을 부르는 것이 곧 그 이름이 되었더라" 창 2:19

아담은 모든 가축과 하늘을 나는 새와 들짐승에게 이름을 지어주었고, 그 이름은 그 동물에게서 나타난 특성과 본성을 부여한 것이었습니다.

500,000종 이상의 곤충과 새와 벌레와 동물과 물고기와 파충류의 이름을 아담이 지어주었다는 사실을 깨닫는다면, 그가 유인원의 계보에서 반쯤 발달한 잃어버린 연결고리일 리가 없다는 것을 인식하지 않을 수 없습니다. 그렇습니다! 아담은 창조의 모태로부터 온전한 상태로 나왔기에, 창조 세계를 다스리는 통치자가 되기에 적합했습니다.

아담은 경이로운 지적 능력만이 아니라 영적 능력도 지니도록 창조되었습니다. 그 영적 능력으로 인해 그는 하나님께 적합한 동반자가 되었습니다.

인간의 통치권

하나님께서는 창세기 1:28과 시편 8:3-4에서 묘사한 것처럼 그분의 손으로 지으신 모든 것들을 다스릴 통치권을 인간에게 주셨습니다.

"주의 손가락으로 만드신 주의 하늘과 주께서 베풀어 두신 달과 별들을 내가 보오니 사람이 무엇이기에 주께서 그를 생각하시며 인자가 무엇이기에 주께서 그를 돌보시나이까"

"주께서 그를 천사보다 조금 못하게 하시고"시 8:3-5

이 구절에서 "천사"로 번역된 히브리어는 창세기 1:1에서 "하나님"으로 번역된 단어와 같은 단어입니다. 따라서 이 구절은 다음과 같이 번역되었어야 합니다.

"주께서 그를 하나님보다 조금 못하게 하시고 영화와 존귀로 관을 씌우셨나이다 주의 손으로 만드신 것을 다스리게 하시고 만물을 그의 발 아래 두셨으니"시 8:5-6

여기에서 인간이 하나님보다 조금 못하게 지어졌다는 사실에 주목하십시오.

어떤 탁월한 히브리어 학자는 이 대목을 다음과 같이 번역합니다. "주께서 그를 하나님보다 약간 못하게 지으시고"

다른 말로 하면, 하나님께서 인간을 창조하셨을 때 가능한 한 하나님과 거의 닮게 지으셨다는 것입니다.

인간은 하나님의 동반자가 되도록 지어졌습니다.

그뿐만 아니라, 하나님께서 그분의 손으로 지으신 모든 것들을 다스리는 통치권을 인간에게 주셨다는 사실에도 주목하십시오.

인간은 동물의 세계만이 아니라 창조 세계의 법칙도 다스렸습니다.

인간은 각기 궤도를 도는 별도 다스렸습니다.

인간은 하나님 다음가는 통치자였습니다.

인간은 하나님과 사랑의 법 이외에는 어떤 존재나 법에도 종속되어 있지 않았습니다.

이런 사실 자체가 가장 중요한 점입니다. 이것은 통치권에 대한 인간의 꿈과 완벽하게 일치합니다.

인간은 결코 종이나 노예가 되도록 만들어지지 않았습니다.

우리는 인류 역사의 시기마다 인간이 지닌 통치권에 대해 살짝 엿볼 수 있습니다.

모세가 홍해를 향해 말했을 때, 그는 자연을 다스리는 통치권을 가지고 있었습니다.

보이지 않는 손이 바닷물을 갈라 거대한 틈을 내자, 홍해는 양쪽에 수십 미터 높이의 벽처럼 높게 솟으며 모세 앞에서 열렸습니다. 사백 만 명의 사람들이 양 떼와 가축, 가족, 노예들과 더불어 발이 젖지 않은 채 바다를 건너 자유의 땅으로 건너갈 때까지, 바닷물은 한 사람의 목소리에 의해 벽이 된 채로 양쪽에 서 있었습니다. 그러다가 같은 사람의 같은 목소리에 의해 바닷물이 와르르 천둥 치는 소리를 내며 쏟아져 내렸고, 이 일은 여러 세대에 걸쳐 이방 민족을 떨게 했습니다.

우리는 성경에서 여호수아가 요단강을 향해 말하자, 거친 강물이 주인(여호수아)의 말에 응하여 의기양양한 이스라엘 민족이 약속의 땅에 이를 수 있도록 길을 열었던 대목을 봅니다. 또한 같은 사람(여호수아)이 해와 달에게 말하여, 적에게서 승리를 거둘 때까지 몇 시간이고 멈추어 있게 했다는 이야기를 듣습니다.

우리는 하늘로부터 불이 내리도록 불러내던 담대한 엘리야를 봅니다.

우리는 이글거리는 불가마에 던져졌지만, 겉옷이 불에 타거나 그을린 냄새 하나 없이 빠져나온 다니엘의 세 친구를 봅니다.

그리고 마침내 몇 세대를 지나 그 나사렛 사람이 태어나고 태초에 인간에게 주어진 것과 똑같은 권세를 행사하는 것을 봅니다.

사망 권세와 무관하게 태어나신 예수님은 첫 사람과 똑같은 권세와 통치권을 지니셨습니다.

우리는 갈릴리 바다를 향해, 불구가 되어 고통을 당하는 인간의 다리와 팔을 향해, 죽음을 향해, 바다의 물고기를 향해, 들판의 나무를 향해, 그리고 사탄을 향해 이 권세를 행사하시는 예수님을 봅니다.

예수님께서는 창조 세계의 절대 지배자이자 군주로서 통치하셨습니다.

인간의 본성

인간이 처음 창조되었을 때에 그는 영원한 인간의 생명을 지닌 완벽한 존재로 계획되었습니다.

그는 불멸의 존재는 아니었지만 그렇다고 반드시 죽을 수밖에 없는 존재도 아니었습니다.

'죽을 수밖에 없는mortal' 이라는 말은 '죽을 운명인' 또는 '사탄의 지배를 받는' 이라는 뜻입니다.

반면 '불멸Immortality' 이란 죽을 수밖에 없는 상태의 지배로부터 벗어난 자유로움, 썩지 않고 죽지 않는 상태를 의미합니다.

하나님께서 아담을 창조하셨을 때, 그는 완벽한 인간이었습니다. 즉 죽음이 그를 지배하지 못했습니다.

아담에게는 결코 소진되지 않는 회복력을 가진 육체적인 생명이 있었습니다. 아담은 질병이나 죽음의 지배를 받지 않았습니다.

인간의 육체적 본성이 칠 년마다 한 번씩 회복되는 생리 법칙이 육체가 끊임없이 건강함을 유지하는 비결이라고 생각합니다.

예수님께서도 이와 똑같은 종류의 몸을 지니셨습니다. 그분은 죽을 수 없었습니다. 그분께서 우리 죄의 대속물이 되셔서 죄의 본성이 그분에게 얹어지기 전까지 죽음은 그분을 지배할 권세가 없었습니다. 그분에게 우리의 죄의 본성이 얹어졌을 때 비로소 그분은 죽을 수밖에 없는 존재가 되었고 죽게 되셨습니다.

인간은 하나님과 같은 부류에 속한 존재입니다.

인간은 영원한 인격체입니다.

인간이 죄를 짓기 전, 그는 모든 천사들과 귀신들을 다스리는 통치권을 가지고 있었습니다.

전능하신 하나님 외에는 어떤 존재도 인간보다 더 위대하지 않았습니다.

이 시점에서 하나님의 계획 가운데 또 하나의 중요한 부분을 살펴보는 것이 좋겠습니다.

기한

하나님께서는 인간에게 기한이 있는 통치권을 주셨습니다. 통상적으로 그것을 통치권의 임대 기간이라 합니다.

이 통치권의 임대 기간은 다니엘서와 마가복음에서 "이방인의 시대", 다시 말해 '열방의 시대' 또는 '인간의 통치 시대'라고 불립니다.

"이에 그들이 소리 질러 이르되 하나님의 아들이여 우리가 당신과 무슨 상관이 있나이까 때가 이르기 전에 우리를 괴롭게 하려고 여기 오셨나이까 하더니" 마 8:29

"그들이 칼날에 죽임을 당하며 모든 이방에 사로잡혀 가겠고 예루살렘은 이방인의 때가 차기까지 이방인들에게 밟히리라" 눅 21:24

"이방인"이라는 말은 "인류", 곧 타락한 인간을 의미합니다.

"형제들아 너희가 스스로 지혜 있다 하면서 이 신비를 너희가 모르기를 내가 원하지 아니하노니 이 신비는 이방인의 충만한 수가 들어오기까지 이스라엘의 더러는 우둔하게 된 것이라" 롬 11:25

"그러므로 하늘과 그 가운데 거하는 자들은 즐거워하라 그러나 땅과 바다는 화 있을진저 이는 마귀가 자기의 때가 얼마 남지 않은 줄을 알므로 크게 분내어 너희에게 내려갔음이라 하더라" 계 12:12

이상의 구절을 통해 볼 때, 귀신들은 자기에게 기한이 있는 것을 알았습니다.

그 기한을 '이방인의 때'라고 합니다.

이방인의 때란evidently, 사탄에게 넘겨주었던 인간의 본래 통치 시대 the Age of Man's original Dominion를 가리킵니다.

우리는 오늘날 사탄이 타락한 인간을 통하여 지배하고 있다는 사실을 압니다. 그러나 하나님께 감사드리기는, 그 임대 기간이 거의 끝나가며 주 예수님께서 오실 때 만료될 것입니다.

인간의 책임

하나님께서는 인간에게 스스로를 재생산할 수 있는 능력, 다시 말해 자녀를 낳을 수 있는 능력을 주셨습니다.

그 일은 다음과 같은 방식으로 일어났습니다.

하나님께서는 말 한마디로 인류 전체를 창조하지 않으셨습니다. 대신, 한 남자와 한 여자를 창조하신 뒤 그들에게 "내가 허락하노니, 너희는 나의 자녀를 낳아 기르고 교육하고 돌보며, 그 아이들이 나를 사랑하고, 나의 심령의 갈망에 응답하도록 가르쳐라."라고 말씀하셨습니다.

따라서 인간의 진정한 임무는 하나님의 자녀를 낳는 것이었습니다.

이는 인간에게 오직 영원함으로 측량될 수 있는 책임을 준 것입니다.

인간은 영원한 인격체, 곧 하나님께서 사시는 만큼 장수할 자녀들을 낳습니다.

그러므로 인간은 하나님의 기쁨을 관리하는 청지기입니다.

인간의 죄의 본질

이것은 갈보리 십자가 이후로 모든 시대의 신학자들이 직면해 온 오래된 문제입니다.

인간의 원죄의 본질은 무엇이었습니까?

그것은 율법을 깨뜨린 것이 아니었을 것입니다. 왜냐하면 모세의 율법과 관련지어 볼 때, 어떤 율법도 아직 주어지지 않았기 때문입니다.

그렇다면, 하나님께서 인간이 되셔서 갈보리의 고난을 겪을 수밖에 없게 한 그것은 어떤 종류의 죄였을까요?

인간에게 불행을 가져온 중요한 일격이라 불릴 수 있는 죄는 무엇이었을까요?

인간이 엄청난 권세를 부여받았다는 사실, 하나님의 동료가 될 수 있을 정도로 탁월한 지성을 지녔다는 사실, 하나님을 기쁘게도 슬프게도 할 수 있는 존재라는 사실을 발견했다면, 이제는 인간이 범한 죄의 본질을 이해할 수 있습니다.

대 반역

아담은 대 반역의 죄를 지었습니다.

하나님께서는 아담에게 우주를 다스릴 수 있는 합법적 권세를 부여하셨습니다. 우주를 아우르는 이 통치권은 하나님께서 인간에게 주실 수 있는 가장 신성한 유산이었습니다.

아담은 이 합법적인 통치권을 하나님의 원수인 마귀의 손에 넘겨주었습니다.

이 죄는 용서받을 수 없는 죄입니다! 인간의 대 반역은 인류의 모든 역사마다 깊이 숙고되어 왔습니다.

아담의 범죄는 절대 지식이 훤히 계시된 상태에서 저질러졌습니다.

그는 마귀에게 속은 것이 아니었습니다.

아담은 이 끔찍한 범죄에 이르게 한 단계들을 이해하고 있었습니다.

아담의 아내인 하와는 속은 것이었지만, 아담은 영원히 배신자가 되었습니다. "이는 아담이 먼저 지음을 받고 하와가 그 후며 아담이 속은 것이 아니고 여자가 속아 죄에 빠졌음이라" 딤전 2:13-14

아담은 하나님을 알았습니다. 아담은 사탄을 알았습니다. 아담은 자신이 저지른 상상할 수 없는 범죄의 결과를 알고 있었습니다.

반역의 결과

첫째, 하나님의 계획을 망가뜨렸습니다.

둘째, 하나님과 인간 사이를 분리하였습니다.

셋째, 하나님께서 창조하신 세계에 대한 모든 통치권을 사탄이 받게 되었습니다.

넷째, 인류를 마귀에게 완전히 속박시키는 결과를 초래하였습니다.

다섯째, 동물과 식물의 세계를 황폐하게 하는 저주가 임하였습니다.

땅의 모습이 새로워지고 사람의 출현을 준비한 이후로 죽음이 있었던 적이 없었지만, 이제는 황폐하게 하는 저주가 하나님의 아름다운 창조 세계를 휩씁니다.

모든 꽃과 열매에 저주가 임했습니다.

벌레와 찔레와 가시가 넘쳐납니다.

창세기 3:17에는 인간이 저지른 죄의 결과로 인해 땅이 저주를 받는 이야기가 나옵니다.

가인의 제사에서 알 수 있듯이, 땅이 크게 저주받았기에 하나님의 제단에 그 열매가 드려지는 것은 합당치 않았습니다.

이 끔찍하고 압도적인 저주가 온 지구의 표면을 바꾸어버렸습니다.

이제 죽음과 황폐함이 어디서나 눈에 보일 정도입니다.

동물 세계에 끼친 영향은 더 심각합니다.

창조의 세계는 본래 사랑의 통치를 받도록 계획되었습니다. 모든 동물 피조물은 사랑과 평화의 분위기 속에서 살았습니다.

두려움도 미움도 알지 못했습니다.

그러나 갑자기 동물의 세계 전체가 새로운 본성을 받게 되었습니다.

미움과 사악함과 두려움과 보복의 영이 바람처럼 동물들의 내면으로 들어갔습니다.

어린 양과 사자가 풀밭에서 함께 뛰놀며 장난쳤었습니다. 그러다

갑자기 사자가 흉포하게 변했습니다. 지금껏 익숙했던 사자의 목소리가 나오지 않습니다. 사랑은 변질되었고, 마침내 모든 숲과 들판에 그의 무시무시한 포효가 울려 퍼지게 되었습니다.

두려움이 겁 많고 연약한 동물들을 사로잡았습니다.

동물의 세계 전체가 인간의 끔찍한 범죄를 실감하고 있습니다.

땅은 별안간 커다란 전쟁터로 바뀌었고, 여러 시대를 거쳐오면서 고요한 숲과 강과 사막은 거대한 묘지가 되어버렸습니다.

두려움과 죽음이 매일 밤 그 그림자 속을 활보하고 다닙니다.

인간의 세계

인간은 갑자기 죽을 수밖에 없는 존재가 됩니다.

인간은 죽을 운명이자 사탄의 종이 됩니다.

그는 거듭났습니다.

그는 단순한 죄인이 아니라, 죄 자체입니다.

새로운 본성이 인간 안으로 들어옵니다.

그것은 하나님의 본성이 아니라, 원수 곧 마귀의 본성입니다. 그리고 비슷한 본성, 곧 극악무도하고 잔인하며 사악한 본성이 동물의 세계에도 들어옵니다.

인간의 영은 변화를 겪습니다. 인간은 사탄의 본성, 곧 영적 죽음에 참여한 자가 되었습니다. 그래서 인간은 영적으로 죽습니다.

인간은 갑자기 하나님을 미워하는 자가 됩니다. 그의 본성 전체가 하나님에 대한 반역입니다.

그는 하나님과의 교제와 하나님 앞에서의 합법적인 위치를 잃어버립니다.

그는 사랑을 잃고, 증오와 복수심을 받습니다. 그는 믿음을 잃고, 주저하고 머뭇거리며 비틀거리는 불신앙을 받습니다.

그는 안식과 평안과 기쁨을 잃어버립니다.

"에덴동산에서 쫓겨난 인간이

바닥에 피를 뚝뚝 흘리는

희생제물 없이

하나님께 다가갈 길은 전혀 없다네."

하나님이 인간을 창조하셨을 때, 그분은 인간에게 생명나무와 선악을 알게 하는 나무의 열매 둘 중 하나를 먹을 수 있는 선택권을 주셨습니다.

하나는 인간을 하나님과 연합시켜 주었을 것이고, 다른 하나는 인간을 마귀와 연합시켜 주었을 것입니다.

하나는 인간에게 영원한 생명과 죽지 않는 몸을 주었을 것이고, 다른 하나는 인간에게 영적인 죽음과 죽을 수밖에 없는 몸을 주었을 것입니다.

아담에게는 하나님의 자녀가 되는 특권이 있었지만, 그는 그 특권을 상실하여 마귀의 자녀가 되었습니다.

아담은 통치권을 팔 합법적인 권리를 가졌다

아담에게는 그의 통치권을 거래할 수 있는 합법적인 권리가 있었을까요?

그렇습니다. 아담에게 그렇게 할 수 있는 도덕적 권리가 있었는지에 대해서는 의문을 가질 수 있지만, 통치권을 팔 수 있는 합법적인 권리는 분명히 있었습니다.

이것은 이런 오래된 물음에 대한 답이 됩니다. "하나님께서는 능력이 있음에도 왜 마귀를 처리하지 않으셨을까? 하나님이 전능하신 분이시라면 왜 사탄이 이 땅을 지배해서 그렇게 많은 불행을 초래하도록 허락하셨을까?"

확실히 아담에게는 이 통치권과 권세를 원수의 손에 넘겨줄 수 있는 합법적인 권리가 있었습니다. 하나님께서는 오랜 기간의 인간 역사를 통해서 사탄의 합법적인 위치와 권리와 권세를 인정하지 않을 수 없었습니다. 그래서 이런 근거에서만 우리는 속량 계획의 합법적인 면을 이해할 수 있습니다.

사탄의 통치권

속량 계획에서 가장 흥미로운 부분 중 하나인 창조 세계에 대한 사탄의 통치권에 대해 알아보겠습니다.

우리는 사탄이 이 권세를 어떻게 차지하게 되었는지 보았습니다. 이제 그것에 대해 몇 가지 사실을 살펴봅시다.

성경을 주의 깊게 공부하는 학생이라면 하나님의 완벽한 공의에 주목할 것입니다.

하나님은 전능하신 분이지만, 절대로 사탄을 이용하신 적이 없으십니다.

아담은 하나님이 그에게 주신 권세를 사탄에게 합법적으로 넘겨주었습니다.

이 권세는 기한이 있었습니다.

하나님께서 절대적으로 공의롭지 않으셨다면 사탄에게서 통치권을 몰수하시고 인간을 처벌하셨을 것입니다. 하지만 그러는 대신, 그분의 은혜는 완전한 공의에 근거한 인간의 속량을 예비하심으로써 인간에 대한 그분의 사랑을 나타내셨습니다.

우리는 예수님께서 사역을 시작하셨을 때, 침례를 받으시자마자 곧장 성령님의 인도로 광야에 가서 마귀의 시험을 받으셨다는 사실을 기억합니다.

마귀는 예수님께 "네가 만일 하나님의 아들이어든 이 돌들에게 명하여 떡이 되게 하라"눅 4:3라고 말했습니다. 그러자 예수님께서는 마귀에게 "기록된 바 사람이 떡으로만 살 것이 아니라 하였느니라"눅 4:4라고 말씀하셨습니다.

그러자 마귀는 예수님을 데리고 올라가서 순식간에 사람이 사는 이 땅의 모든 왕국을 보여주었습니다.

마귀는 간단히 로마제국의 세계 통치 권력을 나타내는 독수리 휘장을 가리키며 말했을 수도 있습니다.

그러고는 예수님께 "이 모든 권위와 그 영광을 내가 네게 주리라 이것은 내게 넘겨준 것이므로 내가 원하는 자에게 주노라 그러므로 네가 만일 내게 절하면 다 네 것이 되리라"눅 4:6-7라고 말했습니다.

자, 사탄이 예수님께 와서 선언한 말에 주목하십시오. 그는 사람이 사는 이 땅의 권세와 영광이 자기에 넘겨졌으므로, 자기가 원하는 자에게 줄 수 있다고 말했습니다.

만약 마귀가 예수님께 거짓말을 한 것이고 예수님은 그것이 거짓임을 알아차리지 못한 것이라면, 예수님께서는 우리가 믿는 성육신하신 하나님의 아들이 아니라 그저 한 인간일 뿐이었을 것입니다. 또는 마귀가 예수님께 거짓말을 한 것이고 예수님께서도 그것이 거짓임을 아셨다면, 그것은 진정한 유혹이 아니었을 것입니다.

우리는 성경은 참되고 그 유혹은 진짜 유혹이었다는 것을 믿습니다.

그 유혹이 진짜라면, 예수님께서는 인류의 왕국을 지배하는 권세와 통치권이 사탄에게 있는 것과, 사탄이 그 권세를 원하는 자에게 자기 뜻대로 넘겨줄 수 있다는 사실을 인정하셨던 것입니다.

인류가 마귀의 통치 아래 있었고, 그 통치권이 합법적인 것이었으며, 하나님께서는 이른바 아담의 통치권 임대 기간이 만료될 때까지는 마귀의 통치권을 깨뜨리실 수 없다는 것은 생각하기도 끔찍한 사실입니다.

더 나아가, 예수님께서는 사역을 시작할 때에 사탄의 권세를 인정하셨을 뿐만 아니라 요한복음 14:30에서는 사탄을 "이 세상의 임금"이라고도 말씀하셨습니다.

요한복음 14:30을 이런 식으로도 읽을 수 있을 것입니다. "지금이 이 세상의 위기이다, 이제 이 세상의 임금이 쫓겨날 것이다."

여기에서 사탄은 인류와 세상 왕국의 정치적 우두머리로 인정받습니다.

이런 점을 옹호하려고 시도할 필요는 없을 것 같습니다.

"만일 우리의 복음이 가리었으면 망하는 자들에게 가리어진 것이라 그중에 이 세상의 신이 믿지 아니하는 자들의 마음을 혼미하게 하여 그리스도의 영광의 복음의 광채가 비치지 못하게 함이니 그리스도는 하나님의 형상이니라" 고후 4:3-4

사탄은 "이 세상의 신"이라 불립니다.

여기에서 사탄은 인간의 경배를 받는 일에서 하나님 아버지와 경쟁하는 위치를 차지합니다.

예수님께서는 사람이 하나님을 섬기든지 아니면 마귀를 섬기든지 둘 중 하나라고 분명히 선언하십니다.

바울은 온 세상이 예수 그리스도를 통해서 하나님을 섬기고 있든지 아니면 사탄을 섬기고 있든지 둘 중 하나라는 사실을 우리에게 알려주었습니다.

우리가 이 나라(미국)에서 사탄을 숭배하는 정도를 인식한다면, 우리의 혼은 충격에 휘청거릴 것입니다.

귀신 숭배

오늘날 사탄의 제단들, 다시 말해 무도장이라는 제단과 매음굴 제단, 황금의 신이라는 제단에 자기 자녀들을 바치고 있는 어머니들과 매일 니코틴이라는 신에게 번제를 드리고 있는 사람들을 생각하면 몸서리쳐집니다.

사탄이 숭배되고 있는 것은 인도나 아프리카나 중국에서만이 아닙니다. 불행히도 예수 그리스도를 통해 하나님을 경배하지 않는 곳은 모두 마귀를 숭배하는 곳입니다.

요한복음 8:44에서 예수님은 이 진리의 또 다른 국면을 우리의 혼에 아주 생생하게 제시합니다.

예수님께서는 두 아버지, 즉 그분의 아버지와 유대인들의 영적인 아버지를 대조하십니다.

예수님께서 유대인들에게 "너희는 너희 아비 마귀에게서 났으니 너희 아비의 욕심대로 너희도 행하고자 하느니라 그는 처음부터 살인한 자요 진리가 그 속에 없으므로 진리에 서지 못하고 거짓을 말할 때마다 제 것으로 말하나니 이는 그가 거짓말쟁이요 거짓의 아비가 되었음이라"요 8:44라고 말씀하시자, 그들은 예수님께 화를 내며 아주 심한 말을 했습니다.

여기에서 우리는 인간이 경험한 것 중 가장 심각한 사실 가운데 하나를 직면합니다. 그것은 사실일 뿐만 아니라 죄의 현상에 대한 설명이기도 합니다.

인간은 영적으로 마귀와 연합되어 있습니다.

인간은 사탄의 본성에 참여한 자가 되었습니다. 이는 바울이 우리에게 "우리가 본질상 진노의 자녀"엡 2:3라고 말하기 때문입니다.

또한 요한은 "이러므로 하나님의 자녀들과 마귀의 자녀들이 드러나나니"요일 3:10라고 말합니다.

인류 역사의 시작에서 인간은 사탄의 본성에 참여한 자가 되었습니다. 마귀가 그 본성을 인간의 영에 불어넣어 인간은 사탄의 종이 되었습니다. 이것이 이 세상에 마귀의 능력이 존재하는 이유에 대해 유일하게 만족할 만한 설명입니다.

사탄은 살인자와 거짓말쟁이라고 선포되었습니다. 그래서 인류의 두 가지 두드러진 특성이 거짓말과 살인입니다.

원한다면 그 사실을 부인하거나 할 수 있다면 무시해 보십시오. 그러나 속임수와 살인이 인류의 주된 특성이라는 사실은 엄연히 남아 있습니다.

예수님께서는 미워하는 자를 살인자로 규정하십니다.

증오와 복수심이 모든 소설과 드라마에서 주류를 이루고 있습니다.

사탄은 이 세상의 임금이자, 이 세상의 신이자, 인간의 영적인 아비일 뿐만 아니라 바울은 히브리서 2:14에서 사탄이 죽음의 권능이나 권세를 가진 자라고 알려줍니다.

바울은 사도행전 26:18에서 자신의 사명이 "사탄의 권세"로부터 사람들을 해방시키는 것이라고 말합니다.

또한 요한은 온 세상이 악한 자 안에 처해 있음을 요일 5:19 알려줍니다.

이것들은 유쾌한 사실이 아닙니다. 누구도 그런 사실을 적고 싶지 않을 것입니다. 반드시 해야 하는 일이 아니라면, 누구라도 이런 사실을 가장 친한 친구에게 말하기 꺼릴 것입니다.

인간의 상태

인간의 상태를 한마디로 요약해 봅시다.

첫째, 인간은 죽을 수밖에 없는 존재, 곧 마귀에게 매여 있는 자가 되었습니다.

인간은 하나님이 아니라 마귀의 영광과 기쁨을 위해 자녀들을 낳고 있습니다.

둘째, 인간은 비참과 고통과 질병과 죽음의 상속자가 되었습니다.

인간은 자신을 하나님의 원수로 만드는 본성에 참여하는 자이며, 따라서 반역한 이후로 인간은 하나님께서 세우신 제사장을 통한 피 흘림의 제사나 꿈, 환상, 천사의 방문 같은 통로가 아니고서는 하나님께 다가갈 수 있는 방법이 없었습니다.

마귀가 인간의 마음을 어둡게 하였습니다. 인간의 본성은 하나님과 원수이며, 또 하나님의 법에 복종하지도 않았습니다.

인간의 눈은 멀어버렸기에 하나님의 뜻을 보지 못합니다. 바울은 인간의 상태를 다음과 같이 요약합니다. 하나님께 그 어떤 언약의 요구도 하지 못하며, 하나님도 없고, 소망도 없으며, 세상에서 죽음의 권세를 가진 사탄의 손아귀에 있기에 하나님께 다가갈 어떤 합법적인 길도 없고, 기도할 어떤 합법적인 권리도 없으며, 반역으로 인해 법의 보호를 박탈당한 범죄자이다.

확인 문제

1. 하나님께서 인간을 창조하셨을 때 어떤 종류의 존재로 창조하셨습니까?

2. 아담이 어떤 유형의 혼을 가졌는지 계시해 주는 성경 구절은 무엇입니까?

3. 하나님께서는 아담에게 어떤 통치권을 주셨나요? 성경 구절을 제시하십시오.

4. 인간의 가장 거룩한 책임은 무엇입니까?

5. 인간의 죄의 본질은 무엇입니까?

6. 인간의 반역이 창조 세계와 인간의 본성에 미친 결과는 무엇이었습니까?

7. 사탄이 아담에게서 합법적인 통치권을 받았다는 사실을 계시해 주는 신약성경의 사건은 무엇입니까?

"나는 거대한 전체 가운데 미약한 존재다.

그렇다. 하지만 모든 짐승

곧 똑같이 엄격한 법칙에 의해 태어난 지각력이 있는 모든 존재들은

나처럼 고통을 겪고, 또한 나처럼 죽도록

저주받아 살 수밖에 없게 되었다.

독수리는 겁에 질린 먹잇감을 움켜쥐고는

벌벌 떠는 사지에 피 묻은 부리로 쪼아댄다.

독수리에게는 모든 게 좋은 듯이 보인다.

하지만 잠시 후

매가 그 독수리를 갈기갈기 찢는다.

그 매는 사람이 쏜 화살에 몸이 뚫린다.

그 사람은

전쟁터의 먼지 구덩이에 고꾸라진 채,

죽은 동료의 피와 자기 피를 뒤섞으며

이제는 거꾸로 게걸스러운 새들의 먹이가 된다.

그리하여 세상의 모든 구성원은 신음한다.

모든 게 고통받고 서로를 죽이도록 태어났다."

– 볼테르

(위의 글은 모든 창조 세계를 지배하는 영적인 죽음에 대해 밝히고 있습니다.)

3 장

죽음의 지배
THE DOMINION OF DEATH

성경은 신비로운 책입니다. 우리가 그것을 여는 열쇠를 발견하기 전까지는 말입니다. 열쇠를 발견하면, 성경은 더 이상 신비가 아니라 메시지가 됩니다.

성경을 열어주는 두 단어가 있습니다.

두 단어는 같은 열쇠고리에 달려 있습니다.

그 단어들은 '생명Life' 과 '죽음Death ; 사망' 입니다.

이 강력한 두 단어를 온전히 이해하지 않고서는 하나님의 메시지의 일관된 개념을 받아들일 수 없습니다.

우리가 오늘날 이해하고 있듯이, 죄는 속량이 존재하는 이유가 아닙니다. 죄는 근본적 원인으로 인한 결과들 중 하나입니다. 따라서 그 근본적 원인을 이해하지 못한다면, 인간의 상태 또는 인간의 속량에 대한 하나님의 예비하심을 지적으로 파악할 길이 없을 것입니다.

죽음은 모든 시대마다 신비였습니다.

과학은 죽음 앞에 침묵할 수밖에 없고, 설명조차 할 수 없습니다.

철학은 인간의 이 무시무시한 원수와 만날 때 시詩가 되어버립니다.

신학은 죽음을 설명하는 데 있어 단지 일반화하여 다루었을 뿐입니다.

집요한 추적자와 같은 그 적은 인간이 태어난 순간부터 그 무시무시한 일을 시작하여 수 세기 동안을 뒤따라 내려왔습니다.

죽음은 창조의 일부가 아니며 하나님의 원래 계획의 일부도 아닙니다.

죽음은 줄곧 인간의 원수였습니다.

인간은 영이다

우리가 죽음의 본질을 이해하기에 앞서, 잠시 인간의 본성을 살펴볼 필요가 있습니다.

인간은 영이며 혼을 소유possesses하고 몸을 갖고has 있습니다.

인간의 혼과 영은 그의 인격을 구성합니다.

인간은 혼을 능가한 존재, 곧 영입니다.

이 영이 진짜 사람입니다.

영은 혼을 통해 작동하며, 그다음에는 육신의 몸을 통해서 작동합니다.

인간(영)과 그의 혼은 몸 안에 삽니다.

죽는 순간, 인간과 그의 혼은 몸을 떠나 본향으로 갑니다.

인간이 육체적인 존재가 아니라 영이라는 사실을 깨닫기란 항상 힘들었습니다.

바울은 데살로니가전서 5:23에서 "평강의 하나님이 친히 너희를 온전히 거룩하게 하시고 또 너희의 온 영과 혼과 몸이 우리 주 예수 그리스도께서

강림하실 때에 흠 없게 보전되기를 원하노라"라고 말합니다.

오늘날 현실 세계의 권세자들은 영적인 존재입니다.

하나님은 영이십니다.

인간도 영입니다.

그리고 사탄도 영입니다.

죽음의 종류들

성경에는 몇 가지 종류의 죽음들이 언급되어 있지만, 우리의 관심사는 오로지 세 가지 죽음, 곧 영적인 죽음, 육체적인 죽음, 그리고 (흔히 "둘째 사망"이라 불리는) 영원한 죽음입니다.

진짜 죽음은 우리의 몸이 아니라 우리의 영을 장악하는 것입니다.

육체적인 죽음이란 그의 부모 격인 둘째 사망이 나타난 것에 지나지 않습니다.

"둘째 사망"은 영적으로 죽은 자들이 가는 본거지, 곧 죽음의 궁극적인 결말입니다.

여러분은 죽음을 육체적인 것과 분리시켜 생각하기가 매우 어려울 것입니다.

육체적인 죽음은 육체의 몸이 해체되는 것입니다.

욥기 18:13은 육체적인 죽음을 "사망의 장자"라고 부릅니다. 다시 말해, 원초적인 죽음은 육체적인 죽음이 아니라 영적인 죽음이라는 말입니다.

영적인 죽음이 이 땅에 맨 먼저 찾아왔습니다.

영적인 죽음은 육체를 파괴함으로써 그 모습을 드러냅니다.

육체적인 죽음은 인간 안에서 작동하고 있는 법, 즉 바울이 말한 "죄와 사망의 법"이 드러난 것에 지나지 않습니다.

영적인 죽음의 본질을 묻기 전에 먼저 생명에 대해 살펴봅시다.

네 가지 종류의 생명, 곧 식물의 생명, 동물의 생명, 인간의 생명, 그리고 영적인 생명 또는 영원한 생명이 있습니다.

요한복음 5:26에서 예수님께서는 모든 생명이 하나님으로부터 발원한다고 알려주십니다.

하나님은 식물의 생명이든 동물의 생명이든 인간의 생명이든 영원한 생명이든 그 모든 생명의 창시자이시며, 각기 다른 이 세계들에 적합한 생명을 주셨습니다. 다시 말해 생명은 하나님의 본성인 것입니다.

생명은 하나님의 실체요, 존재입니다.

하나님은 영이십니다. 따라서 그분의 생명은 영의 생명입니다.

사탄도 영이지만, 그의 본성은 하나님의 본성과는 정반대입니다.

하나님의 본성은 생명이며, 그 생명은 가장 먼저 사랑으로 나타납니다.

사탄의 본성

사탄의 본성은 죽음이며, 이는 가장 먼저 증오로 나타납니다.

그러므로 영적 죽음은 생명과 같은 실체요, 세력이며, 사실입니다. 다만 차이는 생명이 하나님으로부터 나온 반면 죽음은 마귀로부터 나온다는 점입니다.

사탄은 원래 천상에 하나님과 함께 있었고 보좌 곁에 서 있던 영들 중 하나였지만, 하나님을 거역하여 그 본성이 바뀌었습니다.

인간 안에서 악하고 사악하며 부패한 모든 것의 근원으로 작용하는 것이 바로 이 본성입니다.

선하고 거룩하며 아름다운 모든 것이 하나님에게서 나온 생명으로부터 발원한다면, 악하고 나쁘고 부패한 모든 것은 사탄에게서 나온 영적 죽음으로부터 발원한 것입니다.

그렇다면, 생명이 본성이듯이 죽음 역시 실제로 본성인 것입니다.

우리는 하나님의 본성으로부터 사랑과 기쁨과 평화가 흘러나오지만, 사탄의 본성으로부터는 증오와 살인과 탐욕 및 세상에 있는 모든 더럽고 악한 세력이 나온다는 사실을 이해할 수 있습니다.

이 두 가지 초자연적인 세력, 곧 영적 생명과 영적 죽음을 이해하지 않고서는 인간 문제의 해결책은 없습니다.

인간이 영적으로 죽었다면, 다시 말해 인간이 마귀의 본성에 참여하는 자라면, 우리는 인간에게 영원한 생명이 필요한 까닭을 이해할 수 있습니다.

하나님께서 인간을 에덴동산에 두셨을 때, 인간은 선택하고 책임지는 고유의 능력을 지니고 있었습니다.

그렇게 창조되지 않았다면, 인간은 창조주의 지시에 따라 작동하는 자동 기계에 지나지 않았을 것입니다.

이런 존재로 창조되었다면, 인간은 하나님께 기계가 발명자에게 줄 수 있는 것 이상의 기쁨을 드릴 수 없었을 것입니다.

하나님께서는 인간에게 의지뿐만 아니라 오늘날 우리가 가진 것 이상의 지식과 지혜도 주셨습니다.

인간은 위대한 창조주 하나님의 동료이자 동반자가 되도록 창조되었습니다. 그 사실 자체가 인간의 정신적 능력과 영적 능력을 보여줍니다.

우주를 다스릴 수 있는 통제력을 인간에게 주시면서, 하나님께서는 순종하지 않으면 반드시 죽을 것이라고, 문자 그대로 말하면 "죽음 가운데 죽을 것이다in dying thou shalt die"라고 경고하셨습니다.

이 진술은 인간이 이중적인 죽음의 지배를 받게 된다는 사실을 암시합니다.

아담은 대 반역을 범한 순간 영적으로 죽었지만, 930년 동안 육체적으로는 죽지 않았습니다.

인간이 죄를 짓는 순간, 그의 본성이 완전한 변화를 겪는다는 사실은 매우 주목할 만한 점입니다.

이것은 새로운 탄생 외에는 견줄 것이 없는 본성의 변화입니다. 왜냐하면 사람이 하나님에게서 날 때에도 이와 마찬가지로 순간적인 본성의 변화를 겪게 되기 때문입니다.

이것은 인간이 죄를 지었을 때 그가 실제로 거듭났다는 것을 입증합니다. 즉 죄를 지은 인간은 마귀로부터 태어난 것입니다. 오늘날 인간이 예수 그리스도를 영접함으로써 하나님에게서 태어날 때 하나님의Divine 본성에 참여한 자가 되듯이, 범죄한 인간은 사탄의 본성에 참여한 자가 되었습니다.

영적 죽음에 대한 신약의 관점

"그러므로 한 사람으로 말미암아 죄가 세상에 들어오고 죄로 말미암아 사망이 들어왔나니 이와 같이 모든 사람이 죄를 지었으므로 사망이 모든 사람에게 이르렀느니라"롬 5:12

한 사람의 죄로 말미암아 죽음이 세상에 들어왔습니다.

이것은 죽음이 닫힌 문 밖에 서 있었는데, 사람의 죄가 문을 활짝 열어서 그 죽음으로 하여금 인간 안으로 들어오도록 허락하는 장면입니다.

위 성경 구절에 이어지는 구절들을 볼 때, 이것은 육체적 죽음을 말하는 것이 아닙니다. 다음 구절은 모세의 때에는 최소한 부분적으로나마 죽음의 지배가 멈추었던 적이 있었음을 시사하면서 "아담으로부터 모세까지 … 사망이 왕 노릇하였나니" 롬 5:14라고 말씀합니다.

우리는 모세 시대에 사람들이 육체적으로 죽지 않게 할 것이 아무것도 없었음을 압니다. 그러므로 이는 육체적으로 죽지 않은 것을 가리키는 것이 아니라, 다른 종류의 죽음을 언급한 것입니다. 로마서 5장의 나머지 부분은 이 사실을 입증합니다. 왜냐하면 여기에서 바울은 영적인 죽음과 영적인 생명을 대조하고 있기 때문입니다.

"왕 노릇하다reign"라는 말의 진정한 의미는 '왕으로서 통치하다reign as king'라는 뜻입니다. 그러므로 우리는 아담의 때로부터 모세의 때까지 죽음이 인류를 다스리는 왕으로 군림하였다는 사실을 깨닫습니다.

모세 시대에 하나님께서는 모세에게 짐승의 피에 의한 속죄Atonement를 주셨습니다.

피는 생명을 나타내며, 속죄는 덮는 것을 의미합니다. 그래서 하나님께서는 대제사장을 통해서 유대민족에게, 그리고 원할 경우 이방 세계에게도 생명의 덮음a Covering of Life을 제공하셨습니다. 이를 통해 우리는 세상의 황제로서 다스리던 죽음의 지배가 어떻게 깨어졌는지 이해합니다.

아마도 영적인 죽음에 관한 가장 생생한 진술은 로마서 5:17일 것입니다.

로마서 5:17의 직역은 다음과 같습니다. "이는 한 사람의 죄로 말미암아 죽음이 한 사람을 통해 절대주권을 장악했다for if by the trespass of one, Death seized the Sovereignty through one"

이것은 무시무시한 장면입니다. 과거 에덴동산에 있던 시절 죽음이라는 그 소름 끼치는 괴물이 창조 세계에 대해 절대주권과 통치권과 왕권을 장악했던 것입니다. 그 괴물은 생명을 쫓아내고, 죽음이 지닌 파괴의 법칙을 가지고 들어왔습니다. 로마서 5:17을 직역했던 사람은 21절을 다음과 같이 번역합니다. "죄가 죽음의 영역에서 왕으로 군림했듯이, 은혜도 또한 의로 말미암아 왕으로 군림하여 예수 그리스도 우리 주님을 말미암아 영생에 이르게 하려 함이라that as sin reigned as king in the realm of death, even so might grace reign as king through righteousness unto Eternal Life, through Jesus Christ, our Lord"

여기에서 우리는 죄가 절대주권을 장악했으며, 하나님의 창조 세계가 죽음의 지배 아래 있다고 분명하게 진술된 진리를 얻게 됩니다.

우리는 오늘날 너무도 만연된 나머지 인류를 조롱하고 황폐하게 하는 죄가 영적 죽음의 끔찍한 영역에서 왕으로 군림하고 있으며, 그곳에서 전 인류가 잔인한 황제인 사탄 아래 살고 있음을 깨닫습니다.

이것이 세상에 죄의 세력이 존재하는 이유에 대한 유일한 설명입니다.

우리는 죄에 대해 달리 설명할 수가 없습니다.

죄는 영적 죽음의 당연한 결과입니다.

하나님의 본성인 영적인 생명이 인간 안으로 들어와 모든 종류의 선한 행동들이 일어나는 토양이 되듯이, 영적인 죽음은 온갖 종류의 죄가 자라나는 토양입니다.

영적 죽음의 본질

이제 영적 죽음은 마귀의 본성이며, 영적 생명은 하나님의 본성이라는 것과 영적 죽음에서는 증오와 질투와 살인이 나오고, 하나님의 본성에서는 사랑과 용서와 평화가 나온다는 사실이 분명해졌습니다.

이제 우리는 이 세상에서 죄가 만연하고 힘을 발휘하는 이유를 이해할 수 있습니다.

우리는 원하는 모든 것을 법으로 제정할 수 있지만, 인간의 본성을 바꾸지 않는 한 죄는 계속 성장하고 번창할 것입니다. 또한 우리는 여기저기서 죄를 금할 수 있지만, 분명히 또 다른 곳에서 죄가 나타날 것입니다.

인간의 유일한 소망은 새로운 본성을 받는 것입니다.

저질러진 모든 죄의 배후에 있는 본성은 바로 영적 죽음입니다.

인간은 죄를 짓습니다. 그의 본성이 그런 행동을 낳기 때문입니다.

영적 죽음으로 인해 인간은 죽을 수밖에 없는 존재가 되었습니다.

오직 영적 생명만이 인간을 불멸의 존재로 만들 수 있습니다.

사탄이 전 세계의 지배자가 되어 끔찍한 지옥과 영적 죽음의 독기를 풀어 놓았던 그날은 인간에게 비통한 날이었습니다.

죽음의 권능

아담에게는 큰 깨달음이었습니다.

아담은 하나님 다음가는 통치자요 왕이었습니다.

그는 매일 태양이 떠오르는 순간 완벽한 아름다움을 눈으로 보면서 기뻐했습니다. 하지만 이제 황폐화가 시작되었습니다. 사탄이 지배하는 흔적들이 도처에 나타납니다.

영적 죽음이 동물 세계의 본성을 바꾸었고, 증오와 악의의 불협화음이 숲의 계곡으로부터 넓은 공터에 이르기까지 울려 퍼집니다. 곤충과 짐승의 사체가 태양 아래 썩은 채로 놓여있으며, 창조 세계에서 왕위를 빼앗긴 왕인 아담은 사탄의 발꿈치 아래 굽실거립니다.

영적인 죽음이 아담에게 끔찍한 실재가 됩니다. 아담의 큰아들이 자신의 동생을 살해합니다. 아담은 자신의 반역의 결과를 뼈저리게 느낍니다. 그가 하나님께 죄를 지었을 뿐만 아니라, 태어나지 않은 자녀들에게도 죄를 지은 것입니다.

어린 손자가 태어나자, 아담은 그 아이의 이름을 "에노스Enosh"라 지었습니다. 이는 '죽을 수밖에 없는', '부서지기 쉬운', '죽음에 굴복당한' 또는 '사탄의 지배를 받는'이라는 뜻입니다.

인류 최초로 태어난 손자의 이름이 인간의 죄를 따라 붙여진 것입니다!

이제 인간은 마귀와 연합합니다.

인간은 추방당한 자요 하나님께 다가갈 수 있는 합법적인 근거가 전혀 없이 에덴동산에서 쫓겨난 불법자입니다.

인간은 하나님의 부름에 더 이상 응답하지 못합니다. 인간은 그의 새로운 지배자에게만 응답할 뿐입니다.

이제 우리는 인간이 범죄자보다 더한 존재이며, 범법자보다 더한 존재인 까닭을 이해합니다. 인간은 영적으로 마귀의 자식입니다.

인간은 그의 아비의 본성에 참여합니다.

그러므로 인간은 행위로 구원받을 수 없습니다.

인간이 구원을 받기 위해서는, 누군가 그의 반역에 대한 죗값을 지불하고 인간에게 새로운 본성을 주어야만 합니다. 인간은 절대로 있는 그대로의 모습으로는 하나님의 임재 앞에 설 수 없습니다.

오늘날 인간은 그의 행동 때문이 아니라 그의 존재 자체 때문에 잃어버린 바 된 것입니다. 인간에게는 새로운 탄생이 필요합니다. 즉 하나님으로부터 온 생명이 필요합니다. 인간이 영적으로 죽어있기 때문입니다.

영적 죽음은 모든 인간에게 해당된다

"또 이 산에서 모든 민족의 얼굴을 가린 가리개와 열방 위에 덮인 덮개를 제하시며 사망을 영원히 멸하실 것이라 주 여호와께서 모든 얼굴에서 눈물을 씻기시며 자기 백성의 수치를 온 천하에서 제하시리라 여호와께서 이같이 말씀하셨느니라 그날에 말하기를 이는 우리의 하나님이시라 우리가 그를 기다렸으니 그가 우리를 구원하시리로다 이는 여호와시라 우리가 그를 기다렸으니 우리는 그의 구원을 기뻐하며 즐거워하리라 할 것이며"사 25:7-9

이 가리개는 모든 사람을 덮습니다. 이 덮개는 영적 죽음의 덮개입니다.

위의 이사야 25:7-9 말씀에서는 모든 사람들을 가린 가리개가 있으며, 모든 민족들을 덮은 덮개가 있다고 말합니다.

로마서 5:12은 "이와 같이 모든 사람이 죄를 지었으므로 사망이 모든 사람에게 이르렀느니라"라고 선언합니다.

마태복음 4:16은 "흑암에 앉은 백성이 큰 빛을 보았고 사망의 땅과 그늘에 앉은 자들에게 빛이 비치었도다"라고 말씀합니다.

로마서 3:9,23은 "다 죄 아래에 있다 … 모든 사람이 죄를 범하였으매 하나님의 영광에 이르지 못하더니"라고 선언합니다.

이상의 성경 구절을 통해 인류가 보편적으로 사탄의 지배 아래 있으며, 인류 전체가 사탄의 본성에 참여한 자가 되었다는 사실이 분명해집니다.

인류에게는 하나님께 다가갈 수 있는 합법적인 권리가 없으며, 지금은 사탄이 그들의 신이며 통치자입니다.

예수님께서는 이 사실에 대해 요한복음 5:24-25에서 다음과 같이 말씀하셨습니다. "내 말을 듣고 또 나 보내신 이를 믿는 자는 영생을 얻었고 심판에 이르지 아니하나니 사망에서 생명으로 옮겼느니라 진실로 진실로 너희에게 이르노니 죽은 자들이 하나님의 아들의 음성을 들을 때가 오나니 곧 이때라 듣는 자는 살아나리라"

예수님께서는 그분의 음성을 들음으로써 죽음의 영역에서 생명의 영역으로, 죽음의 가족에서 생명의 가족으로 옮겨질 수 있다고 영적으로 죽은 자들에게 말씀하고 계십니다.

예수님께서 말씀하신 탕자의 이야기에서 그 아버지는 "이는 죽었다가 살아났고, 잃었다가 다시 얻은 내 아들이다"눅 15:32라고 말합니다.

요한일서 3:14-15은 "우리는 형제를 사랑함으로 사망에서 옮겨 생명으로 들어간 줄을 알거니와 사랑하지 아니하는 자는 사망에 머물러 있느니라 그 형제를 미워하는 자마다 살인하는 자니 살인하는 자마다 영생이 그 속에 거하지 아니하는 것을 너희가 아는 바라"라고 말씀합니다.

이 구절들에서는 죽음과 생명이 대비되고 있습니다. 그것은 마귀의 본성이 나타난 것과 하나님의 본성이 나타난 것의 대조입니다. 전자는 증오로 나타나고, 후자는 사랑으로 나타납니다.

"그는 허물과 죄로 죽었던 너희를 살리셨도다 그 때에 너희는 그 가운데서 행하여 이 세상 풍조를 따르고 공중의 권세 잡은 자를 따랐으니 곧 지금 불순종의 아들들 가운데서 역사하는 영이라 전에는 우리도 다 그 가운데서 우리 육체의 욕심을 따라 지내며 육체와 마음의 원하는 것을 하여 다른 이들과 같이 본질상 진노의 자녀이었더니 긍휼이 풍성하신 하나님이 우리를 사랑하신 그 큰 사랑을 인하여 허물로 죽은 우리를 그리스도와 함께 살리셨고 (너희는 은혜로 구원을 받은 것이라)"엡 2:1-5

이 구절을 면밀히 살펴봅시다. 첫째, 우리는 죽었을 때, 살아났습니다.

둘째, 우리는 공중의 권세 잡은 자를 따라 행했습니다.

셋째, 성령님께서 순종의 아들들 안에서 역사하시는 것과 마찬가지로, 공중의 권세 잡은 자는 이제 불순종의 아들 안에서 역사하고 있습니다.

넷째, 우리 모두는 한때 육신의 정욕 가운데 살았고, 본질상 진노의 자녀였습니다.

다섯째, 긍휼이 풍성하신 하나님께서 우리를 사랑하신 그 큰 사랑을 인하여 허물로 죽은 우리를 그리스도와 함께 살리셨습니다.

이 진술을 골로새서 2:13과 비교해 보십시오. "또 범죄와 육체의 무할례로 죽었던 너희를 하나님이 그와 함께 살리시고 우리의 모든 죄를 사하시고"

이상의 성경 구절로부터 다음의 사실이 증명됩니다. 즉 인간은 영적으로 죽어서, 공중의 권세 잡은 자의 지배 아래 있으며, 공중 권세 잡은 자의 그 영은 지금 인간의 삶 안에서와 인간의 삶을 통해서 역사하며 자신의 계획과 목적을 이루고 있다는 사실입니다.

이 모든 점은 우리가 진술한 논거를 입증합니다. 즉 모든 인간은 반드시 거듭나야 하며, 새로운 탄생이란 하나님의 생명 또는 본성을 받아들이는 것이라는 논의 말입니다. 요한은 우리가 이 본성을 받으면 형제들을 사랑하며, 이 본성을 받지 않으면 형제들을 미워한다고 말합니다.

대조

여기에서 죽음과 생명이 다시 한번 대조됩니다.

로마서 8:1-14에서 바울은 육신과 영(성령), 생명과 죽음을 대조합니다.

로마서 8:2은 "이는 그리스도 예수 안에 있는 생명의 성령의 법이 죄와 사망의 법에서 너를 해방하였음이라"라고 말씀합니다.

죄와 사망의 법은 로마서 5장에 언급된 영적 죽음의 영역에서 오늘날 역사하고 있는 법인데, 바울은 거듭난 이래로 이 통치자의 지배로부터 자유로워졌습니다.

바울이 사용한 육신Flesh이라는 용어는 인간이 살아나기 전, 즉 거듭나기 전의 상태를 가리킵니다.

이런 맥락에서 "사르크스sarx"라는 헬라어는 영적으로 죽은 인간을 가리킵니다.

로마서 8:6은 "육신의 생각은 사망이요 영의 생각은 생명과 평안이니라"라고 말합니다.

육신의 생각은 영적 죽음의 영역에 있는 자연인의 생각입니다. 그래서 바울은 로마서 8:7에서는 이 생각이 "하나님과 원수가 되나니 이는 하나님의 법에 굴복하지 아니할 뿐 아니라 할 수도 없음이라"라고 말합니다.

영적인 죽음의 영역에서 사는 자는 하나님과 원수가 됩니다.

그는 대학교수일 수도 있습니다. 교육 분야에서 최고의 자리를 차지했을 수도 있습니다. 하지만, 위로부터 태어나지 않았다면 본성상 하나님과 원수이며, 따라서 하나님의 법에 속한 자가 될 수 없습니다. 이에 반해 믿는 자에 대해서 바울은 "만일 너희 속에 하나님의 영이 거하시면 너희는 육신에 있지 아니하고 영에 있다"라고 말합니다.

다시 말해, 당신이 거듭나서 죽음과 사탄이 지배하는 영역에서 생명과 성령(영)이 지배하는 영역으로 옮겨졌다면, "당신은 더 이상 육신에 있지 않으며" 감각에 지배되지 말아야 한다는 것입니다.

당신은 로마서 7장을 마치는 대목에서 바울의 애절한 외침을 기억합니다. "오호라 나는 곤고한 사람이로다 이 사망의 몸에서 누가 나를 건져내랴" 롬 7:24 그런 다음 바울은 "내가 예수 그리스도를 통해서 나의 해방을 발견했음을 하나님께 감사한다"고 외칩니다.

바울은 영적으로 죽은 상태인 마귀의 자녀였다가 성령님에 의해 자기가 속박된 상태와 또 그 속박에서 벗어날 수 있는 특권을 자각하게 된 때에 대해서 말하고 있는 것입니다.

요약

우리가 발견한 것을 마지막으로 정리해 봅시다.

첫째, 영적 죽음은 마귀의 본성입니다.

둘째, 인간은 죄로 인해 사탄의 본성에 참여한 자가 되었습니다.

셋째, 사탄과의 연합은 인간을 하나님으로부터 분리시켰습니다.

넷째, 인간은 이제 하나님께 호소하거나 다가갈 수 있는 합법적인 근거가 전혀 없는 불법자입니다.

다섯째, 인간이 하나님 앞에 의롭게 서려면 누군가 그의 범죄에 대한 죗값을 치르고 인간에게 새로운 본성을 주어야 합니다.

여섯째, 교육도 문화도 인간의 본성을 바꿀 수 없습니다. 오로지 새로운 탄생만이 인간의 유일한 희망입니다.

확인 문제

1. 성경을 열어주는 두 단어는 무엇입니까?

2. 세 가지 종류의 죽음을 적고, 설명해 보십시오.

3. 영원한 생명이란 무엇입니까?

4. 로마서 5:12을 설명해 보십시오.

5. 영적 죽음의 통치에 대해 논의해 보십시오.

4 장

사탄
SATAN

사탄과 같은 존재가 없다면, 죄의 세력 뒤에 있는 지적 존재와 조직 the intelligence & organization을 설명할 길이 없습니다.

죄가 만연하고, 죄의 세력과 해로움 때문에 우리는 그 원인을 살펴보아야 합니다.

인간은 선천적으로 죄를 갖고 있다고 말하는 것은 하나님께서 죄의 본성을 지닌 존재를 창조했다며 그분을 비난하는 것입니다.

우리는 이런 주장을 받아들일 수 없습니다.

사탄 같은 존재가 없다고 증명될 수 있다면 죄의 출처, 곧 죄의 근원을 알아내기란 어려울 것입니다.

하지만 성경은 분명합니다. 성경은 하나님만큼이나 사탄에 대해서도 우리에게 알려줍니다. 성경은 사탄이 누구였으며, 오늘날의 그가 어떤 존재이며, 어떻게 지금의 그가 되었는지, 또 어떻게 해서 인류에 대한 통치권을 얻게 되었는지를 우리에게 알려줍니다.

성경은 사탄의 악한 본성과 성품 그리고 그의 종말에 대해서도 알려줍니다.

거룩하고 의롭고 선한 모든 것은 하나님으로부터 발원하며, 악하고 불의하며 파괴적인 모든 것은 사탄에게서 발원합니다.

사탄의 합법적인 통치권

인간과 하늘나라가 직면해야 하는 가장 쓰라린 사실 중 하나는 사탄이 인류를 다스릴 수 있는 합법적인 권리를 가지고 있다는 것입니다.

하나님께서는 아담에게 통치권과 권세를 주셨습니다. 이것은 하나님의 손으로 지으신 모든 것과 사탄을 다스리는 통치권이었습니다.

인간은 사탄뿐만 아니라, 모든 천사들도 다스렸습니다. 인간은 하나님 다음가는 권세를 지녔습니다. 그래서 인간이 거대한 왕국을 사탄의 손에 넘겨준 것은 합법적인 양도였던 것입니다. 그것이 합법적인 양도였기 때문에, 하나님께서는 그 합법성을 인정할 수밖에 없었습니다. 하나님께서 그 문제를 해결할 수 있는 유일한 방안은 그분의 사랑하는 아들을 하늘로부터 보내셔서, 아담의 범죄에 대한 죗값을 치르게 하는 것이었습니다.

성경 전체를 주목해 보면, 하나님과 천사들이 사탄을 상당히 존중하면서 대하는 모습을 발견할 것입니다. 즉 그들은 사탄의 합법적인 통치권을 인정합니다.

사탄에게 합법적인 통치권이 없다면, 전능하신 하나님께서 왜 사탄을 그 자리에서 끌어내 지구로부터 영원한 감옥으로 추방하지 않았을까요?

그러나 하나님은 그렇게 하실 수 없었습니다. 그리고 결과적으로, 놀라운 법적 문서인 '속량의 계획The Plan of Redemption'이 실현되었습니다.

당신은, 예수님께서 광야에서 미혹하는 사탄을 만났을 때 사탄이 "이 모든 권위와 그 영광을 내가 네게 주리라 이것은 내게 넘겨준 것이므로 내가 원하는 자에게 주노라 그러므로 네가 만일 내게 절하면 다 네 것이 되리라"눅 4:6-7고 말했다는 것을 기억합니다.

예수님께서는 사탄의 주장에 반박하지 않으십니다. 그분은 사탄이 진실을 말하고 있다고 받아들이십니다.

사탄이 예수님께 한 자랑과 담대한 제안은 역사상 가장 충격적인 사실 중 하나입니다.

그렇다면, 사탄은 하나님도 인정해야 하는 합법적인 권리를 가지고 있다는 것입니다.

아담에게는 하나님께서 그에게 준 통치권을 하나님의 원수인 마귀의 손에 넘겨줄 도덕적인 권리는 없었을지라도, 그렇게 할 수 있는 합법적인 권리가 있었습니다.

사탄의 통치권을 인정하지 않는 속량의 계획이나 신학 체계는 존재할 수 없습니다. 이 통치권이 합법적인 것이 아니라면, 하나님께서는 아무런 변명도 있을 수 없습니다. 만약 마귀에게서 통치권을 박탈할 수 있는 권리가 하나님께 있음에도 그렇게 하지 않으셨다면, 하나님께서는 반드시 마귀가 저지른 모든 행위에 대한 책임을 지셔야 하기 때문입니다.

하지만 인간이 하나님으로부터 받은 합법적인 권리와 자유로운 도덕적 능력을 가지고 원수의 손에 통치권을 넘겨준다면, 하나님께서는 인간의 통치권 임대 기간이 만료될 때까지는 마귀에게서 통치권을 빼앗을 권리가 없으십니다.

사탄의 정체

이것은 오늘날, 이 땅을 지배하고 있는 존재에 대한 연구입니다. 이것은 곧 열방들의 왕으로 군림하며, 인간들의 심령과 삶을 다스리는 권세를 지니고, 모든 비참함과 슬픔을 만드는 존재이자 질병과 죽음에 대한 권능과 지옥으로 던져버릴 권세가 있는 존재에 대한 연구입니다.

사탄은 무저갱Abyss에 있는 천사들의 왕입니다. 지옥에 있는 어둠의 무리들을 통치합니다.

사탄의 최고의 욕망과 계획은 인류를 파괴해서, 하나님 아버지의 심령을 슬프게 하는 것입니다.

누가복음 10:18에서 예수님께서는 "사탄이 하늘로부터 번개같이 떨어지는 것을 내가 보았노라"고 말씀하셨습니다.

이사야 14:12-15에서 사탄은 "아침의 아들 계명성Day Star, Son of the Morning"이라 불리는데, 사탄이 타락한 이유는 하늘들을 지배하고 하나님을 몰아내려는 욕망 때문이었습니다.

사탄은 "내가 하늘에 올라 하나님의 뭇별 위에 내 자리를 높이리라 내가 북극 집회의 산 위에 앉으리라 가장 높은 구름에 올라가 지극히 높은 이와 같아지리라" 사 14:13-14고 말했습니다.

이것은 에스겔 28:11-19과 더불어서 사탄의 정체에 대한 단서를 제공합니다.

에스겔 28장은 일차적으로 두로 왕에게 한 말입니다. 두로 왕은 사탄을 황제로 섬기는 자입니다.

사탄은 이 땅, 곧 이 땅의 왕들을 다스리는 통치권이 있는 자로 묘사됩니다. 바로 이것이 이 땅의 왕들을 통해 사탄이 나라(민족)를 통치하는 그림입니다.

에스겔 28:12의 도입부에서, 우리는 참된 빛 가운데 있는 사탄을 보게 됩니다. "주 여호와의 말씀에 너는 완전한 도장이었고 지혜가 충족하며 온전히 아름다웠도다"

이런 묘사는 에스겔 시대에 살고 있던 사람에게 적용될 수 없습니다. 왜냐하면 "네가 옛적에 하나님의 동산 에덴에 있어서"겔 28:13라고 말하기 때문입니다.

우리는 사탄이 거기(에덴동산)에 있었음을 알고 있습니다.

"각종 보석으로 단장하였음이여"겔 28:13 이 각종 보석은 왕의 직위와 권세를 나타내는 표식을 단장하는 왕관에 박힌 보석들이라는 말입니다.

그러므로 하나님께서는 "홍보석과 황보석과 금강석과 황옥과 홍마노와 창옥과 청보석과 남보석과 홍옥과 황금"겔 28:13이 아름다운 덮개 또는 왕관에 박혀있다고 말씀하십니다.

그런 다음 하나님께서는 "네가 지음을 받던 날에 너를 위하여 소고와 비파가 준비되었도다 너는 기름 부음을 받고 지키는 그룹임이여 내가 너를 세우매 네가 하나님의 성산에 있어서 불타는 돌들 사이에 왕래하였도다 네가 지음을 받던 날로부터 네 모든 길에 완전하더니 마침내 네게서 불의가 드러났도다"겔 28:13-15라고 말씀하십니다.

하나님께서 여기에서 묘사하고 있는 존재는 완벽하게 아름다운 존재요, 지혜가 출중하고 완전한 존재이자 기름 부음을 받은 그룹cherub이었습니다.

"기름 부음을 받은anointed"이라는 단어는 사탄이 보좌와 연결되어 있었음을 암시하며, 악기를 언급한 것은 그가 하늘의 경배를 주관한 자였다는 것, 즉 하나님을 경배함에 있어 거대한 천사 합창단을 이끌었음을 암시합니다.

그는 영원하신 하나님의 임재 가운데 드나들 수 있었고, 모든 면에서 완전했었습니다. 그 안에 불의가 발견될 때까지는 말입니다.

"오 지키는 그룹아 그러므로 내가 너를 더럽게 여겨 하나님의 산에서 쫓아냈고 불타는 돌들 사이에서 멸하였도다 네가 아름다우므로 마음이 교만하였으며 네가 영화로우므로 네 지혜를 더럽혔음이여"겔 28:16-17

이 말씀은 전능하신 하나님 앞에 권세와 영광과 존귀의 자리를 차지했지만, 하나님께서 그분의 임재 가운데서 쫓아낸 천상의 존재에게만 적용되는 내용일 것입니다.

사탄이 하늘에서 쫓겨났을 때 그는 자신의 능력이나 찬란함이나 지혜 가운데 어느 것 하나도 잃어버리지 않았습니다. 단지 그것이 타락하게 되었을 뿐입니다.

격정의 음악

오늘날 음악이 사창가, 무도장, 극장, 오페라 무대에서 중요한 위치를 차지하고 있다는 것은 분명한 사실입니다. 음악은 죄가 지닌 매력적인 특징 중 하나입니다.

사탄은 항상 음악가였습니다. 사탄은 거대한 합창단과 오라토리오를 이끌기를 멈춘 적이 없습니다.

요한계시록 9:11에서 사탄은 무저갱의 사자the angel of the Abyss라 불립니다.

사탄의 히브리어 이름은 아바돈Abaddon이며, 그리스어 이름은 아볼루온Apollyon입니다.

사탄은 지옥의 귀신 무리들의 대왕입니다.

사탄은 오늘날 하나님의 강력한 원수입니다. 사탄은 천사와 인간의 원수입니다.

사탄은 모든 시대의 모든 악의 발원지입니다.

성경에 따르면, 사탄에게는 질병의 능력, 죽음의 능력, 인간에게 전염병을 퍼뜨릴 수 있는 능력, 폭풍과 자연의 법칙에 어긋나는 불을 일으킬 수 있는 능력이 있습니다.

사탄의 본성은 철저히 사악하고 잔인합니다.

사탄은 분명 미적인 것과 아름다운 것을 좋아합니다. 사탄이 타락했다지만, 아름다운 것을 좋아하는 성향은 사라지지 않았습니다.

사탄은 기회가 있을 때마다 이런 것들 – 미적인 것과 아름다운 것 – 을 사용하여 인간의 영을 파괴하고 손상시킵니다.

정치가들의 임금

"마귀가 이르되 네가 만일 하나님의 아들이어든 이 돌들에게 명하여 떡이 되게 하라 예수께서 대답하시되 기록된 바 사람이 떡으로만 살 것이

아니라 하였느니라 마귀가 또 예수를 이끌고 올라가서 순식간에 천하만
국을 보이며 이르되 이 모든 권위와 그 영광을 내가 네게 주리라 이것은
내게 넘겨 준 것이므로 내가 원하는 자에게 주노라 그러므로 네가 만일
내게 절하면 다 네 것이 되리라" 눅 4:3-7

여기서 예수님은 사탄이 이 땅의 왕국들을 다스리는 정치적 통치권이
있으며, 전 인류가 사탄에게 복종한다는 것을 인정하십니다.

앞 장(3장)에서 우리는 사탄이 이 통치권을 얻게 된 방식에 관심을
집중했습니다.

여기에서 예수님께서는 사탄의 통치권을 인정하십니다.

사탄은 왕으로서 여러 나라(민족)의 정치적 우두머리입니다.

누구도 이를 의심할 수 없다고 저는 믿습니다. 인류 역사, 부패한
도시와 정치, 지상의 큰 나라를 다스리는 통치자들의 부패상을 볼 때,
그리고 지상의 큰 나라들이 암묵적으로 동의하는 가운데 미개발국에
서 자행된 끔찍한 전쟁과 대학살을 볼 때, 우리는 사탄의 지배를 확신
하게 됩니다.

예수님께서는 사탄을 인류의 영적인 아비라 말씀하십니다. "너희는
너희 아비 마귀에게서 났으니" 요 8:44 그런데 예수님께서는 당시의
세상에서 가장 종교적이고 탁월한 사람들인 유대인들에게 이 말씀을
하셨습니다.

바울은 사탄이 이 세상의 신이라고 우리에게 알려줍니다.

사탄은 아비로서 그의 본성을 인간에게 주었고, 신으로서 인간의 숭배
와 존경과 복종을 요구합니다. 우리는 사탄에게 그렇게 할 수 있는 권리
가 있다는 것을 부인할 수 없습니다.

사탄은 오늘날 예수님보다 더 인기가 있습니다. 지옥이 천국보다 더 인기가 있습니다.

좁은 길로 가는 사람보다 넓은 길로 가는 사람이 더 많습니다.

하나님을 경배하는 사람보다 마귀를 숭배하는 사람이 더 많습니다.

죽음의 권세

예수님께서는 누가복음 12:4-5에서 우리에게 이렇게 말씀하십니다. "몸을 죽이고 그 후에는 능히 더 못하는 자들을 두려워하지 말라 마땅히 두려워할 자를 내가 너희에게 보이리니 곧 죽인 후에 또한 지옥에 던져 넣는 권세 있는 그를 두려워하라 내가 참으로 너희에게 이르노니 그를 두려워하라"

예수님께서는 사탄에게 죽음의 권세와 지옥에 던져버릴 수 있는 권세가 있다고 말씀하십니다.

"자녀들은 혈과 육에 속하였으매 그도 또한 같은 모양으로 혈과 육을 함께 지니심은 죽음을 통하여 죽음의 세력을 잡은 자 곧 마귀를 멸하시며"히 2:14

여기서 바울도 사탄에게 죽음의 권세가 있다는 동일한 사실을 말합니다.

인간을 죽일 수 있는 죽음의 권세가 우리의 원수의 손아귀에 있다는 것은 끔찍한 사실처럼 보입니다.

"하늘에 전쟁이 있으니 미가엘과 그의 사자들이 용과 더불어 싸울 새 용과 그의 사자들도 싸우나 이기지 못하여 다시 하늘에서 그들이 있을 곳을 얻지 못한지라 큰 용이 내쫓기니 옛 뱀 곧 마귀라고도 하고 사탄이

라고도 하며 온 천하를 꾀는 자라 그가 땅으로 내쫓기니 그의 사자들도 그와 함께 내쫓기니라"계 12:7-9

이 땅은 사탄의 영역입니다. 이 땅에서 사탄은 귀신들과 나라들을 통치합니다.

유다서 9절에는 천사장들arch-angels이 마귀를 존중하여 특별한 존경심을 표했다는 내용이 나타나 있습니다.

"대제사장 여호수아는 여호와의 천사 앞에 섰고 사탄은 그의 오른쪽에 서서 그를 대적하는 것을 여호와께서 내게 보이시니라 여호와께서 (여호와의 천사KJV) 사탄에게 이르시되 사탄아 여호와께서 너를 책망하노라 예루살렘을 택한 여호와께서 너를 책망하노라 이는 불에서 꺼낸 그슬린 나무가 아니냐 하실 때에"슥 3:1-2

스가랴서에 나온 여호와의 천사도 사탄을 감히 대놓고 꾸짖지 못하고 특별한 존경과 존중하는 태도를 표합니다.

사탄은 천상에 있는 다른 어떤 천사들보다 더 큰 존재입니다. 오직 하나님과 예수님만이 사탄보다 더 크십니다.

귀신의 통치

"그런데 바사 왕국의 군주가 이십일 일 동안 나를 막았으므로 내가 거기 바사 왕국의 왕들과 함께 머물러 있더니 가장 높은 군주 중 하나인 미가엘이 와서 나를 도와주므로"단 10:13

다니엘은 21일 동안 기도하고 있었지만 응답되지 않는 이유가 궁금했습니다.

갑자기 한 천사가 나타나더니 바사(페르시아) 왕국의 군주가 자기를 21일 동안 붙잡고 있었다고 말합니다. 그 바사 군주는 인간이 아니었습니다. 어떤 사람도 천사를 가로막을 수 없기 때문입니다. 하지만 바사 왕국 위에 군림하고 있던 귀신은 천사가 하나님의 메시지를 바빌론에 있는 다니엘에게 전해주지 못하게 막았습니다.

천사는 다른 사실도 고백합니다.

천사는 조금 전에 말한 바사의 군주와 싸우러 돌아가야 한다고 말합니다. 이는 모든 왕국이 귀신에 의해 지배되었다는 것을 보여줍니다. 바울은 우리가 혈과 육이 아니라 통치자들과 권세 잡은 자들과 이 어둠의 세상 주관자들과 싸우는 것이라고 말합니다. 바울은 귀신이 통치하는 정도가 저마다 다르며 세상은 왕국, 국가, 지역으로 나뉘는데, 각각의 영역을 귀신 한 명씩 통치한다고 밝히고 있습니다.

이미 확신해 온 바이지만, 이것은 사실입니다. 전도를 하면서 나는 거의 모든 지역에 각각 다른 종류의 귀신을 발견하기 때문입니다.

이런 이야기는 꺼림칙하고 불쾌한 주제이지만, 교회가 꼭 알아야만 하는 내용이기도 합니다.

요한복음 8:44과 요한일서 3:10에서 사탄은 인류의 영적인 아비라고 불려집니다. "너희는 너희 아비 마귀에게서 났으니"요 8:44 "이러므로 하나님의 자녀들과 마귀의 자녀들이 드러나나니"요일 3:10

"… 온 세상(온 인류)은 악한 자 안에 처한 것이며"요일 5:19

사탄은 지상의 나라들을 독특하게 지배합니다.

사탄이 자기의 때가 얼마 남지 않은 줄을 알고 크게 분노하여 내려갔다는 요한계시록 12:12의 말씀이 성취되어가고 있는 듯 보입니다.

사탄의 성품

우리는 하나님의 본성을 아는 방식으로 사탄의 본성 또한 가장 잘 알 수 있습니다. 그것은 사탄이라는 이름을 통해서입니다.

구약성경에 등장하는 하나님에 관한 일련의 모든 계시는 하나님께서 주신 이름을 통한 계시입니다.

따라서 사탄의 성품을 알기 위해서는 사탄의 이름에 대한 연구가 이루어져야 할 것입니다.

"아무나 천국 말씀을 듣고 깨닫지 못할 때는 악한 자가 와서 그 마음에 뿌려진 것을 빼앗나니 이는 곧 길 가에 뿌려진 자요" 마 13:19

이 말씀에서 사탄은 '땅에 있는 악한 자' 라고 불립니다.

"밭은 세상이요 좋은 씨는 천국의 아들들이요 가라지는 악한 자의 아들들이요 가라지를 뿌린 원수는 마귀요 추수 때는 세상 끝이요 추수꾼은 천사들이니" 마 13:38-39

여기에서 사탄은 '마귀와 가라지의 아비' 라고 불립니다.

그는 사람들의 심령에 뿌려진 좋은 씨를 훔쳐 가기만 하는 것이 아니라, 세상에 사악함과 가라지를 뿌리기도 합니다.

"마귀"라는 이름은 '고소자 Accuser', '중상자 Defamer', '비방자 Calumniator', '악의로 모략하는 자 Slander' 라는 뜻입니다.

이상은 사탄의 성품을 묘사하는 칭호들입니다.

"마귀"라는 말에는 위의 네 가지 동의어의 의미가 전부 담겨 있습니다.

사탄은 고소자다

사탄은 하나님 앞에서 밤낮으로 그리스도의 형제들을 고소합니다. 사탄은 중상자입니다. 사탄은 교회와 하나님의 성품을 헐뜯습니다. 그뿐만 아니라 완전하신 예수님에 대해서도 끊임없이 중상해 댑니다.

사탄은 비방자입니다. 그는 인간을 향해 끊임없는 비난과 비열하고 더러운 비방을 해댑니다.

사탄은 악의로 모략하는 자입니다. 그는 불쾌하고 추잡한 이야기를 온통 퍼뜨리는 자입니다.

사탄은 이간질합니다. 남의 마음을 아프게 하는 지독한 추문은 사탄이 아주 좋아하는 소재입니다.

우리는 여기에서 잠깐 멈춰 서서 다음의 사실에 유의하는 것이 좋을 듯 싶습니다. 즉 하나님도 사탄도 인간을 직접 섬기거나 파괴할 수 없고, 오로지 인간을 통해서만 인간을 섬기거나 파괴할 수 있다는 사실입니다.

사탄은 사람을 이용한다

사탄이 인간에게 자신의 비열한 일을 시키기 위해서는 인간의 말과 글을 사용해야 합니다.

사탄은 인간이라는 도구가 없으면 더럽히거나 파괴하거나 잘못된 길로 이끌 수 있는 능력이 없습니다.

반면 하나님께서는 인간이라는 도구를 통하지 않고는 인간을 축복하거나 영감을 주거나 들어 올리거나 구원할 수 있는 능력이 없으십니다.

인간이 마귀에게 인류를 파괴할 수 있는 수단으로 자신을 내어주는 것이 가장 안타까운 일인 것 같지만, 인간은 그렇게 합니다.

고린도후서 11:3에 따르면 사탄은 '부패시키는 자the Corrupter'입니다. "뱀이 그 간계로 하와를 미혹한 것 같이 너희 마음이 그리스도를 향하는 진실함과 깨끗함에서 떠나 부패할까 두려워하노라"

여기에서 사탄은 부패시키는 자요, 더럽히는 자the defiler, 곧 심령의 덕과 순수함을 강탈하는 자the robber입니다.

사탄은 항상 청소년youth들의 교사가 되는 것을 즐깁니다.

사탄은 사악한 성인남녀를 이용하여 어린아이들을 오염시키고 나면 그 아이들을 일종의 선교사처럼 공립학교와 대학에 보내 순진무구한 청소년들의 마음을 오염시킵니다.

사랑스러운 아이들이 고등학교에 진학하기도 전에 타락해 순수한 마음을 잃어버리는 일이 비일비재합니다. 그 아이들에게는 거룩함과 순결함이 전혀 남아 있지 않습니다.

인생에 숨겨진 거룩한 신비들은 역겨운 대화와 비열한 제안들로 인해 쓰레기 더미와 진창에 던져지고 우리의 사랑스러운 아이들은 사탄에게 더럽혀져 영원히 지울 수 없는 상처를 받은 채 돌아옵니다.

"이러므로 나도 참다못하여 너희 믿음을 알기 위하여 그를 보내었노니 이는 혹 시험하는 자가 너희를 시험하여 우리 수고를 헛되게 할까 함이니" 살전 3:5

여기에서 사탄은 새로운 모습, 곧 유혹자the Tempter의 모습으로 등장합니다.

사탄은 하와를 미혹하여 순수함을 잃게 한 교활한 뱀입니다. 그래서 바울은 처녀와 같은 데살로니가 교회가 미혹되어 주님에 대한 사랑과 충성을 잃어버릴까 염려합니다.

사탄은 유혹하는 자입니다.

영어에서 유혹하는 자보다 사악한 이름은 없습니다. 그래서 사탄은 예수 그리스도의 교회가 덕과 순수함을 잃어버리도록 유혹하는 자입니다.

사탄은 사악하고, 교활하며, 잔인한 옛 뱀입니다.

요한계시록 20:2을 보면, 생각하기조차 끔찍한 이름들이 나열되어 있습니다. "용을 잡으니 곧 옛 뱀이요 마귀요 사탄이라 …"

격정의 춤

아마도 사탄을 부르는 모든 이름 중 최고는 "옛 뱀"일 것입니다.

"뱀"이라는 말은 실제로 '미혹하는 자the fascinator'라는 뜻으로, 사탄은 아담의 타락 이후 참으로 모든 시대 사람들을 꾀어냈습니다.

사탄은 남태평양 제도와 쿠바, 남부지역 흑인들로부터 유입된 음악, 즉 몸을 사로잡는 격정의 음악, 타락한 인간 안에서 모든 죄악을 불러일으키면서 격정으로 고동치고 흥분하게 하는 음악이 있는 무도장을 우리에게 주었습니다.

오늘날 미국 사창가에 있는 여성 중 90퍼센트가 대중 무도장을 거쳐서 그곳에 왔다는 사실은 그리 놀랄 일이 아닙니다.

교묘하게 다가오는 격정적인 음악만큼 오늘날 사람의 본분을 잃게 하여 욕망의 신the God of Lust에게 문을 열어주는 것은 없습니다.

교묘히 다가오기 때문에 더 위험한 이런 유형의 음악으로 사탄은 가장 많은 사람들을 미혹시킵니다.

사탄은 소위 고전음악을 통해서는 사람들을 별로 유혹할 수 없었습니다. 하지만 격정적인 음악은 잘못된 본성을 자극하는 기본적인 것들 중 하나입니다.

하지만 무도장만이 사탄의 미혹을 받는 유일한 장소는 아닙니다.

매일 도박장으로 8,000만 달러가 흘러 들어갑니다. 도박으로 인해 사람들이 자살하고, 인간성과 품격을 날려버리고 사랑하는 사람과 가정을 배신합니다.

사탄은 도박과 춤으로 인간을 꾀어낼 뿐 아니라 연극과 영화로도 미혹합니다. 그리하여 오늘날 사람들은 유혹에 사로잡혀, 교회는 텅 비어가고 있으며, 학교에서는 학생들이 탈선하고, 미국의 청소년들이 타락하고 있습니다.

사탄이야말로 진정 미혹하는 자입니다!

새가 뱀에 홀리듯이, 오늘날 청소년들과 성인남녀들은 "옛 뱀"에 홀려 눈이 가려지고 감각이 무뎌진 채 사탄의 입 속으로 걸어 들어갑니다.

골로새서 1:13에서 사탄은 "흑암의 권세Power of Darkness"라고 불립니다. 우리는 흑암의 권세에서 "그의 사랑하는 아들의 나라로 옮겨졌습니다."

흑암(어둠)은 무지를 나타냅니다. 무지는 사탄이 가장 많은 사람들을 노예로 묶어둘 수 있었던 최고의 무기였습니다.

사탄은 이 땅의 훌륭한 가문들을 비참하고 혼이 황폐하게 되는 무지함 속에 붙들어 두었습니다.

사탄은 사람들을 무지함으로 묶어두었을 뿐 아니라 빛을 두려워하게 해서, 그들을 자유롭게 해줄 세력과 싸우게 했습니다.

빛은 눈을 아프게 합니다.

여러 시대 동안 빛과 어둠의 싸움이 이어져 왔습니다.

성육신하신 예수님께서 지상에 계시는 동안 어둠은 빛을 이겨 보려고 했습니다.

오, 어둠의 쓰라린 죄악이여, 어둠의 헤아릴 수 없는 죄악이여!

흑암(어둠)은 실로 사탄의 영역입니다.

하지만 당신이 요한계시록 12장에 열거된 끔찍하고 무시무시한 이름을 한 번 더 살펴보았으면 합니다.

요한계시록 12장에서 사탄은 용, 마귀, 증오의 아비, 살인의 아비, 대적 그리고 치명적으로 똬리를 틀어 한 민족 한 민족씩, 영광스러웠던 한 도시 한 도시씩 그 생명을 파괴하는 옛 뱀으로 불립니다. 오늘 밤에 우리가 거대한 폐허더미에서 보는 옛 영화는 옛 뱀이 파괴한 민족과 도시 가운데 유일하게 남아 있는 기념물입니다.

사탄의 평판

"너희는 너희 아비 마귀에게서 났으니 너희 아비의 욕심대로 너희도 행하고자 하느니라 그는 처음부터 살인한 자요 진리가 그 속에 없으므로 진리에 서지 못하고 거짓을 말할 때마다 제 것으로 말하나니 이는 그가 거짓말쟁이요 거짓의 아비가 되었음이라" 요 8:44

여기에서 예수님께서는 사탄에게 좋지 않은 평판을 주십니다.

사탄은 처음부터 살인한 자로 불려서 진리 안에 서지 못합니다. 왜냐하면 사탄 안에는 진리가 없기 때문입니다. 사탄은 거짓말쟁이요 거짓의 아비로 불립니다.

아마 오늘날 중생하지 않은 사람에게는 거짓말쟁이라는 증표가 붙을 것입니다.

인간은 거짓말쟁이입니다!

인간에게 있어 거짓말은 먹고 마시고 숨 쉬는 것만큼이나 자연스러운 일입니다.

거짓말하는 것을 극복하는 일은 누구나 한 번쯤 시도해 본 적 있는 가장 어려운 일들 가운데 하나입니다.

옷으로, 표정으로 거짓말을 하고, 말로 거짓말을 하며, 눈으로, 손으로, 글로도 거짓말을 합니다. 또한 말없이도 거짓말을 하고, 사업에서나 강대상에서도 거짓말을 해댑니다.

사탄은 참으로 살인자의 성품을 지닌 자입니다. 사탄은 그의 끔찍한 행적을 일련의 사악한 거짓말들로 덮어버리지만, 그것은 사탄의 이름 중 가장 지독한 것은 아닙니다. 사탄은 또 하나의 명예로운 학위를 가지고 있기 때문입니다. 요한계시록에서 사탄은 "온 천하를 꾀는 자the Deceiver of the whole earth"라고 합니다.

마귀와 관련해서 우리가 대면해야 하는 가장 견디기 힘든 부분은 마귀가 온 세상을 속여서, 과거부터 지금까지 그의 속임수에 당하지 않는 사람이 아무도 없다는 사실일 것입니다.

사탄은 죄가 아름다워 보이게 했습니다. 사탄은 오류를 진리로, 욕정을 사랑으로, 범죄를 덕으로, 속임수를 훌륭한 정치력으로 속였습니다.

사탄은 아기, 어린이, 젊은이 할 것 없이 모두 현혹시킵니다.

사탄은 젊은 시절에도 우리를 속이지만 나이 들어 죽기 직전까지도 우리를 속입니다.

사탄은 온 세상에서, 나라에서, 도시에서, 학교에서, 가정에서 우리를 속이지만, 개인적으로도 우리를 속입니다.

사탄은 인간이 감당할 수 없는 상대입니다.

태어나서 죽을 때까지 사탄은 인간을 완전히 멸망시키는 방안을 추구해 왔습니다.

사탄은 뛰어난 기량으로 인간으로 하여금 하나님을 대적하게 할 뿐 아니라 인간을 향한 하나님의 영원한 목적마저 대적하게 합니다.

인간은 하나님께서 돕지 않으신다면 사탄의 힘으로부터 벗어날 수 없는 무기력한 상태입니다.

사탄의 기한

이방인의 시대the Time of the Gentile가 느부갓네살 왕의 통치, 즉 이방인의 세상 통치로부터 시작되었다고 믿는 이들이 있습니다.

우리는 이방인이라는 헬라어가 민족들nations을 뜻한다는 것을 알고 있습니다. 그래서 예수님께서 누가복음 21:24에서 이방인의 시대, 곧 민족들의 시대가 성취되고 있다고 말씀하신 것은 이 제한된 관점을 인정하기보다는 인간에 대한 더 넓은 해석을 담고 있습니다.

바울은 로마서 11:25에서 똑같은 것을 말합니다. "이 신비는 이방인의 충만한 수가 들어오기까지 이스라엘의 더러는 우둔하게 된 것이라"

여기에서 이방인의 충만한 수는 민족들의 충만한 수를 가리킵니다.

우리는 지상의 민족들이 마귀의 통치 아래 있다는 사실을 알고 있습니다. 그래서 예수님과 바울 모두 사탄의 통치 시기가 끝나는 것에 대해 분명히 언급합니다.

예수님께서 사역을 시작하시어 귀신들을 쫓아내시는 장면에서 어떤 귀신이 쫓겨나면서 한 말을 주목해 봅시다.

그 귀신이 이렇게 부르짖었습니다. "하나님의 아들이여 우리가 당신과 무슨 상관이 있나이까? 때가 이르기 전에 우리를 괴롭게 하려고 여기 오셨나이까?" 마 8:29

한 번 더 요한계시록으로 돌아가 봅시다. "그러므로 하늘과 그 가운데에 거하는 자들은 즐거워하라 그러나 땅과 바다는 화 있을진저 이는 마귀가 자기의 때가 얼마 남지 않은 줄을 알므로 크게 분내어 너희에게 내려갔음이라 하더라" 계 12:12

성경 여기저기에서 우리는 사탄이 자기의 통치에 기한이 있음을 인정했다는 사실을 알게 됩니다.

그렇게 보면, 하나님께서 아담에게 그분이 지으신 모든 것과 땅을 다스리는 통치권을 주셨을 때, 이 통치권에 대해 오늘날 부동산 임대처럼 기한을 두신 듯 보입니다.

아담은 유한한 햇수 동안 땅을 다스릴 통치권이 있었습니다. 물론, 우리는 그게 6000년인지 7000년인지 아니면 그 이상인지는 알지 못합니다.

아담이 하나님께 대 반역죄를 저질러서 이 통치권과 권세를 사탄의 손에 넘겨주자, 사탄은 아담이 사용할 수 있는 임대 기간을 제 것으로 삼았고, 그 결과 아담이 죄를 짓지 않았다면 통치권을 행사했을 기간만큼 사탄의 통치가 계속될 것입니다.

주 예수님께서 재림하실 때 사탄의 통치가 끝난다는 것은 명백한 사실입니다.

지금 인간이 통치하는 것은 실상 사탄이 통치하는 것입니다. 이를 바울식으로 표현하자면, "이방인의 시대" 혹은 사탄이 인류를 통치하는 때인 민족들의 시대입니다.

예수님께서 쫓아버리신 귀신들은 그들의 기한을 알았습니다. 그래서 귀신들은 기한 전에 구덩이 또는 무저갱 속으로 던져질까 봐 두려워했습니다. 귀신들은 예수님의 공의에 호소하면서 "기한 전에 우리를 무저갱으로 던지시렵니까?"라고 말했습니다. 그러자 예수님께서는 "아니다. 그렇게 하지 않겠다."라고 말씀하셨습니다.

앞에서 인용한 성경 구절인 요한계시록에 따르면 사탄이 권세를 부리는 때가 다 되어가는 것을 알자, 분노를 가득 가지고 땅으로 내려올 것이라고 합니다.

이는 이 경륜의 시기가 끝나고 '대 환란의 시기 The Great Tribulation'가 있을 그럴싸한 이유를 제시합니다.

사탄은 인간을 지배하는 시간이 끝나가는 것을 알면, 결국 "불 못"에 던져지기 전에 하나님의 마음을 아프게 하기 위해 인간에게 분풀이를 하고 그들을 짓밟을 것입니다.

오늘날 우리는 사탄이 통치하는 시기에 살고 있지만, 하나님께 감사드리는 것은 사탄의 통치에는 기한이 있다는 사실입니다.

여기 우리에게 도움이 될 만한 사탄에 관한 몇 가지 사실들이 있습니다.

첫째, 사탄은 빛의 천사였고 천상의 예배를 주관한 자였습니다.

둘째, 사탄은 보좌 곁에 서 있던 "기름 부음을 받은 덮는 그룹the anointed cherub that covereth"이었습니다.

셋째, 사탄은 하나님에게서 보좌를 빼앗으려다가 타락했습니다.

넷째, 사탄은 완벽하게 아름답고 지혜로웠습니다.

다섯째, 사탄은 그가 지닌 지혜 중에서 아무것도 잃지 않았습니다.

여섯째, 사탄은 타락함으로 본성이 바뀌었습니다.

일곱째, 아담이 사탄에게 우주를 다스릴 수 있는 통치권을 넘겨주었습니다.

여덟째, 사탄이 땅(지구)과 인간을 다스립니다.

아홉째, 사탄에게는 폭풍과 전염병과 전쟁과 질병과 죽음을 일으킬 수 있는 능력이 있습니다.

열째, 사탄은 우리 심령에 있는 하나님의 자리를 갈구합니다. 사탄은 인간의 숭배를 원합니다.

열한째, 사탄은 교회를 참소하려고 하나님께 다가갑니다.

열둘째, 사탄은 그리스도께서 재림하실 때 결박되어 지옥으로 던져질 것입니다.

열셋째, 마지막 심판의 때에 사탄은 "불 못"으로 가고, 그의 끔찍한 통치는 끝나게 됩니다.

확인 문제

1. 죄의 배후에 있는 지적 존재와 조직을 설명해 주는 단 하나는 무엇일까요?

2. 사탄이 천상에서 쫓겨나기 전의 지위를 이야기해 보십시오.

3. 사탄이 이 세상의 신으로 통치하고 있다는 사실을 드러내는 역사적 사실은 무엇이 있습니까?

4. 성경에서 사탄에게 붙인 이름을 통해 사탄의 성품이 어떤지를 설명해 보십시오.

5. 죽음의 권능이 누구의 손아귀에 있습니까? 성경 구절을 제시하십시오.

"사랑스럽고, 온화하시며, 동정심이 많으며 희생적인 구원자께서 죄짓는 사람을 사랑하셔서 그들을 위해 죽으시러 오셨다 – 그분은 그 당시와 이후로도 교회라는 거대한 몸이 믿어왔던 방식으로 제자들에게 침착하면서도 신중하게 재차 반복해서 가르치셨다. 그것은 앞으로 형벌을 받는 상황이 올 것이며, 그 상황은 모든 사람들이 진정으로 피하고자 하는 끔찍한 것이라는 사실을 우리가 깨닫게 하시려고 말씀하신 것이었다.

그분은 그 사실을 알리셨다. 그분은 그 사실을 추론하거나 어떤 도덕적 진리 체계에서 그 위치를 지시하지 않으셨고, 그 사실에 대한 철학적 정의를 내리거나 반론을 제시하거나 하나님의 능력의 이론과 화해시키려고 시도하지도 않으셨다. 그분은 휘장을 제치기 위해 하늘을 향해 손을 들어 올리셨고, 그곳에서 그분은 청중들 앞에 장차 있을 어두운 대 심판the dark grandeur of future Retribution을 들어 올리셨다. 그분은 대 심판을 사실로 증언하셨다.

내가 지옥에 대한 가르침을 의심하는 것은 그리스도의 신성을 의심하기 때문이다."

– 헨리 워드 비처Henry Ward Beecher

5장

지옥
HELL

감금하는 장소 곧 상습적으로 악한 자를 가두는 감옥인 지옥이 존재한다면, 그곳은 두말할 것도 없이 고통의 장소일 것입니다.

우리가 살고 있는 이 시대에서 가능한 한 가장 인간적인 처우를 해 준다고 해도 감옥은 감옥입니다. 생각하기조차 끔찍합니다.

이번 장에서는 악한 자가 죽은 후에 처해지는 상태에 대해 하나님의 말씀이 가르치는 바를 알아보려고 합니다.

지옥은 악한 자가 기소 상태로 법정에 출석하여 형량을 언도받을 때까지 갇혀 있는 구치소라는 사실을 아는 것은 흥미로운 일일 것입니다. 악한 자는 그 후 요한계시록에서 불 못이라고 불리는 곳, 즉 신약성경이 말하는 게헨나Gehenna로 갑니다.

불 못은 영원히 존재하는 연방 감옥입니다. 반면 지옥은 구치소에 지나지 않습니다.

아직은 아무도 불 못에 던져지지 않았습니다.

오늘날 악한 천사들과 악한 사람들은 모두 지옥에 감금된 채 악한 자의 부활과 마지막 심판을 기다리고 있습니다. 마지막 심판이 내려지면 그들은 모두 연방 감옥(불 못)으로 가게 됩니다.

당신은 천국Heaven이 믿는 자들이 영구적으로 머무는 곳이 아니라는 사실을 알고 있습니다.

천국은 몸이 없는 영이 가는 곳으로, 그곳에서 그들은 예수님께서 재림하시고 믿는 자들이 불멸의 몸을 받게 될 첫째 부활the first resurrection의 때를 기다립니다.

그런 다음, 믿는 자는 새 하늘과 새 땅으로 들어갈 준비를 갖춥니다. 그곳에서 그는 불멸하는 육신의 몸을 입고서 사랑하는 분과 함께 영원토록 거할 것입니다.

오늘날 죄인이 죽으면 그의 영은 지옥에 가며, 둘째 부활the second resurrection이 일어날 때까지 그곳에서 머물러 있습니다. 둘째 부활이 일어날 때, 죄인은 죄와 질병과 부패로 가득한 예전 몸으로 일어나게 될 것입니다.

죄인은 예전의 몸으로 다시 들어간 다음, 그 몸으로 하나님의 큰 백보좌the great White Throne of God 앞에 설 것입니다. 예수 그리스도께서 심판자이실 것입니다. 그런 다음, 법정의 평결에 따라 무시무시한 판결이 내려지고, 죄인은 마귀와 거짓 선지자, 타락한 천사들과 함께 영원한 연방 감옥으로 보내질 것입니다.

생각이 있는 사람이라면 지옥과 불 못이 존재하는 이유를 분명히 알 것입니다.

영원한 범죄

인간은 영원한 존재입니다. 하나님과 같은 부류에 속한 존재입니다.

인간이 범죄자로 죽으면 영원한 범죄자로서 영원 속으로 들어갑니다.

범죄자들을 따로 떼어놓는 감옥이 있어야 합니다.

범죄자들이 구별되지 않은 채로 영원히 떠돌아다닐 수 있게 되면 새 하늘과 새 땅을 난장판으로 만들 것입니다.

미국에는 인간의 법을 어긴 범죄자들을 가두는 구치소jail와 주 감옥 State Prison, 연방 감옥 Federal Prison이 있습니다.

하나님께서 하늘의 법을 어기고 영원한 범죄자가 된 자들을 가두는 감옥을 마련하신 것에 대해 누가 감히 그분께 항의할 수 있겠습니까?

모든 인간은 대체로 죽은 후 어떤 형태로든지 지옥이 존재하며 벌을 받기 위한 구금 장소가 있다고 믿습니다. 누구도 지옥이 있다는 증언을 쉽사리 부인할 수 없습니다.

인간이면 다 가지고 있는 이런 의식만큼 배심원과 판사를 설득시킬 수 있는 증언은 없습니다.

누구나 다 가지고 있는 이 신념에는 몇 가지 기본사실이 있기 마련입니다.

모든 고대의 사람들은 착한 사람은 일종의 천국 같은 곳으로 가고, 악한 사람은 지옥으로 간다고 믿습니다.

우리는 불 못과 유황불을 말 그대로 믿거나, 아니면 불 못과 유황불이라는 용어가 단지 하나님으로부터 분리되어 감금된 비참하고 고통스러운 상태를 묘사하는 것뿐이라고 믿습니다.

감옥은 감옥이다

실상은 이렇습니다. 즉 사랑하는 사람들과 떨어져 자유를 잃고 남은 평생을 철창 안에서 보내야 한다는 생각을 가지고, 하나님께서 지으신 넓디넓은 바깥세상과 영원히 이별하며, 더 이상 자신이 원하는 대로 오갈 수도 없고, 의지와 행동의 자유를 잃어버린 채, 진저리가 나도록 유니폼을 입은 감시자가 총을 들고 감방 앞을 왔다 갔다 하는 연방 감옥에 갇히는 것이야말로 그 누구에게나 이미 지옥인 셈입니다.

이게 영원히 지속된다면, 제발 피하고 싶습니다.

나는 성경에 묘사되는 지옥의 유황 연기도, 기어다니는 것들도, 무는 것들도, 타는 벌레도 필요하지 않습니다.

개선의 여지가 없는 악인들과 함께 영원히 갇혀 있다는 것, 하나님을 모독하는 자들, 살인자들, 포주들, 거짓말쟁이, 도둑, 음란한 여자들과 함께 한패를 이룬다는 것, 두 번 다시는 해맑은 얼굴을 볼 수 없고, 아가들의 옹알이를 들을 수 없으며, 찬양과 사랑의 노래를 결코 들을 수 없고, 오로지 끔찍하고 추잡한 욕설과 이가는 소리와 오랜 감금으로 고통스러워하는 소리를 듣는 것만으로도 내게는 충분히 지옥입니다.

나라면, 그곳을 피할 것입니다. 절대로 그런 위험에 있지 않을 것입니다.

지옥이라는 단어의 의미

히브리어로 지옥은 스올Sheol입니다.

르바임Rephaim ; 골짜기, 저승the Shades, 구덩이Pit, 가장 낮은 심연the Lowest Deeps이라는 많은 동의어들이 있지만, 구약성경에는 '스올'이라는 말이 76번이나 나옵니다.

헬라어로 쓰여진 신약성경에서 지옥은 '하데스Hades' 입니다. 헬라어에는 똑같은 곳을 나타내는 데 사용되는 몇 가지 동의어가 있습니다.

히브리어 '스올'이라는 뜻은 '죽은 자들의 저택Mansion of the Dead', '보이지 않는 거처the Invisible Abode', '벌 받는 곳Place of Punishment', '가장 낮은 장소 또는 상태'이며, 혹자는 '개선의 여지가 없는 자들의 감옥', '감금 장소'라고 표현하기도 합니다.

이미 5장을 시작하면서 지옥이 있는 이유에 대해서 제시했었지만, 다시 한번 말씀드리겠습니다.

인간은 영원한 존재입니다. 천사도 영원한 존재입니다.

그래서 인간과 천사들이 범죄자가 되면 그들은 영원한 범죄자가 됩니다.

인간은 영원한 범죄자이므로 영원히 구금할 장소가 있어야 합니다.

인간은 영이므로, 인간을 위해 영이 거할 곳a spirit home이 있어야 합니다.

인간은 범죄자요 반역자이므로 반드시 구치소가 필요하며, 심판 후에는 연방 감옥이 필요합니다.

지옥은 인간을 가두려고 만들어진 곳이 아닙니다.

지옥은 마귀와 그의 사자들을 위해 준비된 곳입니다.

하늘과 땅이 인간을 위해 마련된 곳이었습니다.

하나님께서는 인간을 사랑하심에도 그의 죄로 인해 범죄자들을 영원히 가두는 곳을 지을 수밖에 없었습니다.

인간이 땅에서 영원히 사는 것이 하나님의 원래 목적이었습니다. 땅은 이런 목적으로 지어졌고, 인간은 영원히 사는 몸으로 지음 받았습니다. 그러나 인간이 죄를 짓고 죽을 수밖에 없는 존재가 되자 지옥은 인간을 가두는 곳으로 활용될 수밖에 없었습니다.

하나님의 원래 의도는 인간을 그의 몸과 영원히 분리시키는 것이 아니었습니다. 그러므로 천국이 인간의 마지막 본향이라고는 결코 생각될 수 없습니다.

인간이 마지막으로 거하는 곳은 육신의 몸으로 감금 장소에서 영원히 거하든지 아니면 이루 말할 수 없는 자유와 축복을 누리는 곳에 영원히 거하든지 둘 중 하나인 것이 분명합니다.

지옥과 무덤

몇몇 교사들은 지옥과 무덤이라는 말이 동의어라고 말과 글로 열심히 우리를 가르쳤습니다.

이런 오류가 생긴 까닭은 킹 제임스 번역 성경에서 "스올"이라는 단어를 35번이나 무덤으로 잘못 번역했기 때문입니다.

킹 제임스 성경 번역자들이 번역할 당시에는 오늘날 우리가 가진 히브리어에 대한 지식이 없었습니다.

이 킹 제임스 번역 성경에는 오류가 많기 때문에 새로운 성경 번역본이 나와야 한다고 생각합니다. 개인적으로는 미국 개역 성경American Revision을 최고로 여깁니다. 따라서 성경을 열렬히 사랑하되 특별히 킹 제임스 번역 성경을 선호하는 모든 독자에게 미국 개역 성경을 추천합니다.

히브리어나 헬라어 혹은 영어에서도 어떤 단어를 사용하는 것 자체가 그 의미를 결정합니다. 그래서 "스올"이라는 단어가 구약성경에서 어떻게 76번이 쓰이는지 알아보는 것도 흥미로울 것입니다.

무덤 또는 묘(안치소)를 뜻하는 "퀘베르Queber"라는 단어와 비교하고 싶습니다. 비교를 통해, '스올'과 '퀘베르'라는 두 단어가 서로 바뀌어 사용될 수 있는지 여부를 판가름하기 쉬울 것입니다.

"스올"이라는 단어는 복수형으로 쓰인 적이 없지만, "퀘베르"라는 단어는 29번이나 복수형으로 쓰였습니다.

"스올"은 결코 지상에 있지 않지만, "퀘베르"는 32번이나 지상에 위치한다고 나와 있습니다.

사람이 죽은 몸을 "스올"로 옮긴 대목은 없지만, 37번이나 "퀘베르"로 옮겼다는 내용이 나옵니다.

어느 누구도 자신의 "스올"을 갖고 있지 않지만, 개개인이 "퀘베르"를 가지고 있다는 기록은 44번이나 나옵니다.

사람이 다른 사람을 "스올"에 두었다는 기록은 없지만, 무덤 혹은 "퀘베르"에 두었다는 것은 33번이나 기록되었습니다.

사람이 "스올"을 팠다는 장면은 없지만, 6번이나 "퀘베르"를 팠다는 대목이 있습니다.

사람이 "스올"을 만진 기록은 없으나, 5번이나 "퀘베르"를 만지는 장면이 나옵니다.

이상의 비교를 통해서 우리는 "스올"이라는 단어가 "퀘베르"라는 단어와 결코 바꿔 쓸 수 없을 뿐만 아니라, 사람에 의해 시신을 두는 무덤의 의미로 사용되지 않는 것도 알 수 있습니다.

"스올"은 무덤이나 묘로 번역한 단어와 동의어로 사용된 적이 없습니다. 따라서 "스올"과 "퀘베르"는 같은 것이 아니기에, "스올"이 무덤으로 번역될 수 없다는 점은 너무도 명백한 사실입니다.

미국 개역 성경 번역가들은 이 사실을 잘 알고 있었기에, "스올"을 번역하는 대신에, 그저 'Sheol'이라는 영어 철자로 표기해 두었습니다.

무덤과 지옥이 동의어로 쓰인다고 말하는 사람은 성경에 나온 단어의 쓰임과 의미를 잘 모르거나 아니면 정직하지 않거나 둘 중 하나입니다.

그가 무지한 사람이었길 바랍니다.

지옥의 정체

이사야서 14장에는 지옥을 매우 생생하게 묘사하는 장면이 나옵니다. 거기에는 바빌론의 위대한 황제 느부갓네살과 그의 후손들이 죽어서 지옥으로 가는 장면이 묘사되어 있습니다.

"아래의 스올이 너로 말미암아 소동하여 네가 오는 것을 영접하되 그것이 세상의 모든 영웅을 너로 말미암아 움직이게 하며 열방의 모든 왕을 그들의 왕좌에서 일어서게 하므로"사 14:9

사탄이 세상의 황제인 느부갓네살을 위한 거창한 환영식을 준비하면서 모든 왕들의 보좌를 세우고, 동방의 화려한 장관 속에 왕들이 고관들과 더불어 앉고 노예들이 그들 주위로 모여 있는 듯이 보입니다.

그러자 가장 위대한 세상의 통치자 느부갓네살 왕이 위쪽 세상으로부터 내려옵니다.

느부갓네살 왕은 거짓 왕좌에 앉아있는 이들 왕과 군주들 앞에 불쑥 나타납니다.

그들 모두 한목소리로 말합니다. "어찌 된 노릇인고? 당신도 우리처럼 밑으로 떨어졌는가? 당신의 커다란 위엄과 당신을 찬미하던 음악이 지옥까지 내려왔는가? 당신도 우리만큼이나 약해졌는가?"

잃어버린 자들, 곧 비참하고 무기력한 상태로 거짓 왕좌에 앉은 왕과 군주와 장군과 사업가들의 외치는 소리가 느부갓네살 왕의 귀에 닿습니다.

"구더기가 네 아래에 깔림이여 지렁이가 너를 덮었도다"사 14:11라고 그들이 외칩니다. 느부갓네살 왕의 영 주변으로 불뱀들이 기어다니면서 똬리를 틀었다 풀었다 합니다.

느부갓네살 왕은 생전에 왕국을 초토화시켰고, 임신부를 죽였으며 민족들을 차례차례 짓밟고, 그 왕과 군주들의 눈을 뽑았습니다. 그런데 지금 그는 끔찍한 지옥에서 고통으로 몸부림칩니다. 그가 이곳으로 보낸 많은 자들이 모여서 그의 고통을 목격하고 있습니다.

이사야서 66:24은 지옥을 "그 벌레가 죽지 아니하며 그 불이 꺼지지 아니하여 모든 혈육에게 가증함이 되는" 곳이라 말합니다.

다니엘은 우리에게 악인의 부활이 수치스럽고 부끄러운 부활이 될 거라고 알려줍니다.

마태복음 25:41,46에 따르면, 지옥은 저주받은 자들의 처소요, 영원한 불이 있는 장소로 마귀와 반역한 천사들을 위해 마련된 곳이었습니다. 이제 그곳은 악인의 구치소와 처소가 되었습니다. 그래서 지옥은 영원한 처벌과 구금 장소라 불립니다. 그 누구도 사면받아 나간 적이 없고 또 나갈 수도 없는 곳이며, 그 어떤 사면도 미치지 못한 보는 그대로 끔찍한 곳입니다.

베드로후서 2:4에서 지옥은 구덩이 또는 교도소라고 불리며, 요한계시록 9:1-2에서 지옥은 유황불과 연기가 나는 곳, 귀신들의 처소입니다. 그러나 누가복음 16:19-31에서 예수님은 그분만이 줄 수 있는 지옥에 대한 그림을 우리에게 제시하십니다.

누가복음 16:19-31은 비유가 아닙니다. 비유 가운데 끼어있지도 않습니다.

예수님께서는 "한 부자가 있어"라고 말씀하십니다. 역사적으로 있었던 이야기를 인용하고 계신 것입니다. 그분은 지옥에 대해 그리고 고통 즉 의식적으로 느낄 수 있는 고통에 대해 묘사하시는데, 이는 단테가 쓴 『신곡』의 지옥 편과 밀턴이 쓴 『실낙원』을 능가합니다.

여기에서 다음의 사실을 언급하는 게 좋을 것 같습니다. 인간이 타락한 때부터 그리스도께서 부활하고 승천하셔서 하늘에 계신 아버지의 보좌 우편에 앉으신 기간 동안 땅 아래 세계는 건널 수 없는 구렁에 의해 두 부분으로 분리되어 있었습니다.

한쪽에는 피의 언약 곧 아브라함의 피의 언약을 신뢰하는 구약의 성도들이 있었습니다. 그래서 예수님께서는 그곳을 "아브라함의 품 Abraham's bosom"이라 부르셨습니다.

이 건널 수 없는 구렁 너머에는 개선의 여지가 전혀 없는 악인들이 부활과 심판을 기다리면서 갇혀 있었습니다.

예수님께서 죽은 자들로부터 일어나신 후, 자기 피를 가지고 하늘의 지성소로 들어가시어 첫 번째 언약 아래서 범죄한 자들을 속량하심으로 공의의 요구를 만족시키셨고, 다시 낙원(아브라함의 품)으로 내려가셔서 그곳에서 기다리고 있는 혼들에게 속량의 복음을 전하시고, 그들과 함께 승천하셨던 게 분명한 것 같습니다. 우리가 아는 한 엘리야를 제외하고는 천국에 들어간 사람이 없었습니다.

아직 죄 문제가 해결되지 않았기 때문에 어느 누구도 천국에 들어갈 수가 없었습니다. 구약의 성도들은 황소와 염소의 피로 쓴 속량의 약속만을 받았을 뿐입니다.

예수님께서는 첫 언약 아래의 죄인들을 위해 죽으시러 오셨습니다. 따라서 부름 받은 자들은 자기 몫의 유업을 받을 수가 있었습니다.

그런 의미에서 우리는 누가복음 16장에 나온 장면을 이해할 수 있습니다.

"한 부자가 있어 자색 옷과 고운 베옷을 입고 날마다 호화롭게 즐기더라 그런데 나사로라 이름하는 한 거지가 헌데 투성이로 그의 대문 앞에 버려진 채 그 부자의 상에서 떨어지는 것으로 배불리려 하매 심지어 개들이 와서 그 헌데를 핥더라 이에 그 거지가 죽어 천사들에게 받들려 아브라함의 품에 들어가고 부자도 죽어 장사되매 그가 음부에서 고통 중에 눈을 들어 멀리 아브라함과 그의 품에 있는 나사로를 보고 불러 이르되 아버지 아브라함이여 나를 긍휼히 여기사 나사로를 보내어 그 손가락 끝에 물을 찍어 내 혀를 서늘하게 하소서 내가 이 불꽃 가운데서 괴로워 하나이다 아브라함이 이르되 얘 너는 살았을 때에 좋은 것을 받았고 나사로는 고난을 받았으니 이것을 기억하라 이제 그는 여기서 위로를 받고 너는 괴로움을 받느니라 그뿐 아니라 너희와 우리 사이에 큰 구렁텅이가 놓여 있어 여기서 너희에게 건너가고자 하되 갈 수 없고 거기서 우리에게 건너올 수도 없게 하였느니라 이르되 그러면 아버지여 구하노니 나사로를 내 아버지의 집에 보내소서 내 형제 다섯이 있으니 그들에게 증언하게 하여 그들로 이 고통받는 곳에 오지 않게 하소서 아브라함이 이르되 그들에게 모세와 선지자들이 있으니 그들에게 들을 지니라 이르되 그렇지 아니하니이다 아버지 아브라함이여 만일 죽은 자에게서 그들에게 가는 자가 있으면 회개하리이다 이르되 모세와 선지자들에게 듣지 아니하면 비록 죽은 자 가운데서 살아나는 자가 있을지라도 권함을 받지 아니하리라 하였다 하시니라"눅 16:19-31

이것은 순전히 유대인에게만 해당되는 이야기입니다. 오늘날에는 낙원(아브라함의 품)은 없고 지옥만 있습니다.

낙원에 거하던 모든 자들이 천국으로 옮겨졌기 때문에 낙원은 텅 비었습니다.

부자는 모세율법의 근본 원리를 어겼기 때문에 지옥에 갔습니다. 모세율법의 근본 원리는 네 이웃을 네 몸같이 사랑하라는 것입니다.

모세의 율법 전체는 '주 너희 하나님을 심령을 다하여 사랑하고, 네 이웃을 네 몸같이 사랑하라' 는 말로 요약됩니다.

부자는 이 원리를 어겨서 그 댓가를 치르고 있었습니다.

이제 지옥으로 가는 사람에 관한 몇 가지 중요한 사실들을 깨닫기 바랍니다.

"그가 음부에서 고통 중에 눈을 들어"눅 16:23

지옥에 있던 부자가 혼적인 모든 능력을 지니고 있다는 것에 주목하십시오.

인간은 물리적(신체적) 존재가 아니라, 본래 영적인 존재입니다.

부자의 혀가 강렬한 열기로 불타고 있었습니다. "내가 이 불꽃 가운데서 괴로워하나이다"눅 16:24

이것이 순전히 비유 언어라고 주장하고 싶든지 아니든지 별개의 문제입니다.

중요한 것은, 예수님께서 이 사람이 불꽃 가운데 고통을 당하고 있었다고 분명히 밝히셨다는 사실입니다.

불꽃이라는 것이 그저 불타고 있는 양심이라고 해도, 제게는 말 그대로 진짜 불입니다.

"얘 … 기억하라"눅 16:25 그 부자는 기억했습니다.

기억은 지옥에서도 살아 있습니다.

두 가지 사실이 지옥에 있는 그를 괴롭히며 잠들 수 없는 번민으로 채울 것입니다.

첫째는 그가 하나님과 사람에게 저질렀던 죄들이고, 둘째는 그 죄를 피할 기회가 있었지만 단호하게 천국보다 지옥을 선호했다는 사실입니다.

여기에서 지옥은 커다란 구렁이 놓여 있어 쌍방이 왕래할 수 없는 고통의 장소입니다.

지옥에서는 약속된 2차 보호관찰 기간이라는 것이 없습니다. 지옥으로 보내질 만큼 죄가 있는 사람은 지옥에 머물러 있을 만큼 죄가 있습니다.

다음으로 우리는 가장 애처로운 장면에 이릅니다.

부자가 말합니다. "나사로를 내 아버지의 집에 보내소서 내 형제 다섯이 있으니 그들에게 증언하게 하여 그들로 이 고통받는 곳에 오지 않게 하소서"눅 16:27-28

오, 속절없는 간청에 담긴 말로 형언할 수 없는 비애여!

탁월한 설교자가 어떤 영혼에게 지옥의 고통을 생생하게 전해줄 수 있다 해도, 사람들은 그의 메시지에 귀를 기울이지 않을 것입니다.

미국에서 가장 지성적인 사람들 중 일부는 천국과 지옥, 그리고 그리스도의 고난이라는 주제로부터 자신들의 마음을 지킬 수 있다면 혹은 그런 설교를 하는 곳에서 벗어날 수 있다면 그런 사실을 알고 있다는 책임으로부터 벗어날 것이라고 생각합니다. 또 그런 자체로 지옥으로부터 자신들이 구원받은 것을 증명해 줄 것이라고 믿습니다.

이런 위험천만한 궤변은 얼마나 말도 안 되는 소리입니까!

부자의 부탁에 대한 대답입니다. "그들에게 모세와 선지자들이 있으니 그들에게 들을지니라" 눅 16:29

"그렇지 아니하나이다 아버지 아브라함이여 만일 죽은 자에게서 그들에게 가는 자가 있으면 회개하리이다" 눅 16:30

하지만, 그들이 그러했습니까?

예수님께서는 지옥의 어두운 지하감옥과 끔찍한 고통으로부터 빠져나와 이 땅에 오셔서 증언하셨지만, 사람들이 그분의 증언에 귀를 기울였던가요? 천만에요. 귀 기울이지 않았습니다! 오늘날 사람들은 그것을 비웃습니다.

누가 지옥에 가는가?

하나님께 감사드리기는, 우리는 아기들이 지옥에 간다고 믿지 않는다는 것입니다.

성경에서 입증할 수는 없지만 모든 유아들은 책임질 나이가 될 때까지는 그리스도의 완성된 사역에 근거해서 구원받는다고 확신합니다.

개인적으로는 이 부분에 대해서 추호도 의심하지 않습니다.

시편 9:17은 하나님을 잊어버린 모든 민족(나라)들이 지옥으로 던져지고 두려워하고 믿지 않는 자들도 지옥으로 던져진다고 말합니다.

예수 그리스도의 주 되심Lordship을 인정하지 않거나 그분을 구원자로 고백하기를 거절하는 자는 누구나 지옥에 갈 것입니다.

차이가 없습니다. 사람이 위로부터 나지 않으면 하나님의 왕국으로 들어갈 수 없습니다. 그는 사탄의 왕국으로 들어갈 것입니다.

교육 정도를 묻는 시험도 없고, 박애 정신을 묻는 시험도 없으며, 재정 수준을 묻는 시험도 없습니다. 다만 예수 그리스도의 희생에 의해 보호받지 않는 사람은 마귀가 지옥에 가듯 분명히 지옥에 갈 것입니다.

사람은 그가 무엇을 했기 때문이 아니라 그가 어떤 존재이기 때문에 지옥에 가는 것입니다.

사람은 순전히 지적인 근거로 지옥에 갑니다. 원한다면 피할 수 있습니다.

오늘날 사람은 두 눈을 활짝 뜨고 현대문명을 보면서도 지옥에 갑니다. 그가 천국보다 지옥을 더 좋아하기 때문입니다.

사람은 사탄을 섬겨왔기 때문에, 그리고 하나님 아버지와 예수 그리스도보다 사탄을 자기의 신으로 선택하기 때문에 지옥에 갑니다.

그런 사람에게는 죄가 더 매력적이고, 지옥이 천국보다 더 호감이 갑니다.

확인 문제

1. 지옥과 불 못은 동의어입니까? 당신이 어떤 대답을 하든지 그에 대한 근거를 제시하십시오.

2. 영적으로 죽은 사람을 가두는 장소가 왜 있어야 합니까?

3. 지옥과 무덤이 히브리어나 그리스어에서 동의어로 쓰이지 않는 이유를 제시하십시오.

4. 누가 지옥에 갑니까?

5. 지옥에 간 자들 중 누구도 하나님을 공정하지 못하다고 비난할 수 없는 까닭은 무엇입니까?

이는 중개자를 통해서 하나님께서 당신과 화해하실 수 있음을 보여줍니다. 그 복음 안에서 "예수 그리스도에 의해 당신에게 평화가 전파되었습니다. 그 복음을 통해 당신은 하나님께서 그리스도 안에서 세상을 그분 자신과 화해하사, 죄를 세상에 돌리지 않으시는 것을 봅니다. 복음은 지극히 높은 곳에 계신 하나님께는 영광을, 땅에는 평화를, 사람들에게는 호의를 선포합니다. 그러므로 평화의 왕자가 세상에 태어났을 때 울려 퍼진 천사들의 목소리는 복음의 기쁜 소식을 집약해서 표현했던 것입니다. 복음이 당신에게 전하고자 하는 것은, 하나님께서는 죄인의 죽음을 원하지 않으시며, 오히려 죄인이 돌이켜서 사는 것, 곧 모든 사람들이 구원받아 진리의 지식에 이르기를 열망하신다는 사실입니다."

– 존 회John Howe

(오늘날 인간은 이 중개자이신 예수 그리스도를 통하지 않고서는 하나님께 다가갈 길이 없습니다. "하나님은 한 분이시요 또 하나님과 사람 사이에 중보자[중개자]도 한 분이시니 곧 사람이신 그리스도 예수라"딤전 2:5)

6장

인간은 중개자가 필요하다
MAN'S NEED OF A MEDIATOR

앞 장(5장)에서 우리는 인간이 합법적으로 추방된 자라는 사실을 알았습니다. 인간은 하나님께 다가갈 수 있는 통로를 잃어버렸기에 바울은 에베소서 2:12에서 "그리스도 밖에 있었고, 이스라엘 나라 밖의 사람이라 약속의 언약들에 대하여는 외인이요 세상에서 소망이 없고 하나님도 없는 자"로 묘사하였습니다.

먼저 "그리스도 밖에 있었다alienated from Christ"라는 어구에 주목하십시오. 중개자를 통하지 않고서는 생명도 없고 하나님께 다가갈 수도 없습니다. 그런데 인간에게는 중개자가 없습니다.

둘째, 인간은 약속의 언약들에 대해서 외인입니다.

인간은 하나님께 언약을 주장하지 못합니다. 인간은 하나님께서 주신 모든 권리를 박탈당했습니다.

하나님께서는 인간에게 그분께 나아와 그 앞에 설 수 있는 권리와 신분을 주셨습니다.

그러나 인간은 하나님께 반역하였기 때문에 이 모든 권리와 신분을 박탈당하였고, 이제 그는 이 세상에서 소망이 없고 하나님도 없는 상태로 묘사됩니다.

사탄이 죽음의 권능을 잡고 있는 이 세상에서 소망도 없고 하나님도 없는 인간의 상태는 두말할 것도 없이 절망적입니다.

하지만 이보다 더 끔찍한 것은, 앞 장에서도 말했듯이, 인간이 사탄의 본성에 참여한 자가 되었다는 사실입니다.

인간은 정치적으로 사탄의 신하일 뿐만 아니라 실제로도 사탄과 연합하고 있습니다. 그래서 인간을 "본질상 진노의 자녀"엡 2:3, 곧 영적으로 죽은 자이며 마귀의 자녀라고 표현합니다.

이런 표현들에 의하면 인간은 소망이 전혀 없는 상태입니다.

설령 하나님께서 인간의 기도를 들으신다 해도, 그것은 전적으로 그분의 은혜에 근거한 것입니다.

인간의 상태는 출애굽기 33:20에 이렇게 표현되었습니다. "또 이르시되 네가 내 얼굴을 보지 못하리니 나를 보고 살 자가 없음이니라"

인간이 타락한 때로부터 예수 그리스도께서 아버지의 우편에 앉으실 때까지 하나님께서 지명하신 제사장이나 피 흘리는 제사, 꿈과 환상 혹은 천사의 방문을 통하지 않고서는 어느 누구도 하나님께 다가가지 못했습니다. 그것은 모든 인간이 자각하는 증거입니다.

모든 인간은 자신이 하나님 앞에 합법적으로 설 수 없다는 것을 인정합니다.

모든 민족에게 있는 성전, 제단, 제사장제도가 인간의 죄의식과 죽음과 그 이후에 따르는 심판에 대한 두려움을 분명하게 인정하고 있습니다.

인간이라면 모두 죽음을 두려워하며, 죽은 후의 심판과 죄에 대한 형벌이 있다는 것을 믿습니다.

아마 이교 지역에 드리운 소망 없는 암흑상태보다 이 주제를 생생하게 제시할 수 있는 증거는 없을 것입니다.

소망이 전혀 없이 고군분투하는 수백만 명의 제사장을 지닌 나라, 인도는 그중 하나에 불과합니다.

오랜 역사를 지닌 세상의 종교 가운데 참소망을 갖고 있거나 죄 문제를 해결하거나 두려움 없이 하나님께 다가갈 수 있는 인간의 능력에 대한 해결책을 갖고 있는 것은 없습니다.

인간의 상태를 다음의 끔찍한 말로 요약해서 표현할 수 있습니다.

아무 소망도 없어!

일격에 인간은 비틀거리지,
사그라지는 열정, 후들거리는 뼈대
잿빛의 입술로 말했지.
아무 소망도 없어!

아무 소망도 없어!
땅이 내뱉는 절망의 말소리,
저린 심령, 쓰라린 부분,
혼의 서글픈 혼자만의 넋두리
아무 소망도 없어!

아무 소망도 없어!
심령은 암울함으로 움츠러드네.
어두컴컴한 구름, 죄의 끔찍한 덮개는
죄인의 운명과 함께 찾아온다네.
아무 소망도 없어!

아무 소망도 없어!
죽음의 겨울바람
그 차가운 입맞춤, 어두운 심연,
그 호흡에 서린 얼음
아무 소망도 없어!

아무 소망도 없어!
예수 안에 아무 소망도 없어.
영혼을 울리는 죽음의 조종 소리에도
아무 소망도 없어, 예수 안에 아무 소망도 없어.
수없는 시간이 구르는 동안에도
아무 소망도 없어!

욥기는 위대한 시에 인간의 소망 없는 상태를 노래하는 애도가를 아주 생생한 방식으로 한데 모은 것입니다.

괴테Goethe가 독일 민중의 민요에서 영감을 얻어 『파우스트』라는 작품을 통해 우리에게 그 영감을 되돌려주었듯이, 몇몇 선견자 또는 시인들은 인류 역사의 각 시기마다 그 시대 사람들의 목소리가 되는 특권을 누렸습니다.

욥은 한 사람을 위한 시인이 아니라 인류를 위한 시인이자 여러 시대를 위한 시인이었습니다. 그의 시의 주제는 "인간이 어떻게 하나님 앞에 의롭게 설 수 있을까?"하는 것으로 이는 모든 시대가 가진 질문이라 할 수 있습니다.

모든 시대의 현자나 철학자들은 이러저러한 형태로 이와 똑같은 질문을 해왔습니다.

기억하시다시피, 욥기는 성경에서 가장 오래된 책입니다.

욥기는 야곱이 이집트로 내려간 시기에 아브라함의 사촌인 요바브Jobab에 의해 쓰여진 것으로 보입니다. 이제 욥기에서 읽어볼 부분은 욥 시대에 "인간에게 중개자가 필요하다"는 것이 얼마나 생생하고 실감나는 주제였는지를 보여 줄 것입니다.

욥기 4:12부터 읽어보겠습니다. 여기에는 사막의 오아시스에 장막을 치고 그 안에 누워 있는 한 아랍 사람의 모습이 나옵니다.

밤은 춥고 싸늘합니다. 하늘은 청명하기 이를 데 없어, 별이 밤하늘을 통해 보석처럼 반짝이고 있습니다.

한 사람이 장막에 누워 잠들어 있습니다. 그러다가 갑자기 환상으로 인해 잠에서 깨어납니다. 자 읽어봅시다. "어떤 말씀이 내게 가만히 이르고 그 가느다란 소리가 내 귀에 들렸었나니 사람이 깊이 잠들 즈음 내가 그 밤에 본 환상으로 말미암아 생각이 번거로울 때에 두려움과 떨림이 내게 이르러서 모든 뼈마디가 흔들렸느니라 그 때에 영이 내 앞으로 지나매 내 몸에 털이 주뼛하였느니라 그 영이 서 있는데 나는 그 형상을 알아보지는 못하여도 오직 한 형상이 내 눈앞에 있었느니라 그 때에 내가 조용한 중에 한목소리를 들으니 사람이 어찌 하나님보다 의롭겠느냐 사람이 어찌 그 창조하신 이보다 깨끗하겠느냐?" 욥 4:12-17

'죽을 수밖에 없는 인간이 하나님 앞에 의롭게 되거나 무죄 선언을 받을 수 있는가? 타락한 인간이 창조자 앞에서 깨끗하게 될 수 있는가?' 라는 것은 오래된 문제입니다. 이것은 모든 시대의 사상가들이 직면해 온 영원한 문제입니다.

"죽을 수밖에 없는mortal"이라는 단어가 육신의 몸에만 적용되고 영에는 결코 적용되지 않는다는 사실을 기억하실 것입니다. 히브리어와 헬라어 둘 다 '죽을 운명에 처한death-doomed' 또는 '부서지기 쉬운frail'이라는 의미를 담고 있습니다. 다른 말로 하면, 마귀에게 복종하도록 되어 있다는 뜻입니다.

예수님께서는 우리 죄의 대속물이 되시기 전까지 죽을 수밖에 없는 존재가 아니셨습니다. 이제 문제는 "죽을 수밖에 없는 인간, 또는 죽을 운명에 처한 인간, 혹은 사탄의 지배를 받는 인간이 하나님의 임재 안에 정죄 받지 않고 설 수 있느냐?"는 것입니다.

욥기 9장에는 죽음의 침상에 누워 있던 한 노인이 심판의 때가 거의 다가오자 자신의 능력으로 영원에 관한 문제를 서둘러 대면하고 있는 모습을 실감 나게 묘사한 장면이 있습니다.

이제 욥은 영혼soul 가장 깊은 곳에 있는 모든 인간들의 고뇌를 토로하고 있습니다.

그 장면을 살펴보겠습니다. 사랑하는 사람들에 둘러싸인 채 장막에 누워 있는 한 남자가 거리낄 게 없는 심령으로 죽음의 고투 가운데 영혼soul을 사로잡고 있는 두려움을 토로하고 있습니다.

그는 부르짖습니다. "나의 날이 경주자보다 빨리 사라져 버리니 복을 볼 수 없구나 그 지나가는 것이 빠른 배 같고 먹이에 날아 내리는 독수리와도 같구나" 욥 9:25-26

이 말은 노인에게 있어 세월이 신속하게 지나가 버림을 비유적으로 표현한 것입니다.

오늘날 우리 식으로 말한다면, 급행열차나 스포츠카 또는 새보다 빨리 태양을 가로질러 날아가는 초음속 비행기로 비유할 수 있겠지요. 이 모든 비유적 표현들은 나이 든 사람들에게 세월이 얼마나 신속하게 지나가는지를 생생하게 묘사하는 것입니다.

그는 계속해서 말합니다. "가령 내가 말하기를 내 불평을 잊고 얼굴빛을 고쳐 즐거운 모양을 하자 할지라도 내 모든 고통을 두려워하오니 주께서 나를 죄 없다고 여기지 않으실 줄을 아나이다 내가 정죄하심을 당할진대 어찌 헛되이 수고하리이까?" 욥 9:27-29

끊임없이 그의 마음을 사로잡고 있는 것은 죄에 대한 자각conviction 입니다.

다가올 심판에 대한 두려움이 마치 시커먼 구름이 모여들듯이 그의 영에 드리웁니다.

마지막 소망의 태양이 어두워지는 저녁 속으로 빠르게 지고 있습니다.

단 한 줄기 빛도 장막의 암울함을 뚫지 못합니다.

모든 잘못된 소망은 산산조각났습니다. 그는 자신의 죄와 죄책감과 절망감으로 홀로 남아서, "슬픈 얼굴을 밝게 하여 즐거운 모양을 한들 무슨 소용인가? 나의 슬픔을 두려워한다."고 말합니다.

이것은 절망의 암흑입니다. 소망 없는 상태에 대한 지식입니다. "내가 정죄하심을 당할진대"

그는 그 사실을 알고 있습니다. 그러기에 그는 거의 화를 내듯이 절망합니다. "어찌 헛되이 수고하리이까? (어찌 내가 시간을 들여 무화과 잎으로 옷을 만들겠나?저자의 삽입구) 내가 눈 녹은 물로 몸을 씻고 잿물로 손을 깨끗하게 할지라도 주께서 나를 개천에 빠지게 하시리니 내 옷이라도 나를 싫어하리이다"욥 9:29-31

여기에 완화될 수 없는 죄에 대한 자각과 죄책감이 있습니다. 죄 자체를 해결해야 합니다.

이런 고뇌는 수년 동안 억눌러왔던 죄책감이 마침내 거침없이 급류처럼 분출하는 것입니다.

놀라운 그림입니다! "주께서 나를 개천에 빠지게 하시리니 내 옷(또는 자기 의)이라도 나를 싫어하리이다 하나님은 나처럼 사람이 아니신 즉 내가 그에게 대답할 수 없으며 함께 들어가 재판을 할 수도 없고"욥 9:31-32

욥은 하나님을 대면할 수 없다는 사실을 알고 있습니다. 하나님은 죽을 수밖에 없는 존재가 아니시기 때문입니다. 하나님은 욥처럼 죄의 속박과 죄책감 아래 계시지 않습니다. 그런 다음 욥의 입술에서는 인간의 입술이 낼 수 있는 가장 슬픈 말이 튀어나옵니다.

"우리 사이에 손을 얹을 판결자도 없구나"욥 9:33

다른 말로 하면, 우리 사이에는 하나님 앞에 합법적으로 설 수 있는 신분을 지닌 동시에 인간을 대표할 뿐만 아니라 인간의 처지를 이해하고 동정할 수 있는 중개자가 없다는 말입니다.

이것은 중개자를 찾는 욥의 울부짖음입니다. 그런데 이는 욥만의 외침이 아닙니다. 어쩌면 욥은 모든 시대의 울부짖음을 하나로 모아 소망 없는 흐느낌으로 토해냈다고 말할 수 있습니다.

매우 비통하게 욥은 말합니다. "주께서 그의 막대기(주의 법)를 내게서 떠나게 하시고 그의 위엄이 나를 두렵게 하지 아니하시기를 원하노라 그리하시면 내가 두려움 없이 말하리라 나는 본래 그렇게 할 수 있는 자가 아니니라"욥 9:34-35

욥은 인간에게 중개자가 필요하다고 말했습니다.

"그런즉 하나님 앞에서 사람이 어찌 의롭다 하며 여자에게서 난 자가 어찌 깨끗하다 하랴 보라 그의 눈에는 달이라도 빛을 발하지 못하고 별도 빛나지 못하거든 하물며 구더기 같은 사람, 벌레 같은 인생이랴?"욥 25:4-6

"여자에게서 난 자가 어찌 깨끗하다 하랴?"라는 이 말은 거의 신약성경의 말씀처럼 들립니다.

욥기의 저자는 여기에서 하와를 통한 인간의 타락을 염두에 두었습니다. 그리고 별마저 하나님의 눈에는 순결하지 못하다고 말하는 것은, 창조 세계를 마귀의 손아귀에 넘겨주어 결국 사탄이 창조 세계를 망가뜨림으로써 하나님께서 더 이상 기쁨으로 창조 세계를 볼 수 없게 한 아담의 반역을 떠올리게 합니다.

욥기의 저자는 인간을 벌레라고 말하면서 인간의 깊이 타락한 모습을 보여줍니다. 벌레는 옛 뱀인 사탄을 가리킵니다. 여기서 인간이 벌레라는 말은 결국 영적으로 마귀 자식이라는 뜻으로, 소망이 전혀 없고 하나님께 다가갈 수도 없다는 말입니다.

이런 맥락에서 예레미야 30:21을 읽어보면 매우 흥미로울 것 같습니다.

"그 영도자는 그들 중에서 나올 것이요 그 통치자도 그들 중에서 나오리라 내가 그를 가까이 오게 하리니 그가 내게 가까이 오리라 참으로 담대한 마음으로 내게 가까이 올 자가 누구냐 여호와의 말씀이니라"

또는 난외주에 이렇게 나와 있습니다. "그 혼이 내게 나올 수 있는 보증을 가진 자 누구냐?"

예레미야는 아무도 하나님의 임재 안에 설 수 있는 권리나 능력이 없다는 사실을 인정하면서, 하나님의 임재 안에 전혀 정죄 받지 않은 채 가까이 다가가 설 수 있는 단 한 사람, 곧 우리의 중개자이신 그리스도가 계실 것이라고 우리에게 알려줍니다.

이는 인류가 처한 완전한 절망과 소망이 전혀 없는 모습을 제시해 줍니다. 잘 들으십시오. 그것은 법적으로도 소망이 없는 상태입니다.

인간은 법을 어긴 범죄자입니다. 따라서 하나님 앞에 의롭게 서려면, 합법적인 근거 위에서 이루어져야 합니다.

이제 우리는 세상에 위대한 종교들이 존재하는 이유를 더 분명히 이해할 수 있습니다.

오늘날 모든 사상가들은 죄 문제를 해결할 방도와 인간이 하나님의 임재 안에서 정죄 받지 않고 설 수 있는 근거를 지금껏 찾아왔습니다.

창세기 3:9-10,22-24을 읽어봅시다. "여호와 하나님이 아담을 부르시며 그에게 이르시되 네가 어디 있느냐 이르되 내가 동산에서 하나님의 소리를 듣고 내가 벗었으므로 두려워하여 숨었나이다 … 여호와 하나님이 이르시되 보라 이 사람이 선악을 아는 일에 우리 중 하나 같이 되었으니 그가 그의 손을 들어 생명나무 열매도 따 먹고 영생할까 하노라 하시고 여호와 하나님이 에덴동산에서 그를 내보내어 그의 근원이 된 땅을 갈게 하시니라 이같이 하나님이 그 사람을 쫓아내시고 에덴동산 동쪽에 그룹들과 두루 도는 불 칼을 두어 생명나무의 길을 지키게 하시니라"

아담은 죄를 짓고 난 후 하나님의 임재 안에 설 수가 없었습니다. 결국 아담은 에덴동산에서 쫓겨났고, 하나님께서는 사람이 생명나무에 갈 수 없도록 길목에 불타는 검을 두셨습니다.

하나님께서는 죄 문제가 해결될 때까지 인간이 생명나무에서 난 것을 먹지 못하게 하셨습니다.

반역이라는 정죄 가운데 생명나무에서 난 것을 인간이 먹도록 하나님께서 허락하셨다면, 끔찍한 일이 일어났을 것입니다. 아마 인간은 이중본성dual nature을 지닌 자가 되었을 것입니다.

예수 그리스도를 통해 영원한 생명이 오기 전, 그리고 그분이 완성하신 사역의 기반 위에 의롭다 함을 인정받기 전에 억지로 하나님의 안에 들어가려는 인간의 모습을 보여드리겠습니다.

레위기 10:1-3은 하나님의 공의로 인한 가슴 아픈 일들 가운데 하나입니다. 그것은 하나님 앞에서 이스라엘의 영적 상태를 알게 하기 위해 필요했습니다.

"아론의 아들 나답과 아비후가 각기 향로를 가져다가 여호와께서 명령하시지 아니하신 다른 불을 담아 여호와 앞에 분향하였더니 불이 여호와 앞에서 나와 그들을 삼키매 그들이 여호와 앞에서 죽은 지라 모세가 아론에게 이르되 이는 여호와의 말씀이라 이르시기를 나는 나를 가까이 하는 자 중에서 내 거룩함을 나타내겠고 온 백성 앞에서 내 영광을 나타내리라 하셨느니라 아론이 잠잠하니"

제사장 직무의 봉헌식에서 이 얼마나 끔찍한 일입니까.

그날 아침 아론과 그의 가족은 하나님의 지극한 호의에 감격하며 가슴이 벅찼었습니다. 성막이 세워졌고, 하나님의 임재Shekinah presence가 그곳을 영광으로 가득 채웠습니다. 여호와의 위엄이 이스라엘 위에 머물러 있었습니다.

그 이면에는 이스라엘이 온 땅의 민족 가운데 하나님께서 택하신 백성임을 보여주는 일련의 신성한 개입과 기적이 있었습니다. 그런데 지금 제사장직을 물려받은 아론의 맏아들(나답)이 동생(아비후)과 함께 온 회중이 보는 자리에서 급사했습니다.

왜 그런 일이 일어났을까요?

모세와 아론은 아침 경배가 끝나자 점심을 먹으러 각자의 장막으로 돌아갔습니다.

아론의 두 아들은 거룩한 언약궤가 안치되어 있는 회막 근처를 어슬렁거리고 있었습니다. 여호와의 임재는 여전히 그곳에 머물러 있었습니다.

객기와 호기심에 두 청년은 숯불이 담긴 향로를 들고 와서 거기에 향료를 붓고 여호와께서 초청하지도 않았음에도 지성소 안으로 들어가려 했습니다. 그것은 율법에 어긋나는 행동이었습니다.

대제사장 이외에는 어느 누구도 지성소에 들어갈 수 없었습니다. 그리고 대제사장일지라도 일 년에 한 번밖에는 그곳에 들어갈 수 없었습니다.

갑자기 두 청년이 비틀거리더니 쓰러졌습니다. 문턱을 가로질러 뒤로 넘어져 죽었습니다.

그 광경을 지켜보던 사람들은 비명을 질렀습니다.

심부름꾼이 모세와 아론이 있는 장막으로 달려가 그 끔찍한 재난을 알렸습니다.

불쌍한 아론은 두 아들의 죽음 앞에서 무서워하며 충격으로 할 말을 잃었습니다.

모세가 아론에 소리쳤습니다. "아론, 이는 여호와의 말씀이라 이르시기를 나는 나를 가까이 하는 자 중에서 내 거룩함을 나타내겠고 온 백성 앞에서 내 영광을 나타내리라 하셨느니라."

그러자 아론은 평안을 되찾았습니다.

이스라엘은 이 끔찍한 심판을 통해 인간은 하나님이 정하신 방법이 아니면 그분께 다가갈 수 없다는 사실을 배웠습니다.

민수기 16장에도 허락을 받지 않은 사람이 여호와께 다가가려고 한 예가 기록되어 있습니다.

그것은 고라와 그의 반역에 대한 비참한 이야기입니다.

고라와 일단의 이스라엘 지도자 무리들이 모세와 아론을 시기하여 하나님께서 정하신 제사장처럼 자신들에게도 여호와께 다가갈 수 있는 똑같은 권리가 있다고 주장했습니다.

모세는 온 회중이 보는 앞에서 이 문제를 시험해 보자고 제안했습니다.

모세는 고라와 그를 추종하는 무리들에게 각자의 향로를 가지고 여호와 앞에 나타나기를 제안했습니다. 그들이 나타나자, 모세는 하나님께서 초청하지도 않으셨는데도 제 나름의 방식으로 감히 하나님께 다가가는 이 사악한 무리의 장막에서 일어나 가라고 백성들에게 경고하였습니다.

모세가 말을 마치자마자 땅이 입을 벌렸고, 그 가족들과 함께 50명의 사람들이 산 채로 스올에 떨어졌습니다.

온 이스라엘이 그 끔찍한 광경에 겁을 먹고 도망쳤으며 거룩하신 하나님에 대한 경외심과 존경심으로 가득하게 되었습니다.

또 하나의 예가 사무엘상 6:19입니다. 언약궤가 엘리 대제사장의 큰 죄로 인해 포획되었습니다.

언약궤는 블레셋인들에 의해 가드Gath로 내려보내졌는데, 성궤를 모독한 결과로 이방 도시에 연달아 심판이 내린 후, 그들은 언약궤를 수레에 실어 벧세메스Beth-Shemesh로 돌려보냈습니다.

수레를 끌던 소가 길을 벗어나 들판으로 갔습니다.

들에서 일하고 있던 몇 사람이 성궤를 보자, 순식간에 그 소식이 사방으로 퍼졌고, 이내 방방곡곡에서 수천, 수만 명이 호기심과 경외하는 심정으로 모여들었습니다.

그때 남들보다 담대한 영을 가진 자가 가까이 가서 언약궤를 덮고 있던 두꺼운 천을 끌어 내렸습니다. 사람들은 처음으로 십계명을 담아 둔 거룩한 궤를 보았습니다.

순식간에 전염병이 그들을 쳤습니다. 오만 명이 땅에 쓰러져 죽었습니다.

무시무시한 공포와 섬뜩함이 사람들에게 엄습했습니다. 그들은 가축을 몰고 집으로 돌아갔습니다.

이스라엘은 한 가지 교훈을 배웠습니다. 즉 대제사장이나 피 흘리는 희생 제사 없이는 아무도 하나님께 다가갈 수 없다는 사실이었습니다.

하나님의 성품은 변하지 않으십니다.

타락한 인간의 본성은 동일합니다.

오늘날의 인간도 그 당시 이스라엘처럼 중개자 없이는 하나님께 다가갈 수 없습니다.

사람들은 천국이 있다면 그들이 도덕적으로 선한 삶을 사는 것, 즉 빚을 갚고 사람이 마땅히 해야 할 일을 하는 것이 하나님께서 그들에게 요구할 수 있는 전부이기에, 그들이 그렇게 살 때 나사렛 예수의 공로를 믿는 자들이 천국에 가는 것과 똑같은 권리를 얻게 된다고 말합니다.

이런 식으로 말하는 사람은 인류 역사, 죄의 짐 아래 눌려왔던 기나긴 고뇌, 양심을 죄책감으로부터 깨끗이 씻으려고 했던 많은 시도들, 제사장제도와 제단, 제물과 기도에 대해 모르거나 아니면 이 세상 신에 의해 스스로 기만당하고 생각이 어두워졌거나 둘 중 하나입니다.

예수 그리스도를 받아들이지 않았던 민족들은 그분이 2,000년 전 탄생하신 후로 계속 몰락해 갔습니다.

예수 그리스도를 구원자로 영접하여 그분이 하나님께로부터 가져오신 영원한 생명을 받은 사람들만이 과학, 예술, 기계, 윤리 분야에서 진보했습니다.

아무도 당신을 속이지 못하게 하십시오.

교육은 인간이 하나님 앞에 의롭게 설 수 있게 해주지 못할 것입니다.

욥은 오늘날 유럽의 대석학들이 뛰어넘지 못하는 정신문화와 지식을 보여줍니다.

다윗은 그 어떤 위대한 교육자도 능가할 수 없는 지적 발달을 보여줍니다.

이사야는 최고의 지성 분야에서 각 민족들이 지난 수천 년 동안 낳은 어떤 작가도 넘보지 못하는 순수성과 탁월한 분별력을 보여줍니다.

이들은 모두 위대한 한 가지 진리를 가르칩니다. 그것은 "인간은 중개자가 필요하다"는 사실입니다.

오늘날 학문이나 지식은 같은 목표를 향해 모든 생각을 이끌어야 합니다. 그 목표는 "인간에게는 중개자가 필요하다"라는 것입니다.

"인간이 하나님 앞에 의롭게 설 수 있는가? 여자로부터 태어난 자가 어찌 순결할 수 있겠는가?"라며 인간의 비참한 상태를 단조로 노래한 소망 없는 절규가 모든 세대마다 들립니다. 그래서 인간은 중개자가 필요합니다.

확인 문제

1. 에베소서 2:12이 밝히고 있는 인간의 상태에 대해 말해보십시오.

2. 인간이 하나님 앞에 설 자리가 없다는 사실을 모든 인간이 인정하고 있음을 역사는 어떻게 밝히고 있습니까?

3. 욥은 인간에게 중개자가 필요하다는 사실을 어떻게 표현합니까?

4. 이스라엘이 경험한 사건 중에 인간은 자기 방식대로 하나님께 다가갈 수 없다는 사실을 보여주는 두 가지는 무엇입니까?

5. 과거와 마찬가지로 오늘날에도 인간에게 중개자가 필요한 까닭은 무엇입니까?

"하나님은 우리가 예수님 안에서 보았던 것과 같은 분이라는 사실을 우리는 이제 알고 있습니다. 하나님은 그리스도와 같으신 분입니다. 그분이 존재하신다면 그분은 좋으신 하나님이시며 신뢰할 수 있는 분입니다. 우주 뒤편에 있는 심령Heart이 십자가 위에서 깨어진 그 온유한 심령과 같다면, 그분은 조건도 제한도 없이 나의 심령을 소유하실 수 있습니다. 하나님에 대해, 그분이 그리스도처럼 사신다고 말하는 것 이상의 말을 나는 알지 못합니다. 예일 대학교의 어떤 교수는 '내 마음에 떠오른 의문은 예수님의 신성에 대한 것이 아니라, 하나님이 과연 예수님처럼 행동하실까 여부이다.'라고 말했습니다. 낯선 한 사람이 우리 가운데서 살았습니다. 그리고 우리는 하나님에 대해 생각할 때, 이 남자의 관점에서 그분을 생각해야 합니다. 그렇지 않으면 그 남자는 좋은 사람이 아닌 것입니다. 우리는 하나님에 대한 우리의 생각을 그대로 유지하면서 예수님 안에 있는 모든 도덕성을 하나님께 전가할 수도 있습니다. 또 이와 반대로, 예수님의 관점에서 하나님을 생각함으로써 우리는 하나님에 대한 우리의 관점을 높일 수도 있습니다. 이와 다른 관점으로 하나님을 생각하려고 했던 이들은 모두 하나님에 대한 우리의 개념의 수준을 떨어뜨리고 빈약하게 만들었습니다."

― 이. 스탠리 존스E. Stanley Jones

7 장

성육신 또는 예수님의 인성과 신성
THE INCARNATION OR THE HUMANITY AND DEITY OF JESUS

예수님의 인성과 신성에 대한 의문은 초대 교회 시기에 다른 어떤 것들 보다도 첨예한 논쟁거리가 되었습니다.

예수님의 인성과 신성에 대한 의문은 사변가, 형이상학자, 철학자, 신학자의 싸움터가 되었습니다.

그들에게 예수님은 수수께끼였습니다.

보통 사람들에게 예수님은 신비한 존재입니다. 어떤 인간도 그렇게나 놀라운 결과를 인간 안에서 창출한 적이 없었습니다.

예수님은 거짓말쟁이를 진실을 말하는 자로, 게으름뱅이를 일꾼으로, 도둑을 성실한 사람으로, 부패한 사회를 깨끗하고 건전하고 안전한 사회가 되도록 바꾸셨습니다.

오늘날 중국[3]에서는 많은 지식인들과 관료, 연구소와 대학의 책임자들,

---

[3] 이 책의 개정판이 1936년에 나온 것으로 볼 때, 1920년대 중국의 상황을 이야기한 것으로 보인다.(역자주)

정치 지도자들, 군대 장교와 지방정부 수장들이 예수 그리스도께로 돌아오고 있으며, 그것이 그들의 삶과 심령을 바꾸고 있다는 것은 기적입니다.

누군가가 예수님을 구원자로 받아들이고 주님으로 인정하는 순간 그의 본성은 변화됩니다. 그렇게 만드는 무엇인가가 예수라는 이 사람 안에 있는 것입니다.

그것이 무엇일까요?

저는 경험을 통해서 그것이 무엇인지 알고 있습니다.

여러분도 아마 알 수 있을 것입니다.

자, 그분과 그분을 영접한 모든 사람을 아주 다른 존재로 만들어 버리는 이 예수라는 사람은 어떤 존재입니까?

당신은 셰익스피어Shakespeare의 작품을 읽어보았을 것입니다. 그러나 그 책이 당신의 본성을 바꾸지는 않을 것입니다.

어떤 사람의 작품을 연구해 보았을 것입니다. 그런다고 당신의 본성이 바뀌지 않을 것입니다. 하지만 당신은 영 안에서 기적이 일어나지 않고서는 예수님을 당신의 구원자로 영접할 수 없습니다.

왜 그럴까요?

그 이유는 예수님이 우리와 다른 분이셨다는 사실에 있습니다.

그분은 일반적인 자연법칙에 따라 출생하지 않으셨습니다.

요한은 "말씀이 육신이 되어 우리 가운데 거하시매 우리가 그의 영광을 보니 아버지의 독생자의 영광이요 은혜와 진리(또는 실재)가 충만하더라"요 1:14라고 말합니다.

성육신은 가장 놀라운 창조의 기적입니다. 하지만 하늘나라의 관점과 인간의 필요라는 점에서 그것은 반드시 필요한 기적입니다.

성육신이라는 사실

하나님의 아들의 몸이 자연적인 생식으로 잉태되었더라면 성육신할 수 있었을까요?

하나님께서 자연적인 생식으로 태어난 아이 안으로 들어오셔서 그 아이 안에 거하고 성육신하는 것이 가능했을까요?

우리는 그게 가능하리라고는 도저히 생각할 수 없습니다. 왜냐하면 바울은 우리에게 "모든 사람이 죄를 범하였으매 하나님의 영광에 이르지 못하더니"롬 3:23라고 말하며, 또한 "이와 같이 모든 사람이 죄를 지었으므로 사망(영적 죽음)이 모든 사람에게 이르렀느니라"롬 5:12라고 말하기 때문입니다.

예수님이 자연적인 생식으로 태어났음에도 하나님께서 그분 안으로 들어오셨다면, 예수님은 타락한 영, 즉 그분 안에 하나님이 거하시는 동시에 마귀에게 굴복하는 존재였을 것이고, 따라서 그것은 성육신이 아니었을 것입니다.

이것은 하나님의 완벽한 성육신이라는 개념을 완전히 파괴했을 것입니다.

예수님을 낳은 씨seed는 인간에게서 기원한 것이 아니라 하나님으로부터 온 씨임이 틀림없습니다.

인간은 마귀에게 굴복했습니다. 따라서 그의 씨는 타락한 인간만을 낳을 뿐입니다.

성육신하신 분은 죽음과 마귀에게 굴복할 수 없는 분입니다. 그러므로 우리는 예수님께서 이 땅에서 사시는 동안 죽음만이 아니라 사탄에게도 굴복하지 않으셨다고 믿습니다.

　세상의 죄가 십자가에서 예수님께 얹어질 때까지, 죽음이 그분을 지배하지 못했고, 그때까지 그분은 죽을 수 없는 존재이셨습니다.

　예수님은 불멸의 존재가 아니셨습니다. 하지만 타락 전의 아담이 완전한 인간이었던 것처럼 그분도 완전한 인간이셨습니다.

　하나님께서 아이가 태어난 후 본성을 바꾸실 수 있어서 그 아이 안에 성육신하실 수 있었다면 그분은 아마 똑같은 방식으로 전 인류의 본성도 바꿀 수 있으셨을 것입니다.

　그러나 이렇게 하는 것은 사탄과 그분 자신에게 공의롭지 못했을 것입니다. 왜냐하면 죄 문제는 여전히 해결되지 않았고 인간의 죗값 또한 지불되지 않았기 때문입니다.

　속량자Redeemer는 사탄이 그에 대해 합법적인 요구나 권세를 갖고 있지 않은 분이어야 하는데, 이는 속량자가 오직 베들레헴의 아기로 잉태되고 탄생할 때만 가능했습니다.

　성육신에 대한 가르침은 인간의 열망이나 전통과 조화를 이룹니다.

　모든 종족과 민족이 어떤 형태로든 성육신을 믿어왔습니다.

　전 인류는 성육신을 갈구해 왔습니다.

　인간이 피를 마시고, 인육을 먹으며, 그들이 섬기는 신의 칭호를 따라 왕의 이름을 짓고, 신들의 제단에 바친 것을 누구나 존중한다는 사실이 이를 입증합니다.

　성육신은 초자연적인 것이지만, 사람은 모두 초자연적인 것을 믿습니다.

　교육이 초자연적인 것을 향한 인간의 근본적인 갈망과 신념을 제거할 수는 없습니다.

성육신은 창조주가 이 땅을 방문하고 그분과 연합하기를 바라는 모든 인간의 울부짖음에 대한 하나님의 응답입니다.

성육신은 한 개인 안에서 신성과 인성이 연합된 것을 의미합니다.

성육신이 인간 문제의 유일한 해결책입니다.

인간은 타락한 이후로 지적으로나 윤리적으로, 그리고 영적으로 계속 몰락을 거듭해 왔습니다. 따라서 유일한 소망은 신성과 인성의 연합을 통해 인간을 타락하기 이전의 상태로 되돌리는 것입니다.

생각이 온전한 모든 사람은 성육신을 이해할 경우 반드시 그것을 열망하게 됩니다. 왜냐하면 성육신이 인간에게 소망을 주며 성육신 없는 인간은 소망 없는 존재이기 때문입니다.

나사렛 예수의 성육신을 부인하는 모든 거짓된 종교는 도덕적으로, 영적으로 더 높은 수준의 삶을 살도록 자극하기 위해 포괄적인 의미에서 성육신 이론을 제공해 왔습니다.

신지학Theosophy은 사람들에게 모든 인간이 신의 본성을 지니고 있다고 믿게 합니다.

현대의 모든 자유주의 신학자와 설교자들이 실제로 신지학과 똑같은 주장을 합니다! 소위 "신성의 불꽃Spark of Divinity"이라 불리는 것이 모든 인간 안에 거하고 있으며, 그런 의미에서 새로운 탄생은 이 신성의 불꽃을 깨우는 것, 다시 말해 불길로 타오르게 하는 것에 불과하다고 주장합니다.

인간 안에 신성의 불꽃 혹은 신성의 일부가 거하고 있다면, 인간은 이미 성육신한 하나님인 셈입니다.

우리는 이 이론이 오류라는 사실을 알고 있습니다. 왜냐하면 인간은 체험을 통해 그 이론이 거짓임을 입증해 왔기 때문입니다.

신약성경 전체가 이 이론과 어긋납니다.

우리는 성경에서 어떤 부분이라도 받아들이려면 그 전부를 받아들여야 합니다.

첫 사람인 아담의 창조나 예수님의 탄생보다 나사렛 예수의 성육신을 믿고 이해하는 것이 더 어려운 것은 아닙니다.

하나님이 전능하신 분이라면, 그분께는 처녀인 마리아의 자궁에 아이를 갖게 하는 능력이 있었습니다.

예수님이 성육신하신 분이셨다면, 인간과 하나님은 연합될 수 있습니다. 그렇게 되면 하나님은 우리 인간의 몸에 거하실 수 있고, 그분 자신의 생명과 본성을 우리 영에 전이하실 수 있습니다. 그렇게 되면 우리는 인간의 몸 안에 하나님의 생명을 가질 수가 있습니다.

예수님께서 성육신하신 분이셨다면, 영원한 생명은 말 그대로 사실입니다.

우리가 우리 영에 영원한 생명을 받는다면 주 예수님께서 재림하실 때 우리의 몸이 불멸하는 몸이 될 것이라는 명백한 확신을 갖게 됩니다.

성육신이 사실이라면, 기독교는 초자연적입니다.

"거듭난" 사람은 모두 성육신이며, 기독교는 기적인 것입니다.

믿는 자는 나사렛 예수만큼이나 성육신한 존재입니다.

우리는 누구도 성육신을 의심하려 한다고 상상할 수 없습니다. 왜냐하면 성육신은 인생의 신비에 대한 유일한 해결책을 제공하기 때문입니다. 성육신은 인간이 존재하는 이유를 제시하며, 결국 죽음으로 끝나는 삶의 걱정과 슬픔과 탄식으로 가득한 인생을 견딜 수 있게 해주고, 이런 인간적인 문제들에 다른 것에서는 나올 수 없는 빛을 비춰주기 때문입니다.

성육신은 모든 인간이 갈구해 온 것입니다. 그래서 나사렛 예수가 성육신한 분이셨다면, 전 인류의 부르짖음에 대한 해답은 기독교 안에 있었습니다.

성육신은 기독교의 기본이 되는 기적입니다.

성육신은 그리스도의 선재성Pre-existence을 입증하며, 뒤이어서 기적 같은 신성한 능력이 나타나는 토대와 근거입니다.

인간의 상태는 성육신을 필요로 합니다. 왜냐하면 인간은 영적으로 죽은 상태이므로 하나님께 다가갈 수 없기 때문입니다.

성육신하신 분은 한편으로는 하나님과 동등하면서 동시에 다른 한편으로는 인간과 연합되어 인간의 중개자로 설 수 있다는 근거 위에서 신성과 인성이 연합된 대속물을 제공할 것입니다. 성육신하신 분은 하나님과 인간, 이 둘을 화해시킬 수 있습니다.

다시 말하자면 성육신하신 분은 신성과 인성이 연합되었기 때문에, 인간의 반역에 대한 책임을 지고 공의의 요구사항들을 충족시키며 그럼으로써 하나님과 인간 사이에 벌어진 틈에 다리를 놓을 수 있습니다.

창세기 3:15은 하나님께서 성육신을 처음으로 약속하신 대목입니다. 인간이 타락한 직후 하나님이 사탄에게 하신 말씀에 성육신의 약속이 제시되었습니다.

"내가 너로 여자와 원수가 되게 하고 네 후손도 여자의 후손(씨)과 원수가 되게 하리니 여자의 후손은 네 머리를 상하게 할 것이요 너는 그의 발꿈치를 상하게 할 것이니라 하시고" 창 3:15

이 창세기 3:15에 나와 있는 주목할 만한 네 가지 약속 혹은 진술을 주목해 보겠습니다.

첫째, "내가 너로 여자와 원수가 되게 하고" 다시 말해, 사탄과 여자 사이에 반목enmity이 있을 것이란 말입니다.

이 부분은 여성의 역사로 입증됩니다. 모든 시대에서 여자는 사탄이 특별히 증오하고 악의를 품는 대상이었습니다. 여자는 정면으로 타락을 겪어왔습니다. 여자는 모든 사람들 가운데서 짐을 진 자들이었습니다. 여자는 물건처럼 거래되는 존재였습니다.

오늘날 인도에서 여자는 시장에 있는 소 한 마리만도 못한 존재입니다. 기독교가 한 나라의 중심부로 들어간 곳에서만 여자가 짐승보다 나은 대우를 받았습니다.

여성은 태어날 때부터 탐탁지 않은 존재이고, 남자의 욕정의 노리개요, 무시당하고 버림받은 자요, 고통당한 자입니다. 기독교 국가에서도 여성은 질병으로 고생하며 이혼당하는 희생자입니다.

의사들은 미국에서 병원에 입원한 환자의 95퍼센트가 여자라고 말합니다. 미국 내 기혼 여성의 22퍼센트는 남편이 뿌린 가라지wild oat[4] 때문에 고통당합니다. "가라지"를 뿌린다는 것은 사탄이 수확하도록 남성의 씨manhood를 뿌린다는 뜻입니다.

"네 후손도 여자의 후손(씨)과 원수가 되게 하리니" 사탄의 후손(씨)은 거듭나지 않은 인류를 말합니다. 여자의 후손(씨)은 그리스도입니다.

그리스도는 어린아기 때부터 십자가에 못 박힐 때까지 사탄의 후손(씨)에 의해 괴롭힘을 당했습니다. 그리고 예수님이 부활한 때부터 오늘에 이르기까지 교회는 세상에서 가장 참혹한 박해와 반목의 대상이 되어왔습니다.

---

4) 남자가 바람피우는 것을 뜻하는 표현(역자주)

둘째, "여자의 후손the seed of woman"이라는 놀라운 표현을 주목 하시기 바랍니다.

우리는 여자에게 씨seed가 없다는 사실을 알고 있습니다. 씨는 남자에게 속한 것입니다. 그렇다면 여자의 후손(씨)이라는 말은 무슨 뜻입니까?

이는 여자가 자연적인 생식과 관계없이 한 아이를 낳을 것인데, 그것이 "여자의 후손(씨)"이라고 불리게 될 것이라는 예언입니다.

이것은 히브리 전통사상Hebraism에서 나온 용어가 아닙니다. 그 이유는 히브리어 성경 전체를 찾아봐도 이런 표현을 찾을 수 없기 때문입니다.

이것은 "여자의 후손(씨)"이 있을 것이라는 사실을 직접적으로 표현한 것입니다. 그리고 바울은 그 씨가 "그리스도The Christ"라고 우리에게 알려줍니다.

"여자의 후손은 네 머리를 상하게 할 것이요"라는 구절에서 언급된 머리는 사탄의 머리입니다.

모든 근동지역의 언어에서 "머리를 상하게 한다"라는 의미는 통치자의 지배력을 깨뜨린다는 뜻입니다.

사탄은 아담이 타락하자마자 통치권을 갖게 되었습니다. 하나님이 인간에게 주셨던 통치권을 소유하게 된 사탄은 아무런 간섭 없이 이 통치권을 행사할 것입니다. 여자로부터 놀라운 후손(씨)이 와서 사탄의 지배를 깨뜨릴 때까지 말입니다.

이것은 대단한 예언입니다. 이 예언은 매우 분명하게 성취되었습니다. 첫째, 십자가에서의 죽음으로 완성된 예수님에 대한 모진 박해에서 예언은 성취되었고, 그다음으로 이 땅에서 그리스도의 뜻을 완수하고 있는 그리스도의 몸인 교회에 대한 박해에서 예언은 성취되었습니다.

사탄의 후손(씨)에 의해 오랜 기간 동안 자행됐던 교회에 대한 박해는 오늘날 단지 역사적인 내용입니다.

"발꿈치"는 이 땅에서 활동하는 교회를 말합니다.

"아담이 그의 아내의 이름을 하와라 불렀으니 그는 모든 산 자의 어머니가 됨이더라"창 3:20

이브를 히브리어로는 "하와Hawah"라 하는데, 그 문자적 의미는 살아 있는 자the living one 또는 생명을 주는 자의 어머니입니다.

여기서 하나님은 남자에게 그의 아내가 생명의 어머니 또는 "생명을 주는 자" 곧 그리스도의 어머니가 될 것이라고 말씀하십니다.

처녀로부터 태어나심

"이사야가 이르되 다윗의 집이여 원하건대 들을지어다 너희가 사람을 괴롭히고서 그것을 작은 일로 여겨 또 나의 하나님을 괴롭히려 하느냐 그러므로 주께서 친히 징조를 너희에게 주실 것이라 보라 처녀가 잉태하여 아들을 낳을 것이요 그의 이름을 임마누엘이라 하리라"사 7:13-14

이 아이는 다윗 가문에서 태어날 것입니다. 그리고 "주께서 친히 징조를 너희에게 주실 것"입니다.

하나님께서 직접 당신에게 기적 같은 놀라운 것을 보여주실 것입니다. 평범한 것으로부터 특별한 일이 일어날 것입니다. 그러면 우리는 "그게 뭐지?"라고 말합니다.

그리고 그(이사야)는 이미 그녀를 점찍은 듯이 "처녀가 잉태하여 아들을 낳을 것이요 그의 이름을 임마누엘이라 하리라."고 말합니다.

처녀가 초자연적인 방식으로 낳게 될 아이는 아들입니다. 그녀는 그 아들의 이름을 임마누엘, 곧 우리와 함께하시는 하나님, 또는 성육신이라 부를 것입니다.

이를 누가복음 1:31-36과 연결해 봅시다. "보라 네가 잉태하여 아들을 낳으리니 그 이름을 예수라 하라 그가 큰 자가 되고 지극히 높으신 이의 아들이라 일컬어질 것이요 주 하나님께서 그 조상 다윗의 왕위를 그에게 주시리니 영원히 야곱의 집을 왕으로 다스리실 것이며 그 나라가 무궁하리라 마리아가 천사에게 말하되 나는 남자를 알지 못하니 어찌 이 일이 있으리까 천사가 대답하여 이르되 성령이 네게 임하시고 지극히 높으신 이의 능력이 너를 덮으시리니 이러므로 나실 바 거룩한 이는 하나님의 아들이라 일컬어지리라 보라 네 친족 엘리사벳도 늙어서 아들을 배었느니라 본래 임신하지 못한다고 알려진 이가 이미 여섯 달이 되었나니"

여러분이 주목한 이 아이는 성령으로 잉태되었습니다. 초자연적인 탄생입니다.

이사야 선지자는 시간을 거슬러 내려가 다윗 가문의 헬리의 딸 마리아를 점찍었습니다. 마리아는 같은 다윗 가문에 속한 요셉의 사촌이었습니다. 그래서 이사야 선지자는 "다윗의 집이여 너희가 나를 괴롭히는 것이 작은 일이더냐? 내가 너희에게 징조를 알려주리라."고 소리쳤던 것입니다.

이사야 선지자는 다윗 가문의 한 딸을 지목하여, 750년 후 베들레헴의 구유에 경이로운 존재를 낳을 것이라 말하는 것입니다.

하나님께서는 예레미야 31:22에서 "여자가 남자를 둘러싸리라 A woman shall encompass a man"고 선언하십니다. 이것을 문자 그대로 말하면 "여자가 사내아이를 (포대기로) 쌀 것이다"라는 뜻입니다.

성육신하신 분은 자연적인 생식으로 태어날 수 없었습니다. 왜냐하면 남자는 타락한 존재이고 남자의 씨 역시 사탄에 굴복된 상태이기 때문입니다.

씨는 사탄에게 굴복되지 않는 자로부터 나와야 합니다. 그러려면, 이 놀라운 존재는 성령에 의해 잉태되어야 합니다. 처녀의 자궁은 출산할 때까지 그 거룩한 존재를 담는 그릇에 불과합니다.

"나 여호와가 의로 너를 불렀은즉 내가 네 손을 잡아 너를 보호하며 너를 세워 백성의 언약과 이방의 빛이 되게 하리니"사 42:6

아담은 창조되었지만, 나머지 인류는 자연적인 생식으로 태어났습니다. 하지만 장차 태어나게 될 이 아이는 신성한 능력의 특별한 역사로 "형성formed"되어야 합니다.

바울은 빌립보서에서 그분의 탄생에 대해 이렇게 말합니다. "그는 근본 하나님의 본체(형체)시나 하나님과 동등 됨을 취할 것으로 여기지 아니하시고 오히려 자기를 비워 종의 형체를 가지사 사람들과 같이 되셨고 사람의 모양form으로 나타나사 자기를 낮추시고 죽기까지 복종하셨으니 곧 십자가에 죽으심이라"빌 2:6-8

"그는 근본 하나님의 본체(형체)시나 하나님과 동등 됨을 취할 것으로 여기지 아니하시고 오히려 자기를 비워 종의 형체를 가지사 사람들과 같이 되셨고 사람의 모양form으로 나타나사"라는 어구에 주목하십시오.

이 어구 전체가 하나님께서 자연적인 생식과는 다르게, 분리하고 구별하셔서 역사하신 것을 보여줍니다.

여기에 하나님께서 어떤 존재에게 기적을 행하시는 과정이 있습니다. 하나님께서는 먼저 신격Godhead으로부터 그분을 취하셔서, 또는 하늘에 있는 신격으로부터 그분을 취하셔서 처녀의 자궁에 넣어 두고, 유일무이한 수태 작용을 통해 육체와 연합하게 하신 것입니다.

바울은 이렇게도 말합니다. "그러므로 주께서 세상에 임하실 때에 이르시되 하나님이 제사와 예물을 원하지 아니하시고 오직 나를 위하여 한 몸을 예비하셨도다"히 10:5

하나님께서는 한 몸, 곧 특별한 몸을 예비하셨습니다. 이는 하나님의 아들이라 불렸습니다.

그리스도의 선재성

"그가 그의 말씀을 보내어 그들을 고치시고 위험한 지경에서 건지시는도다"시 107:20

"말씀(영원한 로고스, 하나님의 표현)이 육신이 되어 우리 가운데 거하시매(장막을 치고 계시매)"요 1:14

"그(하나님)는 육신으로 나타난 바 되시고"딤전 3:16

"(하나님께서) 자기 아들을 죄 있는 육신의 모양으로 보내어"롬 8:3

"때가 차매 하나님이 그 아들을 보내사 여자에게서 나게 하시고 율법 아래 나게 하신 것은 율법 아래 있는 자들을 속량하시고 우리로 아들의 명분을 얻게 하려 하심이라 너희가 아들이므로 하나님이 그 아들의 영을 우리 마음 가운데 보내사 아빠 아버지라 부르게 하셨느니라"갈 4:4-6

성육신은 성육신 된 분이 이 땅에 오기 전에 이미 존재해 왔다는 사실을 전제로 합니다.

요한복음에는 예수님이 아버지로부터 보냄을 받아 이 땅에 왔으며, 다시 이 땅을 떠나 아버지께로 간다는 내용이 17번에 걸쳐 언급되었습니다.

요한복음 전체가 예수님께서 이미 아버지와 함께 이전부터 존재하셨고, 그래서 이 땅에 사시는 동안 하나님과 함께 계셨던 곳에서의 경험을 기억하셔서, 그분이 경험한 아버지에 대해 말씀하셨으며, 돌아가서 아버지께 있는 생명을 다시 받을 때가 있으리라고 말씀하셨다는 사실에 근거합니다. 요 3:16, 8:42, 13:3, 16:28,30, 17:3-8

미가 5:2은 예수님의 선재성과 그분이 이 땅에 오실 것에 대한 놀라운 예언입니다. "베들레헴 에브라다야 너는 유다 족속 중에 작을지라도 이스라엘을 다스릴 자가 네게서 내게로 나올 것이라 그의 근본은 상고에, 영원에 있느니라" 미 5:2

이 성경 구절이 말하는 바는, 유다 가문 중에서 이스라엘의 통치자가 태어날 것인데, 그는 예전부터 있던 곳, 곧 영원으로부터 나올 것이라는 사실입니다. 그분은 영원에서 영원으로 여행하며, 시대마다 그분의 발자취를 남겨두셨습니다.

예수님의 놀라운 탄생 이야기와 더불어 그분에 대한 예언과 성취에 관한 이상의 성경 구절을 통해서 볼 때, 성육신은 매우 단순하면서도 이치에 맞는 사건입니다.

우리는 성육신이 있는 까닭을 알고 있습니다. 그것은 인간이 영적으로 죽은 상태이고 사탄의 종이기 때문에 자연적인 생식으로 태어난 자는 인간을 속량할 수 없었기 때문입니다.

성육신은 분명 필요합니다. 왜냐하면 인간은 인간에 의해 구원되어야 하는데, 자연적인 생식으로 태어난 인간은 모두 사탄의 지배 아래 있을 수밖에 없기 때문입니다.

확인 문제

1. 예수라는 이 사람이 다른 누구와도 비교할 수 없는 영향을 인간에게 끼친 이유는 무엇입니까?

2. 인간에게 신성의 성육신이 필요한 이유는 무엇입니까?

3. 하나님의 아들의 몸이 자연적인 생식에 의해 잉태되었다면 성육신할 수 있었을까요? 그 대답에 대한 근거를 제시하십시오.

4. 성육신에 대한 가르침이 인간의 열망 또는 전통과 부조화를 이루지 않는 이유를 제시하십시오.

5. 성육신에 대한 첫 예언은 무엇이었습니까? 몇 가지 다른 예언들도 말해보십시오.

"그리스도 예수 안에 있는 속량으로 말미암아 하나님의 은혜로 값없이 의롭다 하심을 얻은 자 되었느니라 이 예수를 하나님이 그의 피로써 믿음으로 말미암는 화목제물로 세우셨으니 이는 하나님께서 길이 참으시는 중에 전에 지은 죄를 간과하심으로 자기의 의로우심을 나타내려 하심이니 곧 이때에 자기의 의로우심을 나타내사 자기도 의로우시며 또한 예수 믿는 자를 의롭다 하려 하심이라" 롬 3:24-26

"그런즉 한 범죄로 많은 사람이 정죄에 이른 것같이 한 의로운 행위로 말미암아 많은 사람이 의롭다 하심을 받아 생명에 이르렀느니라 한 사람이 순종하지 아니함으로 많은 사람이 죄인 된 것 같이 한 사람이 순종하심으로 많은 사람이 의인이 되리라" 롬 5:18-19

8장

어떻게 하나님께서 공의로울 수 있는가?
HOW GOD CAN BE JUST

인간은 인간을 다루는 하나님의 방식이 공의롭지 않다고 끊임없이 비난하면서, 하나님께서 인간이 타락할 줄 아셨다는 사실을 볼 때, 그분은 인간을 창조할 권리가 없다고 주장해 왔습니다.

인간은 인류를 심판하여 그 죄에 상응하는 판결을 집행하는 하나님의 권리에 대해 의문을 제기합니다.

하나님은 이 오래된 비난에 직면해서 그분 스스로를 의롭다 할 수 있습니까?

한 사람은 지옥으로, 다른 사람은 천국으로 보낼 수 있는 권리가 하나님께 있습니까?

심판자로서 하나님은 그리스도를 거부한 자에 대해 성경이 제시한 판결을 집행할 권리가 있습니까?

우리가 이 문제를 똑바로 직시해야 할 때가 되었습니다.

우리는 그 주제를 이론화하거나 추상적으로 사변하는 것으로는 만족하지 못할 것입니다.

지옥이 있다는 것은 우리가 부인할 수 없는 사실이며, 비록 우리가 여기 이 땅에 있지만, 우리에게서 지옥이 있다는 엄연한 사실을 떼어낼 수 없습니다.

우리는 우리의 책임에서 벗어날 수 없습니다!

우리는 영원한 인격체이기에, 영원한 상황을 대면해야 합니다.

그 진상

앞에서 우리는 인간이 창조 세계가 존재하는 이유라는 것을 알게 되었습니다. 또한 인간에 대한 경이로운 드라마의 각 단계에서 기본적인 사실을 하나 발견했는데, 그것은 위대하신 하나님 아버지의 심령의 갈망에 대한 해답으로 인간이 창조되었다는 사실입니다.

둘째, 우리가 또 하나 발견했던 것은 인간이 기쁨, 행복, 평화를 누리도록 창조되었고, 창조주의 원래 계획에는 죄와 질병, 죽음, 증오와 복수라는 것이 없었다는 것, 따라서 사회와 이 세상의 현재 상태는 정상이 아니라는 사실입니다.

현재 사회와 세상의 상태는 결코 원래 계획의 일부가 아니었습니다. 그것은 강탈자Usurper;사탄의 생산물입니다.

인간은 전능하신 하나님의 영원한 동료가 되도록 계획되었습니다. 그래서 인간은 그렇게 지음 받았습니다. 인간이 창조의 자궁에서 처음 태어났을 때 하나님의 위대한 심령에 있는 최고의 열망에 조율된 능력과 힘을 온전히 갖추고 나왔습니다.

인간의 통치권

하나님께서는 이 경이로운 존재인 인간에게 그분의 창조 세계에서 하늘에 미치는 광범위한 통치권과 우주의 모든 행성과 항성을 다스리는 권세를 지닌 그분 자신에 버금가는 위치를 부여하셨습니다.

인간의 소리는 창조 세계를 향한 하나님의 음성과 같았습니다.

그 후 이 경이로운 존재인 인간은 생각할 수도 없는 짓을 저질렀습니다.

인간은 영원함에 대해, 태어나지도 않은 후손에 대해, 창조 세계에 대해 그리고 창조주께 죄를 지었습니다.

인간은 우주의 최고 법정the Supreme Court of the Universe 곧 하나님의 통치the Government of God에 대 반역죄를 저질렀습니다.

인간은 위대한 하나님 아버지께서 그에게 주신 통치권을 원수에게 건네면서 하나님의 사랑의 꿈을 그 손에 넘겨주었습니다. 이 거래는 하나님께서 철폐하거나 취소할 수 없는 합법적인 근거에서 이루어진 것이었습니다.

사탄의 지배

그러자 사탄은 파괴적으로 통치하기 시작했습니다.

사탄이 한 첫 번째 일은 동물 세계 전체의 본성을 바꾸고, 식물 세계를 황폐하게 하고 메마르게 하는 것이었습니다. 또한 사탄은 인간 안에 그의 극악무도한 본성과 기질을 불어넣어서 하나님의 심령의 보물을 훼손하였고, 곧 하나님의 사람은 그의 아버지인 창조주의 원수가 되었습니다.

인간이 타락한 최초의 순간의 그 끔찍함을 표현하기에는 적절한 언어가 없습니다. 동물계의 대이변, 아담이 깨달았을 때 느꼈을 그 끔찍함, 창조 세계 전체에서 터져 나오는 비통과 고통과 두려움의 비명소리를 언어로 표현하기란 적합하지 않습니다.

욥이 말해 주듯이, 별조차도 하나님 보시기에 깨끗하지 않으며, 해와 달도 아름다움을 잃고, 하나님의 창조 가운데 가장 영광스러운 존재인 인간은 하나님 다음가는 통치자라는 높은 지위에서 노예근성으로 굽실거리며 거짓말하고 두려워하면서 귀신의 지배를 받는 인간으로 전락했습니다.

하나님이 인간에게 새겨 놓은 형상은 서서히 지워졌고, 죄로 인해 그 자리에는 인간의 새 아비와 지배자의 형상이 새겨졌습니다.

그리하여 인간은 마귀에게 완전히 굴복하게 되어, 그 첫 번째로 거짓말쟁이가 되었습니다. 거짓말은 오늘날 이 땅에서 사탄이 통치하고 있음을 나타내는 상징입니다.

살인자 인간

아담의 맏아들이 그의 손으로 둘째 아들을 죽이자, 극심한 슬픔에 잠겨 있던 아담은 첫 손자의 이름을 에노스라 지었습니다.창 4:26 에노스라는 이름은 '죽을 수밖에 없는 존재mortal' 또는 '죽을 운명에 처한 존재death-doomed', '사탄의 지배를 받는 존재'라는 뜻입니다.

창조 세계의 슬픔이 흘러넘칩니다.

인간은 영적으로 파산했습니다!

인간은 하나님께 다가가는 길을 잃어버렸습니다. 합법적인 신분이 박탈되었습니다. 타국 왕의 시민이 되어버렸습니다.

인간은 "생명도 없고, 소망도 없고, 하나님도 없는" 상태로 묘사될 때까지 우주의 위대하신 하나님에 대한 충성을 포기해 왔습니다.

인간은 죗값을 치러야 한다는 공의의 요구에도, 인간은 이자조차도 지불할 수 없습니다.

인간의 죗값은 지옥입니다!

인간이 저지른 죄에 대한 형량을 줄이는 것이란 있을 수가 없습니다. 그것은 대 반역죄로, 도저히 용서될 수 없는 죄입니다. 그리고 하나님에 대한 반역이라는 용서받을 수 없는 그 죄로 인해 하나님의 사랑하는 아들이 성육신하고 대속제물이 되신 것입니다.

인간이 타락하여 원수의 통치를 받게 되자마자 하나님은 그분의 속량 계획을 시작하셨고, 인간이 쫓겨난 에덴의 출입문 앞에서 희생제물을 잡아 피를 뿌리며 속죄의 겉옷a garment of Atonement을 인간에게 제공하셨습니다.

인간은 공의 앞에 벌거벗은 채로 서 있습니다. 앞 장(7장)의 내용을 기억하신다면, "속죄Atonement"라는 말은 덮는 것을 의미합니다. 그래서 하나님은 아담을 위해 가죽과 천으로 덮는 것을 만드셨는데, 이것은 아담의 혼이 피 가운데 깨닫도록 그의 혼을 위한 속죄의 모형이었습니다.

하나님이 속량하셔야 한다

인간은 스스로를 구원할 수 없습니다. 하나님께서 속량자를 주셔야 합니다.

인간이 구원받으려면, 인간의 반역에 대한 죗값이 하나님에 의해 충족되어야 합니다. 다른 말로 하면, 하나님께서 인간이 저지른 끔찍한 반역에 대해 책임을 지셔야 한다는 것입니다.

만약 하나님께서 하시지 않으면, 하나님은 그분의 심령의 보물인 인간을 영영 잃어버리게 될 것입니다. 왜냐하면 인간은 하나님께 다가가는 길을 잃어버렸을 뿐만 아니라 기도할 수 있는 합법적인 권리조차 없기 때문입니다.

인간과 하나님 사이에는 예수님께서 말씀하신 "큰 구렁텅이"와 같이 넘어갈 수 없는 장애물이 놓여 있을 뿐만 아니라, 그 사이를 이어주는 다리조차 없습니다.

하나님께서 인간과 무관하게 인간이 타락한 모든 책임을 지고 인간의 죗값을 치르셔야 한다면 그분의 공의에 대한 인간의 비판에도 대답하셨을 것입니다. 다른 말로 하면, 하나님께서 그분의 품으로부터 그분의 아들을 보내셔서 그 아들이 이 땅에 내려와 성육신한 분이 되셨고, 하나님께서 그 아들 위에 인류의 모든 죄를 얹으신 후 그 아들이 인간을 대신해 지옥에 가서 고통을 당함으로 더 이상 어떤 인간도 고통당하지 않도록 하셨다면, 하나님께서는 그분 자신의 정당함을 입증하신 것입니다.

피의 언약

전반적인 속량의 사상과 계획 가운데 가장 놀라운 사실이 아마도 여기에 있을 것입니다. 그것은 인간이 이 땅에 거하는 첫 시작부터 하나님께서는 오늘날 우리가 알고 있는 피의 언약을 주셨고, 이 피의 언약의 근거 위에서 이 언약에 들어간 자는 누구나 그의 모든 죄로부터 완벽하게 속량 된다는 약속을 받았다는 사실입니다.

모든 범죄와 죄의 아버지이자 모든 시대의 비탄과 눈물의 아버지인 아담에게도 그 자신의 죄로부터의 궁극적인 속량이라는 이 약속을 받을 수 있는 권리가 있었습니다.

오, 우리 하나님의 은혜와 자비하심이여!

이 피의 언약의 표는 오늘날의 미개인들에게도 미치고 있습니다.

오늘날 아프리카의 모든 부족에서 피의 언약이 실행되고 있습니다. 베두인족속Bedouin과 아랍족속Arab에서 피의 언약이 행해지고 있습니다. 보르네오와 티베트, 중국, 일본에서 피의 언약이 행해지고 있습니다. 스칸디나비아 사람들과 유럽 민족 가운데, 알바니아와 몬테네그로와 세르비아 지역에서 피의 언약이 행해지고 있습니다. 시리아인과 이집트인과 아비시니아인 가운데서도 피의 언약을 찾을 수 있습니다. 또한 북미 인디언과 옛 멕시코인을 거쳐 중미와 파나마 운하를 지나 남미에 이르기까지 피의 언약의 흔적이 남아 있습니다.

사실상, 인류 전체가 모든 시대마다 피의 언약의 흔적을 남겨두었는데, 이는 하나님께서 처음부터 그분 자신과 타락한 인류 사이에 소멸될 수 없는 계약을 체결하셨음을 입증하며, 흠 없는 짐승의 피를 흘림으로써 하나님께서 결국엔 그분의 아들의 피를 통한 모든 죄에 대한 완벽한 속량을 인류에게 주실 것임을 미리 보여주는 것입니다.

죄가 없으신 하나님

하나님은 인간이 반역한 후에 그를 구원할 방법도 없이 버려두지 않으셨다는 점에서 인간의 보편적인 판단 앞에 죄가 없으십니다.

하나님이 인류를 대함에 있어 가장 주목할 만한 사실에 주의를 기울였으면 합니다.

속량의 전체 계획 가운데 하나님의 공의God's justice를 주목하십시오.

첫째, 인간과 관련해서 하나님께서는 죄나 불법을 눈감아주시지 않고, 오히려 모든 죄를 기록해 두십니다.

둘째, 하나님은 마귀에게도 공의로우십니다. 성경 어디에도 하나님께서 마귀를 이용하신 대목이 없고, 오히려 하나님의 영원한 공의가 연약한 인간만이 아니라 강력한 사탄에게도 드러납니다.

하나님은 인간과 마귀에게만 공의로운 것이 아니라 그분 자신에게도 공의로우십니다.

진상이 요구하는 것

인간이 반역한 죗값은 반드시 치러져야 합니다.

그 죗값은 영적인 죽음과 지옥에 감금되는 것입니다.

누군가 그곳에 가서 인간의 죗값을 치러야 합니다. 이는 하나님 앞에 인류를 대표할 수 있는 인간도 없고 하나님 앞에 홀로 설 수 있는 인간도 없기 때문입니다. 즉 인류 전체가 고발당한 상태이기 때문입니다.

창조에 대한 하나님의 정당함

선남선녀가 자녀를 낳을 권리가 있듯이, 하나님께도 창조할 수 있는 권리가 있습니다.

아담은 그 자신과 창조 세계와 사탄의 지배자였습니다.

인간은 양보하려고 선택하지 않는 한 양보할 필요가 없었습니다.

인간은 결코 "잃어버린 고리 missing link"가 아니었습니다. 그는 완벽한 지식과 통치권의 충만한 빛 가운데 서 있는 창조 세계의 영예로운 존재였습니다.

사탄은 인간의 종이요 신하였습니다.

아담이 죄를 지을 수 있었던 단 하나의 이유가 있습니다.

유혹에 빠진 그의 아내가 타락했기 때문입니다.

아담은 그 자신과 그의 소중한 아내 사이에 놓인 커다란 구렁을 본 것입니다.

여자

우리는 사탄이 아담을 방문했다거나 그에게 말 한마디를 했다는 것을 들어본 적이 없습니다. 아담과 그의 아내가 서로 나눈 대화 기록이 우리가 아는 전부입니다.

아담이 스스로를 변명할 수 있는 근거는 아무것도 없었습니다.

아담의 죄는 고의적인 것이었습니다.

그것은 사실에 직면한 채 지은 죄였습니다.

아담은 자기가 무슨 짓을 저질렀는지, 그리고 그것이 창조 세계와 그의 후손들과 창조주 하나님께 어떤 영향을 끼칠지 알고 있었습니다. 하지만 여자 때문에, 그 여자와의 동반자 관계를 다시 얻기 위해서 아담은 고의로 하나님께 대 반역죄를 저질렀습니다.

여성에 대한 이 얼마나 엄숙한 경종입니까!

오늘날 어떤 민족도 그 민족의 여성 수준을 넘어서지 못하며, 극소수의 남자만이 자기 아내나 어머니보다 정결합니다.

이 땅에서 우리의 가정은 모성애motherhood와 아내wifehood에 의해 이루어집니다.

남자는 술주정뱅이와 난봉꾼으로 변하여 결혼 서약을 훼손시킬 수도 있지만, 아내와 어머니가 바로 서면 가정은 파괴되지 않고 자녀들은 깨끗하고 순결하며 공손하게 자라납니다. 그러나 어머니가 경솔한 여자인 가정에서는 소수의 자녀들만이 세상 유혹의 시험을 견뎌냅니다.

책임을 맡다

이제 하나님은 인간의 범죄에 대한 책임을 지셔야 합니다.

하나님은 어떤 식으로든 사탄의 지배로부터 인간을 속량하셔서, 빼앗긴 삶을 인간에게 돌려주고, 그의 본성을 바꾸어서 다시금 그분 자신의 본성과 조화되게 하며, 마귀를 패배시켜야 합니다.

인간은 하나님의 아들 됨sonship의 특권을 잃어버렸습니다.

아들이라는 특권은 합법적인 근거 위에서 회복되어야 합니다.

하나님께서는 인간이 끔찍한 범죄를 저질렀다는 사실을 무시할 수 없습니다.

그 범죄는 처벌받아야 합니다. 그리고 인간이 하나님께 회복된다면 그것은 인간을 가난하게 하지도 않고 자존감을 빼앗지도 않는 합법적인 근거 위에서 이루어져야 합니다. 그뿐만 아니라 그것은 하나님 보시기에 인간을 완전히 의롭게 하고 한 번도 죄를 지은 적이 없는 것 같은 탁월한 위치를 인간에게 부여할 수 있는 합법적인 근거 위에서 이루어져야 합니다.

하나님의 공의

하나님은 인간을 회복시키려는 일에 사탄을 이용하지 않습니다. 왜냐하면 하나님이 사탄보다 강하기 때문입니다. 속량의 계획은 인간이나 마귀나 전능하신 하나님에게도 전적으로 합법적인 근거에서 이루어져야 합니다.

인간은 사탄의 지배로부터 구출되어야 하는 것은 물론이고, 인간의 손에는 방어와 공격용 무기가 있어야 합니다.

인간은 영광스러운 전투를 할 때 마귀와 대면해서 정복할 수 있는 권세를 받아야 합니다. 인간은 옛 원수의 공격으로부터 그 자신만이 아니라 자녀들도 방어할 수 있어야 합니다.

몸의 부활이 보장되어야 하며, 부활한 후 불멸성이 보장되어야 합니다. 왜냐하면 처음부터 인간은 회춘의 능력이 있는 완벽한 몸을 지녔기 때문입니다.

인간은 이제 죽음이 지배하거나 어떤 권세도 행사할 수 없는 영원한 몸을 받아야 합니다.

그뿐만 아니라, 이 땅이 에덴의 영광과 아름다움으로 회복되어야 하고, 그 회복은 사탄의 통치가 결코 회복될 수 없는 기초 위에서 이루어져야 합니다.

끝으로, 하나님께서 공의롭게 인류를 심판하셔서, 인간이 그분의 죄의 대속물을 거부할 경우 인간으로 하여금 죗값을 치르게 할 수 있는 합법적인 근거가 있어야 합니다.

하나님께서 하셔야 하는 것

인간의 속량은 하나님으로부터 비롯되어야 합니다.

인간은 그를 무자비하게 통치하여 그를 지옥에 던져 넣을 권세가 있는 원수의 손아귀에서 아무런 대책 없이 무기력하고 낙심한 노예입니다.

하나님이 하셔야 하는 첫 번째 일은 속량자Redeemer를 주시는 것입니다. 먼저 이 속량자는 첫째, 공의의 모든 요구사항을 만족시켜야 하고, 둘째 인간의 모든 필요를 충족시켜야 하며, 셋째 사탄을 정복하고, 죽음을 소멸하며, 파산당하여 속박된 인간에게 생명과 불멸성을 가져올 만큼 위대해야 합니다.

다음으로 이 속량자는 성육신한 분이어야 합니다. 다시 말해, 속량자는 영적인 존재이지만 인간의 몸을 입어야 합니다. 그분의 몸은 우리의 몸과는 달리 죽을 수 없는 몸입니다. 그 몸이 죽을 수밖에 없는 몸이었다면, 속량자는 사탄에 굴복한 자였을 것입니다. 하지만 속량자는 첫 사람 아담의 순결한 몸을 따라 형성된 몸을 가지고 있음이 분명합니다.

　속량자는 사탄에게 굴복되지 않는 방식으로 잉태되고 태어나야 합니다. 속량자는 첫 사람 아담이 반역하기 전에 소유했던 것과 똑같은 통치권과 권세를 가져야 합니다.

　세 번째, 속량자는 인간을 위한 대속물이 될 수 있어야 합니다. 속량자는 공의가 대속물로 요구하는 자격조건과 검증사항을 통과해야 합니다.

　속량자는 인간을 대표하여 인간이 겪는 모든 고통을 겪을 수 있어야 합니다.

　속량자는 공의의 요구사항을 충족시켜야 합니다. 그렇게 하기 위해 그는 지옥에 가야 합니다.

　속량자는 인류에 대해 공의가 요구하는 모든 사항, 곧 합법적인 모든 요구 조건들이 완전히 충족될 때까지 심판을 받고 지옥에 있어야 합니다.

　하나님께서 그 속량자를 구원자로 받아들이는 모든 인간과, 처음부터 옛 피의 언약을 신뢰해 왔던 모든 인간을 합법적으로 무죄 선언할 때까지 속량자는 지옥에 머물면서 고통을 겪어야 합니다.

　이 속량자는 천사일 수 없고, 몸이 없는 영일 수도 없으며, 그 일을 위해 창조된 특별한 존재일 수도 없습니다. 그분은 하나님 자신이셔야 합니다.

신성이 인간을 위해 고통을 겪다

　신성이 인간을 위해 고통을 겪으셔야 합니다. 이렇게 될 수 있는 유일한 방법은 하나님의 사랑하는 아들이 하나님 품에서 나와 아버지 우편에서 영원토록 누려왔던 영광과 위엄을 내려놓고, 이 땅으로 오셔서 인간의 육신적인 몸을 입는 것입니다.

그러면 하나님은 우리의 죄의 본성, 곧 끔찍하고 무서운 영적인 죽음을 가져가서, 이 거룩하고 영원한 아들의 영에 놓으셔야 합니다. 아들이 심판을 받아야 합니다. 죄와 반역에 대한 공의의 진노와 분노가 아들에게 쏟아져야 합니다.

아들이 죗값을 치러야 합니다. 그 죗값은 원래 인간에게 요구된 것이고, 하나님의 아들이 책임지게 된 것입니다.

아들이 죗값을 치른 후, 곧 공의의 요구가 완전히 충족될 때까지 고통을 겪은 후 아들의 영은 영원한 생명을 받아야 합니다. "너는 내 아들이라 오늘 내가 너를 낳았도다"라는 시편 2:7의 예언이 성취될 때까지 그분의 본성은 변화되어야 합니다.

죽음으로부터 태어나시다

바울이 "그는 몸인 교회의 머리시라 그가 근본이시요 죽은 자들 가운데서 먼저 나신 이시니"골 1:18라고 말하듯이, 그분(예수님, 속량자, 아들)은 영적인 죽음에서 생명으로 태어나셔야 합니다.

그런 다음 지옥의 어둠의 통치 가운데 살아나셨을 때, 그분은 사탄을 만나 그 집 안에 사탄을 결박하고, 그가 신뢰하는 세력들을 제거하며 사탄을 정복하셔야 했습니다. 바울은 이를 극적으로 묘사합니다. "통치자들과 권세들을 무력화하여 드러내어 구경거리로 삼으시고 십자가로 그들을 이기셨느니라"골 2:15 이것은 예수님을 어둠의 왕국 가운데 죄수로

잡아두려고 온갖 귀신들의 무리가 달라붙어 있는 지옥에 계신 예수님에 대한 생생한 그림입니다.

예수님은 새롭고도 전능한 힘 가운데 일어나서 어둠의 무리를 떨쳐내시고, 사탄을 마비시킨 채 남겨두셨음에 틀림없습니다. 이는 바울이 히브리서 2:14에서 우리에게 알려주듯이, 그분은 사탄의 강력한 군대가 보는 앞에서 사탄의 권세를 벗겨내시고, 사탄을 패배시키셨습니다.

예수님은 "그 대적의 성문The gate of His Enemy"을 차지하셔야 합니다. 그분은 "사망과 음부의 열쇠The Keys of Death and Hell"를 차지하셔야 합니다.

그런 다음 그분은 지옥의 어둠으로부터 올라오셔서 그분의 몸 안으로 들어가셨음에 틀림없습니다. 이후로 그분의 몸은 빛과 불멸성으로 충만하며 영광스럽고, 교회의 머리와 부활의 본보기로서 영원토록 지니기에 합당하게 될 것입니다.

그리스도는 요구조건을 충족시키실 수 있는가

그리스도께서 사람들 가운데 거니시며 자신을 낮추었던 33년의 시간이 공의의 요구 조건들을 만족시키고 인간의 필요를 충족시켰을까요?

당신의 대답은 반대입니다.

그분이 피땀을 흘리셨던 겟세마네 동산에서의 그 고뇌가 인간의 죗값을 지불할 것인가요? 그 고뇌는 너무 극심해서 그분이 십자가로 가기에 앞서 천사들이 와서 그분을 강건하게 해 주어야 했습니다.

십자가에서 겪는 죽음이라는 육체적 고통이 죗값을 충족시켜서 인간을 하나님 앞에 의로워지게 할 수 있을까요?

그것은 영적인 죄였을까요? 아니면 육체적인 죄였을까요?

만약 예수님의 육체적인 죽음이 인간의 죄에 대한 값을 지불한 것이었다면, 죄는 단지 육체적인 사실일 뿐입니다.

만약 누군가 주장한 것처럼, 예수님의 육체적인 죽음이 죗값을 치를 수 있었다면, 그리스도인이 왜 반드시 죽어야 합니까?

그리스도인이 육체적으로 죽는다면 그는 자신의 죗값을 치르지 않은 것입니까?

육체적인 죽음이 죗값이라면 인류가 자신의 죗값을 지불하고 스스로를 구원하지 않은 이유는 무엇입니까? 모든 사람이 죽는데도 말입니다. 그러나 우리는 예수님의 육체적인 죽음이 죄의 문제를 전혀 다루지 않았다고 생각합니다. 예수님의 육체적인 죽음은 목적에 이르는 수단에 지나지 않았습니다. 그리고 대속물이신 예수님이 진정으로 겪으신 것은 육체적인 고통뿐만 아니라 영적인 고통이었을 것입니다.

하나님의 대속물이 육체적인 고통만 겪으셨다면, 하나님께서 인류에게 영적인 고통, 다시 말해 지옥에서 겪는 고통을 요구할 수 있겠습니까?

하나님의 아들이 지옥에 가셔서 그곳에서 인류를 대신해 고통당하지 않으셨다면 하나님께서는 공의에 따라 인류를 지옥에 보내실 수 있고, 최후에 영원한 대연방 감옥인 불 못에 보내실 수 있습니까?

그러나 어떤 이들은 영혼의 소멸annihilation이 죗값이기에, 죄인은 죽는 순간 그의 영혼이 소멸된다고 말합니다.

글쎄요, 그들의 말이 옳다면, 예수님께서 우리 죄의 대속물이 되셨을 때 그분은 소멸되었어야 합니다. 이와 관련해서 어떤 사람이 "예수님의 영혼이 소멸되셔야 했다면 죽은 자들로부터 일어나신 분은 도대체 누구란 말입니까?"라고 물었습니다.

인격의 연속성에서 한 차례의 단절이 있었을 것입니다. 하지만 소멸되었던 인격은 죽은 자들로부터 일어날 수 없었을 것입니다. 왜냐하면 소멸된 인격은 더 이상 존재할 수 없기에 다른 존재가 그리스도로 나타나기 위해 창조되었어야 했을 것이기 때문입니다.

이런 주장은 그 자체의 어리석음으로 인해 무너집니다.

이 속량자는 모든 인간을 대신해 죽음을 경험해야 합니다. 그럼으로써 모든 인간은 영원한 생명과 하나님의 자녀가 되는 합법적인 권리를 얻을 수 있습니다.

그분이 지옥에 가서 인류를 위해 고통을 겪으신다면, 하나님은 정당성이 입증되고, 인간은 침묵하게 됩니다. 인간은 더 이상 하나님께 대항해 주장하지 못합니다. 이는 하나님께서 하늘로부터 그분 자신의 아들을 이 땅으로 보내셔서 인간에게 그 끔찍한 교환의 어느 부분을 담당하라고 요구하지 않은 채 인간의 죗값을 치르셨기 때문입니다.

속량자가 지옥에 가서 고통을 겪지 않으셨다면, 하나님께서는 속량자를 구원자로 받아들이기 거부하는 그 누구도 지옥에 보내실 수 없습니다. 하지만 속량자가 지옥에 가셨다면, 하나님께는 속량자를 거부한 사람을 모두 지옥에 보낼 수 있는 합법적인 권리가 있을 뿐만 아니라 대속물이신 예수님에 대해 공의롭기 위해 그 사람을 지옥으로 보내셔야 합니다.

하나님께서 예수 그리스도를 개인적인 구원자로 받아들이기를 거부한 단 한 사람을 구원하실 수 있다면 온 인류도 구원하실 수 있습니다. 왜냐하면 어떤 차별도 없기 때문입니다.

모든 사람이 영적으로 죽었습니다. 모든 사람이 사탄에 굴복당한 상태입니다. 그러므로 한 사람이 구원을 받을 수 있었다면, 온 세상이 구원을 받을 수 있었습니다.

만약 온 세상이 그리스도와 상관없이 구원받을 수 있었다면, 하나님께서 예수님을 지옥에 보내신 것은 우주에서 저질러진 범죄 가운데 가장 끔찍한 것입니다.

만약 거룩하고 순결한 하나님의 아들을 우리의 대속물로서 지옥의 어두운 곳으로 보낸 것이 불필요한 것이자 끔찍한 범죄였다면, 인간의 불법은 그 형언하기 힘든 범죄에 비교할 때 어린아이의 장난에 지나지 않습니다.

하나님의 아들이 대속물로 반드시 지옥에 가는 것이 옳다면, 예수님을 거절한 모든 사람은 하나님의 감정과는 상관없이 합법적으로 지옥에 가야 하며, 예수님을 영접한 사람은 모두 합법적으로 천국으로 가야 합니다.

이것은 하나님께 크고 흰 보좌the great White Throne에 심판자로 앉으실 수 있는 권리를 부여하며, 인간은 영원히 반박할 수 없습니다.

확인 문제

1. 왜 하나님께서 친히 인간의 속량자를 마련하셔야 했습니까?

2. 인간이 죄를 지은 후 하나님께서 인간에게 주신 피의 언약의 목적은 무엇이었습니까?

3. 하나님께서는 인간과 사탄과 그분 자신에게 공의롭기 위해 무엇을 하셔야 했습니까?

4. 하나님께서는 인간이 그분에게 제기할 수 있던 불의하다는 모든 비난에 대해 그분 자신의 정당함을 어떻게 입증하셨습니까?

5. 그리스도께서 인간을 속량하기 위해서 해야 했던 단계들을 제시하십시오.

"그는 실로 우리의 질고를 지고 우리의 슬픔을 당하였거늘 우리는 생각하기를 그는 징벌을 받아 하나님께 맞으며 고난을 당한다 하였노라 그가 찔림은 우리의 허물 때문이요 그가 상함은 우리의 죄악 때문이라 그가 징계를 받으므로 우리는 평화를 누리고 그가 채찍에 맞으므로 우리는 나음을 받았도다 우리는 다 양 같아서 그릇 행하여 각기 제 길로 갔거늘 여호와께서는 우리 모두의 죄악을 그에게 담당시키셨도다"사 53:4-6

"이제는 그의 육체의 죽음으로 말미암아 화목하게 하사 너희를 거룩하고 흠 없고 책망할 것이 없는 자로 그 앞에 세우고자 하셨으니"골 1:22

"하나님이 죄를 알지도 못하신 이를 우리를 대신하여 죄로 삼으신 것은 우리로 하여금 그 안에서 하나님의 의가 되게 하려 하심이라"고후 5:21

"오직 그리스도는 죄를 위하여 한 영원한 제사를 드리시고 하나님 우편에 앉으사 그 후에 자기 원수들을 자기 발등상이 되게 하실 때까지 기다리시나니 그가 거룩하게 된 자들을 한 번의 제사로 영원히 온전하게 하셨느니라"히 10:12-14

9장

죄의 담당자
THE SIN BEARER

하나님께서는 인간이 타락하자마자 속량자가 오셔서 사탄의 통치권을 깨뜨리고 인간에게 잃어버린 통치권과 위치를 회복시키겠다는 약속을 선지자들을 통해 말씀하기 시작하셨습니다.

이사야 7:14은 성육신에 대한 선언문입니다.

인간을 속량하는 첫 단계는 신성이 성육신하는 것, 즉 하나님과 인간이 연합하는 것입니다.

"그러므로 주께서 친히 징조를 너희에게 주실 것이라 보라 처녀가 잉태하여 아들을 낳을 것이요 그 이름을 임마누엘이라 하리라" 사 7:14

"주께서 친히The Lord Himself"라는 것은 놀라운 문장입니다.

"아도나이Adonai"라는 히브리어의 문자적 의미는 통치자the Ruling One, 기적과 이적의 하나님이요, 위엄의 하나님이시라는 뜻입니다. 그분의 힘과 권능을 강조하면서 "주께서 친히 징조를 – 곧 당신을 특별히 이롭게 하려고 기적과 이적을 – 너희에게 주실 것이라"라고 말씀하는 것에 주목하십시오.

여러 세대를 내다보듯이 "그 처녀를 보라Behold the Virgin"라고 말씀합니다. 그분은 그녀를 미리 점찍으셨습니다.

그녀는 다윗 가문 출신의 여자로서 잉태하여 아들을 낳을 것입니다.

유의하십시오. 아들을 낳을 사람은 남자를 안 적이 없는 여자 곧 처녀이며 그녀는 아들을 낳게 될 것인데 그의 이름이 우리를 전율하게 합니다. 그 아들은 "임마누엘Immanuel" 곧 우리와 함께 계신 하나님이라 불릴 것인데, 문자적인 뜻은 성육신Incarnation입니다.

이 아이의 이름은 임마누엘 또는 성육신입니다. 경이로운 이름입니다.

여기서 하나님은 신성과 인성의 연합을 암시하십니다.

첫째로 그 아이는 다윗 가문 출신이어야 하고, 둘째로 "주께서 친히 징조를 너희에게 주실 것이라", 징조 곧 초자연적인 기적이 일어날 것이며, 셋째로 그 처녀는 하나님께서 임명하신 여자이며, 넷째로 그 아이는 아들 곧 사내아이여야 하며, 다섯째로 그 아이의 이름이 성육신이라는 사실에 주목하십시오.

"이 한 아기가 우리에게 났고 한 아들을 우리에게 주신 바 되었는데 그의 어깨에는 정사를 메었고 그의 이름은 기묘자라, 모사라, 전능하신 하나님이라, 영존하시는 아버지라, 평강의 왕이라 할 것임이라 그 정사와 평강의 더함이 무궁하며 또 다윗의 왕좌와 그의 나라에 군림하여 그 나라를 굳게 세우고 지금 이후로 영원히 정의와 공의로 그것을 보존하실 것이라 만군의 여호와의 열심이 이를 이루시리라"사 9:6-7

여기에서 선지자 이사야는 "한 아들을 우리에게 주신 바 되었는데"라고 말합니다. 그 아들은 민족의 자식이요 이스라엘의 아들입니다.

"그의 어깨에는 정사를 메었고"라는 말씀은 그분이 권세와 통치권을 갖는 통치자로 오실 것이라는 말입니다.

지면의 여유가 있었다면, 창세기 3장부터 언급된 모든 예언적인 말들을 통해 '오실 분'에 관한 이중 예언이 항상 있었음을 보여주고 싶습니다. 이중 예언 중 하나는 오실 분의 속량, 주 되심, 그리고 통치라는 위대한 성가극에서 저음부를 담당한다고 말할 수 있습니다.

그분은 사탄의 통치권을 깨뜨리고, 인간을 해방할 것입니다.

그분은 뱀의 머리를 짓밟으며, 발꿈치로 짓이겨 버리실 것입니다.

그러나 여기에서 가장 놀라운 사실은 그분의 이름입니다. "기묘자라, 모사라Wonderful Counsellor" 즉 하나님 가족의 위대한 변호사라는 말입니다. 둘째, "전능하신 하나님" 유대인의 어머니 가운데 누구도 감히 자기 자식을 그런 식으로 부르지 않았을 것입니다. 그랬다면 가장 끔찍한 신성 모독이었을 것이고, 그 엄마와 아이는 모두 돌팔매질을 당했을 것입니다. 셋째, "영존하시는 아버지" 이는 요한복음에서 보게 되는 아버지를 나타내는 자가 되실 이 경이로운 존재를 가리키는 이름입니다. 끝으로, 그분은 "평강의 왕"이라는 아름다운 이름으로 불립니다.

저와 함께 누가복음으로 돌아가서 하나님 아들의 잉태에 관해 지금까지 기록된 이야기 중 가장 아름다운 이야기를 읽어보도록 합시다.

"여섯째 달에 천사 가브리엘이 하나님의 보내심을 받아 갈릴리 나사렛이란 동네에 가서 다윗의 자손 요셉이라 하는 사람과 약혼한 처녀에게 이르니 그 처녀의 이름은 마리아라 그에게 들어가 이르되 은혜를 받은 자여 평안할지어다 주께서 너와 함께 하시도다 하니 처녀가 그 말을 듣고 놀라 이런 인사가 어찌함인가 생각하매 천사가 이르되 마리아여 무서워하지 말라 네가 하나님께 은혜를 입었느니라 보라 네가 잉태하여 아들을 낳으리니 그 이름을 예수라 하라 그가 큰 자가 되고 지극히 높으신 이의 아들이라 일컬어질 것이요 주 하나님께서 그 조상 다윗의 왕위를 그에게 주시리니 영원히 야곱의 집을 왕으로 다스리실 것이며 그 나라가 무궁하리라 마리아가 천사에게 말하되 나는 남자를 알지 못하니 어찌 이 일이 있으리이까 천사가 대답하여 이르되 성령이 네게 임하시고 지극히 높으신 이의 능력이 너를 덮으시리니 이러므로 나실 바 거룩한 이는 하나님의 아들이라 일컬어지리라 보라 네 친족 엘리사벳도 늙어서 아들을 배었느니라 본래 임신하지 못한다고 알려진 이가 이미 여섯 달이 되었나니 대저 하나님의 모든 말씀은 능하지 못하심이 없느니라 마리아가 이르되 주의 여종이오니 말씀대로 내게 이루어지이다 하매 천사가 떠나가니라"눅 1:26-38

"말씀이 육신이 되어 우리 가운데 거하시매 우리가 그의 영광을 보니 아버지의 독생자의 영광이요 은혜와 진리가 충만하더라"요 1:14

여기에서 우리는 신성과 인성의 연합에 대한 이야기를 듣습니다. 그것은 인간을 창조하신 분의 초자연적인 나타나심으로 말미암아 처녀의 몸에 잉태된 한 아이에 관한 것입니다. 그 이유는 하나님을 배신하고 끔찍한 죄를 지음으로써 인간에게는 창조의 기적을 능가하는 기적, 곧 그 범죄의 권능과 죄로부터 속량을 완수할 두 번째 기적이 필요했기 때문입니다.

예수님께서 침례를 받으셨을 때 아버지께서는 "이는 내 사랑하는 아들이요 내 기뻐하는 자라"마 3:17고 말씀하셨습니다.

이를 통해 우리가 알 수 있는 것은 예수님께서는 이 땅에 사시는 동안 아버지를 완벽하게 기쁘시게 해드렸다는 사실입니다. 그리고 요한복음 전체를 통해 우리는 예수님께서 아버지를 기쁘시게 하는 자라는 사실을 발견합니다.

예수님께서 그분 자신에 대해 이렇게 말씀하셨습니다. "내가 하늘에서 내려온 것은 내 뜻을 행하려 함이 아니요 나를 보내신 이의 뜻을 행하려 함이니라 나는 나의 뜻대로 하려 하지 않고 나를 보내신 이의 뜻대로 하려 한다"요 6:38, 5:30

그리고 예수님께서는 "나는 항상 그가 기뻐하시는 일을 행한다"요 8:29고 다시 한번 말씀하십니다. 이는 아버지의 뜻만을 추구하는 아들의 본보기, 즉 타락 이후로 위대한 하나님 아버지의 뜻을 행하는 것이 자신의 일이 된 첫 번째 사람을 우리에게 보여주는 것입니다.

누가복음 4장에는 예수님께서 유혹을 받으시는 극적인 장면이 나옵니다.

여기서 예수님은 에덴동산의 아담처럼 사탄을 대면하시지만, 첫 사람 아담과는 달리 사탄을 정복하십니다.

예수님은 40일 동안 아무것도 드시지 못하셨습니다. 예수님은 십자가에서 죽으시고 지옥에 내려가는 길이 아닌 다른 방식으로 인류에게 다가가서 구원하고 싶은 유혹에 직면하시지만, 이 유혹을 물리치십니다.

그분은 기쁨으로 돌이키어 전능하신 아버지와 동행하십니다. 이사야서에는 하나님의 어린 양이 대속적 희생을 담당하는 위대한 장면이 나옵니다.

당신에게 보여주고 싶은 이 장면은 예수님의 십자가 죽음에 관한 신적인 측면입니다.

짧은 시간 동안 마가복음이나 누가복음을 펴서 거기에 나오는 예수님의 십자가 죽음에 관한 이야기를 읽어보십시오. 거기서 당신이 보게 되는 것은 우선 낯선 갈릴리 사람이 겟세마네 동산에서 체포되더니, 대제사장 가야바의 집무실로 끌려가서, 눈을 가린 체 침 뱉음을 당하고 하나님의 대제사장이 보는 자리에서 모욕당하고 얻어맞는 모습입니다. 그 후 그는 빌라도 앞으로 끌려간 뒤 마침내 헤롯에게 보내져 왕의 권세를 조롱하는 겉옷과 가시관이 걸쳐지고 손에는 왕의 권세를 조롱하는 휘장과 함께 빌라도에게 되돌아가 빈정댐과 질시 가운데 재판을 받습니다. 그는 이 잔혹한 장면에서 질시와 증오로 인한 무고한 희생자라는 것 외에는 아무런 잘못도 없이 침착하게 조용히 서 있습니다.

잔혹한 로마 간수가 그를 채찍으로 내리쳤고 그의 등이 갈라졌습니다.

발가벗겨진 그의 등에 무자비하게 내리쳐진 채찍으로 인해 피가 흐르고 살이 찢겨나갑니다.

그 후 거칠게 내팽개쳐진 옷을 입고 그는 십자가를 진 채 비틀거리며 골고다를 향해 걷기 시작합니다. 그가 십자가의 무게를 이기지 못해 쓰러지자, 구레네 사람 시몬이 그 십자가를 지게 됩니다. 병사들에 에워싸여 산비탈을 비틀거리며 걸어 올라가다가 마침내 그는 산마루에 도착합니다. 원형으로 둘레가 쳐집니다. 그는 십자가 위에 거칠게 눕혀졌고, 로마 병사들이 잔혹한 증오심을 담아 그의 손과 발에 못을 박습니다. 그 후 그는 발가벗겨진 채 십자가와 함께 일으켜 세워지고, 십자가가 바위 구멍 사이로 끼워집니다.

나사렛 사람 예수가 십자가에 달린 것입니다!

십자가 앞뒤로 무리가 몰려왔습니다.

고통을 당하고 있는 갈릴리 사람의 얼굴에다 신랄한 모욕을 가하는 대제사장의 목소리도 들립니다.

대제사장이 주도하자, 그에 따라 심한 욕과 비난을 퍼붓는 무리의 소리도 들립니다.

그것은 천사나 인간이 볼 광경이 아니라, 오로지 귀신들이나 좋아할 광경이었습니다.

하지만 당신에게 바라는 것은 예수님의 육체적인 고난이나, 목적을 이루는 수단으로 그분이 행한 일을 보는 것이 아니라 그 장면 배후로 와서 하나님 아들의 고뇌와, 그분 자신의 하나님 곧 그분의 아버지께서 그분을 내리치신 사실을 볼 수 있는 통찰력을 가지라는 것입니다.

오순절 날 베드로는 그분이 넘겨지신 것은 하나님의 단호한 결의와 예지에 의한 것임을 우리에게 알려줍니다.

이제 "그는 실로 우리의 질고를 지고 우리의 슬픔을 당하였거늘 우리는 생각하기를 그는 징벌을 받아 하나님께 맞으며 고난을 당한다 하였노라"사 53:4라는 이 놀라운 예언을 우리가 이해할 수 있으리라 봅니다.

사복음서에 나타난 그분은 오직 사람에게서만 얻어맞지만, 이사야 선지자는 십자가 달리신 그분, 사람들에게서 버림받은 그분을 보면서 "그는 징벌을 받아 하나님께 맞으며 고난을 당한다"고 말합니다.

하나님께서는 우리 죄의 대속물을 다루고 계십니다. 그래서 그분의 몸이 아니라 그분의 영과 혼을 다루고 계신 것입니다.

"그가 찔림은 우리의 허물 때문이요 그가 상함은 우리의 죄악 때문이라 그가 징계를 받으므로 우리는 평화를 누리고 그가 채찍에 맞으므로 우리는 나음을 받았도다 우리는 다 양 같아서 그릇 행하여 각기 제 길로 갔거 늘 여호와께서는 우리 모두의 죄악을 그에게 담당시키셨도다"사 53:5-6

여기에서 우리는 이사야 선지자가 말한 대로, 하나님께서 우리의 죄의 본성, 그 끔찍한 영적 죽음을 가져가서 예수님의 혼을 내리치시는 것을 봅니다.

지금 하나님께서는 "죄를 알지도 못하신 이를"고후 5:21 죄가 되게 하고 계십니다.

아버지의 임재 안에 총애를 받았던 그분, 위대한 하나님 아버지께서 "이는 내 사랑하는 아들이요 내 기뻐하는 자라"마 3:17고 말씀하시기까지 인간으로서 하나님의 심령을 매우 만족시키셨던 그분이 이제 인간의 죄의 대속물이 되신 것입니다.

그분은 인간의 자리를 차지하셨고, 이제 온 인류를 대표하십니다. 그분이 저주받은 나무 곧 십자가에 달려서 심판을 받을 때, 하나님께서는 당신과 나의 죄, 아니 온 세상의 죄를 가져가셔서 섬세한 그분의 영에 얹으십니다. 마침내 온 세상의 죄가 그분의 존재 안으로 들어가 그분이 하늘로부터 버림을 받고, 결국 하나님께서 그분에게서 등을 돌리시자 그분은 "나의 하나님 나의 하나님 어찌하여 나를 버리셨나이까?"하고 부르짖으십니다.

"그는 곤욕과 심문을 당하고 끌려갔으나"사 53:8 라는 성경 구절에 대한 문자적인 번역은 "그것이 요구되어서, 그가 책임을 지게 되었다it was demanded and He became answerable"입니다.

"그 세대 중에 누가 생각하기를 그가 살아 있는 자들의 땅에서 끊어짐은 마땅히 형벌 받을 내 백성의 허물 때문이라 하였으리요"사 53:8

말 그대로 그분은 생명의 영역에서 끊어져서 그분의 백성을 위해 마땅히 받아야 할 죽음의 영역으로 들어가셨습니다.

"… 그의 무덤이 악인들과 함께 있었으며 그가 죽은 후에[그의 죽음 안에서] 부자와 함께 있었도다"사 53:9

히브리어 원문을 보면 여기에 나온 "죽음"이라는 단어는 복수형입니다.

반드시 주목해야 할 점은 사탄이 하늘에서 쫓겨난 것을 가리켜 그가 "죽음들을 죽었다died the deaths"고 말하는 것을 제외하고는 구약성경을 통틀어서 "죽음들"이라는 용어가 사용된 경우는 이때가 유일하다는 사실입니다.

"죽음들"이라는 용어가 여기에서 사용된 까닭은 이사야 선지자가 우리 죄의 대속물인 예수님이 십자가에 달리셨을 때 육체적 뿐만 아니라 영적으로도 죽었다는 것을 보았기 때문입니다. 그래서 이사야 선지자는 "그의 죽음들 안에서in His deaths"라고 말한 것입니다.

"여호와께서 그에게 상함을 받게 하시기를 원하사 질고를 당하게 하셨은즉 그의 영혼[혼]을 속건제물로 드리기에 이르면 … 그가 자기 영혼[혼]의 수고한 것을 보고 만족하게 여길 것이라"사 53:10-11

이것은 예수님의 육체의 고통이 아니라 그분의 혼의 산고라는 사실에 주목하십시오. 하나님께서는 그분의 혼을 제물로 삼으셨습니다.

하나님께서는 우리 모든 죄악을 그분께 얹으신 다음, 그분의 아들이 겪는 산고, 곧 출산의 깊은 고통을 지켜보고 계십니다.

교회는 이 산고를 통해서 태어났습니다.

"이 근거에서 나의 의로운 종이 합법적으로 많은 사람을 의롭게 하리라 이는 그가 그들의 죄악을 친히 담당하기 때문이니라"사 53:11 이것이 이사야 53:11을 문자적으로 번역한 것입니다.

예수님이 겪으신 참혹한 고통에 대한 이 그림은 시편 88편과 짝을 이룹니다.

시편 88편은 그리스도께서 실로 우리를 대신하여 우리 죄를 담당하시고 지옥에서 고통을 당하시며 하나님께 버림받은 처절한 절망 가운데 우리가 마땅히 겪어야 하는 고통을 겪으시는 모습을 보여줍니다.

시편 88편은 의인이 지옥에서 가장 끔찍한 고통과 고난을 겪는 이야기입니다.

이것은 우리 죄의 대속물이 아닌 다른 사람에게 해당될 수 없는 이야기입니다. 88편 전체는 메시아(구세주)의 표현입니다.

"무릇 나의 영혼에는 재난이 가득하며 나의 생명은 스올에 가까웠사오니 나는 무덤에 내려가는 자 같이 인정되고 힘없는 용사와 같으며 죽은 자 중에 던져진 바 되었으며 죽임을 당하여 무덤에 누운 자 같으니이다 주께서 그들을 다시 기억하지 아니하시니 그들은 주의 손에서 끊어진 자니이다 주께서 나를 깊은 웅덩이와 어둡고 음침한 곳에 두셨사오며 주의 노가 나를 심히 누르시고 주의 모든 파도가 나를 괴롭게 하셨나이다 (셀라) 주께서 내가 아는 자를 내게서 멀리 떠나게 하시고 나를 그들에게 가증한 것이 되게 하셨사오니 나는 갇혀서 나갈 수 없게 되었나이다 곤란으로 말미암아 내 눈이 쇠하였나이다 여호와여 내가 매일 주를 부르며 주를 향하여 나의 두 손을 들었나이다 주께서 죽은 자에게 기이한 일을 보이시겠나이까 유령들이 일어나 주를 찬송하리이까(셀라) 주의 인자하심을 무덤에서, 주의 성실하심을 멸망 중에서 선포할 수 있으리이까 흑암 중에서 주의 기적과 잊음의 땅에서 주의 공의를 알 수 있으리이까 여호와여 오직 내가 주께 부르짖었사오니 아침에 나의 기도가 주의 앞에 이르리이다 여호와여 어찌하여 나의 영혼을 버리시며 어찌하여 주의 얼굴을 내게서 숨기시나이까 내가 어릴 적부터 고난을 당하여 죽게 되었사오며 주께서 두렵게 하실 때에 당황하였나이다 주의 진노가 내게 넘치고 주의 두려움이 나를 끊었나이다 이런 일이 물 같이 종일 나를 에우며 함께 나를 둘러쌌나이다"시 88:3-17

시편 88:3은 "나의 생명은 스올에 가까웠사오니"라고 말씀하는데, 여기에서 스올은 고통의 장소인 지옥을 가리킵니다. "나는 무덤에 내려가는 자 같이 인정되고 … 죽임을 당하여 무덤에 누운 자 같으니이다 주께서 그들을 다시 기억하지 아니하시니 그들은 주의 손에서 끊어진 자니이다 주께서 나를 깊은 웅덩이와 어둡고 음침한 곳에 두셨사오며"에서 나오는 '무덤', '깊은 웅덩이', '음침한 곳'도 지옥을 가리킵니다.

그분은 인간이 당해야 하는 고통의 깊은 곳으로 가셨습니다. 가장 낮은 지옥으로 내려가신 것입니다.

"주의 노가 나를 심히 누르시고 주의 모든 파도가 나를 괴롭게 하셨나이다"

그분 말고는 그 누구에게도 하나님의 진노가 전부 얹어진 적이 없었습니다.

그분만이 시편 88편의 예언이 가리킬 수 있는 유일한 분입니다.

"나는 갇혀서 나갈 수 없게 되었나이다 … 주께서 죽은 자에게 기이한 일을 보이시겠나이까 유령들이 일어나 주를 찬송하리이까 주의 인자하심을 무덤에서, 주의 성실하심을 멸망 중에서 선포할 수 있으리이까 흑암 중에서 주의 기적과 잊음의 땅에서 주의 공의를 알 수 있으리이까"

여기에서 하나님의 뚜렷한 속성 네 가지가 언급됩니다. 그것은 인자하심loving kindness과 성실하심faithfulness과 전능하심omnipotence과 공의로우심righteousness입니다.

이는 하나님의 보좌의 두드러진 네 가지 속성입니다. 그래서 시편 기자는 "하나님의 이 네 가지 위대한 속성이 지옥 깊은 곳에서도 나타나겠습니까?"라고 말합니다.

시편 기자가 의미하는 것은 무엇일까요? 바로 이것입니다. 곧 우리 죄의 대속물이신 예수 그리스도께서 지옥에 가셨을 때 그곳에서 악인들에게 하나님의 인자하심을 선포하셨다는 말입니다.

그곳에 있던 귀신들과 사람들은 "보라, 하나님께서 인간을 얼마나 사랑하시기에 우리를 대신하여 고통을 당하도록 그분의 품으로부터 이 끔찍한 곳으로 그분의 아들을 보내셔야 하는가?"라고 말하지 않을 수 없었습니다.

인간은 음부Hades의 낮은 곳에서 하나님의 사랑에 도전하였습니다.

인간은 에덴동산에서 하나님의 사랑에 도전했습니다.

인간은 모든 역사의 시기마다 그렇게 했습니다.

그러나 이제 하나님께서는 의심을 초월한 사랑을 보여주십니다. 우리가 아직 죄인이었을 때 그리스도께서 우리를 대신하여 저주받은 자들이 가서 고통을 겪어야 할 어두운 장소로 내려가십니다.

하나님의 영원토록 성실하심이 지옥에서 나타납니다. 하나님은 그분의 약속에 신실하셨습니다.

만약 하나님께서 어딘가에서 실패하고 계셨더라면 우리 죄 때문에 그분의 아들을 지옥으로 보내는 문제에 다다랐을 때 분명 여기서 실패했을 테지만, 그분은 아브라함과 맺은 언약을 지키셨습니다.

그분은 다윗에게 하신 말씀을 지키셨습니다. 그래서 지옥 아래에서 저주받은 자의 전령들이 "우주의 위대한 하나님의 인자하심과 영원토록 성실하심을 보라"라고 외치지 않을 수 없었습니다.

그분의 전능하심, 곧 한마디의 말로 우주가 존재하라고 말씀하실 수 있는 그분의 경이로운 능력이 지옥에서 선포되었습니다. 예수 그리스도께서 공의의 요구사항을 충족시킨 후에 능력 가운데 일어나 사탄을 정복하고 마비시켜서 지옥의 대로변에서, 곧 패배당해 공포로 찌든 무리 앞에서 그를 파면시킴으로써 그분의 전능하심을 나타내셨습니다.

"잊음의 땅에서 주의 공의를 알 수 있으리이까?" 하나님의 보좌의 기초인 그분의 의에 누가 다시 도전할 수 있습니까?

하늘에서 그 빛과 영광과 기쁨을 박탈하신 분. 인간이 저지른 대 반역의 죗값을 치르기 위해 자기 아들을 십자가에 달리게 할 뿐만 아니라 지옥으로 내려가게 하신 그분. 전능하시지만, 사탄이 인간을 정복한 이후 말씀 한마디로 온 인류를 땅에서 쓸어버릴 수 있었음에도 인간의 끔찍한 죄를 감당하고 그 죗값을 치를 수 있을 때까지 인간을 계속 괴롭힌 사탄을 이용하지 않으신 그분. 이런 분을 공의롭지 않다고 비난할 수는 없습니다.

하나님은 인간에게 공의로우셨습니다. 심지어 사탄에게도 공의로우셨습니다.

하나님께서는 모든 죄와 비난이 책에서 지워져서 죄가 인간의 혼을 한 번도 더럽힌 적이 없는 것처럼 인간이 깨끗하고 자유롭게 설 때까지 영원토록 그분의 임재 가운데 서도록 인간에게 요구하지 않으셨을 것입니다.

하나님께서는 합당한 희생이 이루어지기 전까지는 인간을 사면하지 않으셨을 것입니다.

그래서 지옥에서 예수 그리스도는 하나님의 사랑과 기적을 일으키는 전능하심과 영원한 의를 선포하십니다. 크고 흰 보좌의 심판의 때가 와서 귀신과 인간들의 무리가 그 큰 심판석 앞에 설 때 지옥에 있던 자들이 나와 그 커다란 무리가 보는 앞에서 지옥에서 선포되었던 하나님의 의에 대답할 것입니다.

모든 귀신, 모든 인간이 하나님께서 공의로우셨다는 것을 알게 될 것입니다.

지옥에 있는 기록보관소에는 영원한 아들이 인간의 대속물이 되셔서 지옥으로 내려와 심판을 받고 인간의 끔찍한 죄의 짐을 지셨다는 방문 기록이 남아 있다는 사실은 의심의 여지가 없습니다.

그분이 어떤 고통을 겪으셨는지는 우리 중 어느 누구도 알 수 없습니다.

하나님처럼 거룩하시고, 하나님처럼 순결하신 분, 그토록 보배로우신 분이 당신과 나를 위해 지옥의 가장 깊고 낮은 곳으로 내려가셨습니다.

"주께서 나를 깊은 웅덩이와 어둡고 음침한 곳에 두셨사오며 주의 노가 나를 심히 누르시고" 그분은 괴로움으로 부르짖습니다. "여호와여 어찌하여 나의 영혼을 버리시며 어찌하여 주의 얼굴을 내게서 숨기시나이까"

그분은 십자가에 달리셨을 때 "나의 하나님, 나의 하나님, 어찌하여 나를 버리셨나이까?"라고 부르짖습니다.

아버지로부터 버림받고, 그분을 영원토록 섬겨왔던 천사들로부터 버림받으신 분이 십자가 주위로 파도가 넘실거리며 낮고 깊은 어둠이 몰려와서 땅을 덮고 태양 빛을 어둡게 하는 것을 감지하십니다.

대속물이신 예수님께서 부르짖는 소리가 하늘을 가로질러 찢었을 때가 가장 끔찍한 순간이었습니다.

어느 밤 갈보리 언덕에 서 있었지
거기엔 인자가 매달려 있었어
눈을 들어 별이 반짝이는 하늘을 보았지
속량의 계획을 묵상하면서.
타락, 죄의 참혹한 노예를 보았지
거기엔 온 인류가 사로잡혀 있었어!
보좌를 떨게 하는 신음소리를 들었지
은혜의 하나님을 움직이게 한 신음소리를 들었던 거야

아들, 흠 없는 그분을 보았네
아버지로부터 나오신 그분
모양을 갖추고, 우리의 본성을 나눠 가지시고
죄인을 위해 죽으셨네
그분이 나를 위해 죽으신 그 나무를 보았네
하나님으로부터 버림받으신 분
피, 그 진홍색의 홍수를 보았네
잡초 위에 뚝뚝 떨어지는 핏물

하늘을 찌르는 그분의 외침을 들었네
잃어버린 자의 슬픈 비명
나의 하나님, 나의 하나님 그분은 징계를 받았다네
죄의 참혹한 대가인 고통.
사람들이 창백해지도록 부르짖는 비명을 들었다네
온 땅이 그 소리에 휘청거렸지
죄를 다루는 일은 끝났고, 아들은 죽임당했네
죄의 큰 파도가 그분을 덮쳐버렸지

그분의 혼의 산고가 이제 가득하고
인간의 죗값이 치러진 거야
지옥은 그분의 힘을 느낀 거지, 그분과의 싸움에서 진 거야
부활절 아침에.
나는 그분의 말을 들었네
"가서 오늘 전하라
인류에 대한 좋은 소식을
하나님의 칙령으로 모든 사람은 자유하고
아버지의 은혜로 구원되었다고"

마태복음 12:40에서 예수님께서는 요나가 사흘 밤낮 동안 물고기 배 속에 있었듯이 사람의 아들도 땅의 심장에 사흘 동안 있을 것이라고 분명히 밝히십니다.

오순절 날에 행한 베드로의 설교행 2:22-40는 교회의 표본적인 설교

로 예수님의 대속적 희생이라는 이 놀라운 진리를 분명히 제시하고 있습니다.

"이스라엘 사람들아 이 말을 들으라 너희도 아는 바와 같이 하나님께서 나사렛 예수로 큰 권능과 기사와 표적을 너희 가운데서 베푸사 너희 앞에서 그를 증언하셨느니라 그가 하나님께서 정하신 뜻과 미리 아신 대로 내준 바 되었거늘 너희가 법 없는 자들의 손을 빌려 못 박아 죽였으나 하나님께서 그를 사망의 고통에서 풀어 살리셨으니 이는 그가 사망에 매여 있을 수 없었음이라 다윗이 그를 가리켜 이르되 내가 항상 내 앞에 주를 뵈었음이여 나로 요동하지 않게 하기 위하여 그가 내 우편에 계시도다 그러므로 내 마음이 기뻐하였고 내 혀도 즐거워하였으며 육체도 희망에 거하리니 이는 내 영혼을 음부에 버리지 아니하시며 주의 거룩한 자로 썩음을 당하지 않게 하실 것임이로다 주께서 생명의 길을 내게 보이셨으니 주 앞에서 내게 기쁨이 충만하게 하시리로다 하였으므로 형제들아 내가 조상 다윗에 대하여 담대히 말할 수 있노니 다윗이 죽어 장사되어 그 묘가 오늘까지 우리 중에 있도다 그는 선지자라 하나님이 이미 맹세하사 그 자손 중에서 한 사람을 그 위에 앉게 하리라 하심을 알고 미리 본 고로 그리스도의 부활을 말하되 그가 음부에 버림이 되지 않고 그의 육신이 썩음을 당하지 아니하시리라 하더니 이 예수를 하나님이 살리신지라 우리가 다 이 일에 증인이로다 하나님이 오른손으로 예수를 높이시매 그가 약속하신 성령을 아버지께 받아서 너희가 보고 듣는 이것을 부어주셨느니라" 행 2:22-33

"하나님께서 그를 사망의 고통에서 풀어 살리셨으니 이는 그가 사망에 매여 있을 수 없었음이라" 행 2:24

예수님께서 죽은 자들로부터 일으켜지셨을 때 출산의 고통으로부터 벗어나셨다는 사실을 주목하십시오.

출산의 고통에 해당되는 헬라어의 문자적인 의미는 출산의 통증, 고통이지만, 그것은 산고, 혹은 영어의 "통증"보다 더 강한 출산의 고통을 뜻합니다.

예수님께서 죽은 자들로부터 일으켜지셨을 때, 그분은 표현할 수 없는 그런 고통으로부터 해방되었던 것입니다.

"이는 내 영혼을 음부에 버리지 아니하시며 주의 거룩한 자로 썩음을 당하지 않게 하실 것임이로다"행 2:27 그분의 혼이 음부에 남겨지지 않을 뿐만 아니라 그분의 몸 역시 요셉의 무덤에서 썩어지지 않았다는 사실에 주목하십시오.

베드로는 풍부한 표현으로 유창하게 말하길 "미리 본 고로 그리스도의 부활을 말하되 그가 음부에 버림이 되지 않고 그의 육신이 썩음을 당하지 아니하시리라 하더니"라고 합니다.

베드로는 예수님이 지옥으로 가셔서 사흘 동안 말로 할 수 없는 끔찍한 고문의 고통을 겪으셨는데, 그분이 죽은 자들로부터 살아나신 것은 출산의 고통으로부터 일으켜지신 것이라고 믿었습니다. 교회는 바로 이 출산의 고통으로부터 탄생한 것이었습니다.

"네 마음에 누가 하늘에 올라가겠느냐 하지 말라 하니 올라가겠냐 함은 그리스도를 모셔 내리려는 것이요 혹은 누가 무저갱에 내려가겠느냐 하지 말라 하니 내려가겠느냐 함은 그리스도를 죽은 자 가운데서 [문자적으로 죽은 자들 중에서부터] 모셔 올리려는 것이라"롬 10:6-7

여기에서 바울은 잘 알려진 사실, 곧 대속적 희생에 대한 가르침의 기초를 암시하는데, 그것은 예수님이 인간을 위해 고통을 받으시려고 지옥의 무저갱으로 내려갔다는 것입니다.

바울은 에베소서 4:9-10에서도 같은 것을 말합니다. "올라가셨다 하였은즉 땅 아래 낮은 곳으로 내리셨던 것이 아니면 무엇이냐 내리셨던 그가 곧 모든 하늘 위에 오르신 자니 이는 만물을 충만하게 하려 하심이라"

"그리스도께서도 우리를 하나님께 소개하시고자 오로지 불의한 자들을 대신해서 단 한 번 죄에 대해 죽으셨으니, 곧 육체로 죽으셨으나 영으로 살아나셨기 때문이다"벧전 3:18, 로더햄 역

여기에서 주목할 점은 그분이 영으로 살아나셨다는 것입니다. 그분의 영이 죽지 않았다면 영으로 살아나지 않으셨을 것입니다.

예수님께서 십자가에서 육체로 죽으시기 전에 먼저 영으로 죽으셨다는 사실에 당신의 주의를 환기시켰던 점을 기억하십시오.

그리스도의 죽음에 대해 말한 로마서의 모든 구절은 어떤 경우에서든 그리스도의 육체적인 죽음이 아니라 영적인 죽음을 가리킵니다.

여기에서 밝히 드러난 사실은 예수님은 육신으로 곧 육체적으로 죽으셨을 뿐만 아니라, 영으로 곧 영적으로도 죽으셨기에 그분의 부활은 이중적인 부활이었다는 것입니다.

그분은 먼저 영으로 살아나셨고, 그런 다음에 육체로 살아나셨습니다.

디모데전서 3:16은 그분이 영에서 의롭게 되셨다고 말합니다. 다시 말해 그분은 심판받고 정죄 받은 채 죽으셨고, 죽은 자들로부터 일어나기 전에 하나님께서 합법적으로 그분을 영 안에서 의롭게 하셨다는 사실을 우리에게 알려줍니다.

골로새서 2:15은 그분의 부활과 관련해서 "통치자들과 권세들을 무력화하여 드러내어 구경거리로 삼으시고 십자가로 그들을 이기셨느니라"라고 말씀합니다.

이것이 지옥에 계셨던 그리스도에 대한 그림입니다. 즉 귀신의 무리가 그리스도를 지옥에 계속 붙잡아 두려고 했지만 우리의 죗값이 완전히 치러지자, 사탄은 그분을 더 이상 붙잡아 놓을 힘이 없었던 것입니다.

바울은 "예수는 우리가 범죄한 것 때문에 내줌이 되고 또한 우리를 의롭다 하시기 위하여 살아나셨느니라" 롬 4:25라고 우리에게 알려줍니다.

죄 문제가 해결된 바로 그 순간, 즉 예수 그리스도께서 합법적으로 의롭게 되신 순간, 그분은 한 번 더 영으로 살아나셨고 경이로운 통치권과 권세와 권능을 입으셨습니다. 귀신의 무리를 뒤로 던져버리신 그분은 지옥의 지배자가 되셨습니다. 그분 자신으로부터 귀신의 무리를 떨쳐내시고, 소망도 능력도 없는 그들을 다시 어두운 무저갱으로 던져버리셨습니다.

정복자 예수님

천사가 "십자가에 못 박히신 예수를 너희가 찾는 줄을 내가 아노라 그가 여기 계시지 않고 그가 말씀하시던 대로 살아나셨느니라 와서 그가 누우셨던 곳을 보라" 마 28:5-6고 말한 것은 그리 놀랄 일은 아닙니다.

그분은 우리의 대속물이신 예수님, 곧 세상 죄를 지고 가는 어린 양으로 죽으셨습니다.

그분은 주님으로, 죽음과 지옥과 무덤의 지배자로 일어나셨습니다.

그분이 요한에게 "곧 살아 있는 자라 내가 전에 죽었었노라 볼지어다 이제 세세토록 살아 있어 사망과 음부의 열쇠를 가졌노니"라고 외치시는 음성을 들으십시오.

천하무적의 강력한 그리스도께서 견고한 장소, 지옥의 요새 곧 암흑의 군주이자 죽음의 통치자가 있는 장소로 들어갔습니다. 그분은 명예로운 싸움 끝에 암흑의 군주를 정복하셔서, 그에게서 권세와 통치권을 빼앗았습니다. 견줄 상대가 없는 그분의 이름과 은혜를 통해 그분은 빼앗은 권세와 통치권을 타락한 인간에게 돌려주십니다.

오 그리스도시여, 주님이 인간을 위해 어떤 고통과 상처를 감당하셨는지요.

우리의 미약한 생각으로는 이 놀라운 말의 의미를 납득할 수 없지만, 우리의 영은 위대하신 그리스도께서 우리를 죽음과 지옥으로부터 속량하셨음을 압니다.

우리에게 이것은 어떤 의미일까요?

그것은 예수 그리스도를 구원자로 받아들이고 그분을 주님으로 고백하는 자마다 하나님 임재 앞에 합법적으로 무죄한 자로 선다는 뜻입니다.

그것은 하나님의 정당하심이 입증되어서, 그분께서 이제 믿는 자들을 구원하고 죄인들을 심판하실 수 있다는 뜻입니다.

사탄은 패배 되었고, 인간은 자유롭게 될 수 있습니다.

인간은 합법적으로 의롭게 되며, 영원한 생명과 아들 됨의 특권을 상속받습니다.

천국은 합법적으로 하나님의 자녀의 처소가 됩니다.

지옥은 합법적으로 죄인의 처소가 됩니다.

죄의 담당자에 대한 추가적인 사실

"보라 세상 죄를 지고 가는 하나님의 어린 양이로다" 요 1:29

예수님은 우리의 죄를 담당하신 분입니다.

예수님께서 언제 우리 죄를 담당하셨습니까?

어떤 성경 교사들은 예수님께서 영원토록 우리 죄를 담당하셨다고 하는데, 그런 주장은 요한계시록 13:8을 다음과 같은 방식으로 잘못 읽은 결과에 근거합니다.

"죽임을 당한 어린 양의 생명책에 창세 이후로 이름이 기록되지 못하고 이 땅에 사는 자들은 다 그 짐승에게 경배하리라" 계 13:8

이 성경 구절은 창세로부터 죽임을 당한 어린 양을 말씀하는 것이 아니라, 실제로는 창세로부터 우리의 이름이 생명책에 기록되어 있다는 사실을 말씀하신 것입니다.

우리의 구원자는 십자가로 가시기 전까지는 대속물로서 우리를 위해 죄를 담당하지 않으셨습니다.

그분은 우리 죄의 담당자가 되시기 전 세 시간 동안 십자가에 달려계셨습니다.

그분은 하나님께서 우리의 죄를 가져가셔서 그분의 영에 놓으신 순간 죄의 담당자가 되셨습니다. 그러자 그분의 온 영이 변화를 겪었고, 그분은 영적인 죽음과 사탄의 지배를 받게 되셨습니다.

그분이 "나의 하나님, 나의 하나님 어찌하여 나를 버리셨나이까?"라고 부르짖은 것은 바로 그때였습니다. 이제 우리 죄의 지독한 저주가 그분에게 임합니다. 이제 그분이 우리의 죄를 담당하시게 되자, 하나님 곧 그분의 아버지의 임재로부터 차단됩니다. 몇 시간 동안 그분은 십자가에 매달려 계셨고, 마침내 "다 이루었다"라고 외친 다음, 그분의 영을 내놓으십니다.

그분이 "다 이루었다"라고 말씀하신 것은 그분의 대속 사역이 완성되었다는 뜻이 아닙니다. 이는 그분이 죽은 자들로부터 일어나셔서 승리의 징표를 하늘의 지성소로 가져가서 아버지 앞에 놓을 때까지는 대속의 사역이 완성될 수가 없었기 때문입니다. 그러므로 '다 이루었다' 는 말의 의미는 그분이 한 인간이자 유대인으로서 모세의 율법을 성취했으며, 아들로서 하나님 아버지의 심령에 있는 요구사항을 만족하게 하였으며, 완전한 인간으로서 우리를 속량하는데 반드시 필요한 모든 것을 다했다는 뜻이었습니다.

이제 그분은 끔찍한 곳으로 들어가셔서 우리 본성의 죗값을 치르셔야 합니다.

어떤 이들은, 그분이 겟세마네 동산에서 크게 고통스러워하셨던 이유는 하나님께서 이후에 그분께 죄를 얹으실 것이라는 사실 때문이라고 생각했습니다. 또 다른 이들은 그것이 그분을 죽이려 하는 마귀와의 싸움이었다고 말했습니다. 이 모든 주장은 논점에서 벗어난 이야기입니다.

요한복음 10:18을 읽어보십시오. 예수님이 죽을 수밖에 없는 존재가 되실 때까지는 천사도 귀신도 그분을 죽일 수 없었고, 우리의 죄가 그분에게 놓여 영적으로 죽을 때까지는 죽을 수밖에 없는 존재가 되지 않으셨습니다.

다시 말하자면, 겟세마네 동산에 계셨던 예수님께서는 아무런 죄가 없었습니다. 그분은 아버지를 기쁘시게 해드리는 분이셨습니다. 겟세마네 동산에서는 천사들이 사랑하는 아들에게 힘을 북돋아 주었지만, 그가 십자가에 달렸을 때에는 어떤 천사도 그분을 섬기지 않았습니다. 그분은 홀로 고통을 당하신, 실로 하나님으로부터 버림받은 자요 온 세상을 위한 대속물이셨습니다.

예수님이 겟세마네 동산에서 진정으로 겪으신 고통은 이것이었습니다. 곧 그분은 죄의 대속물로서 아버지와 분리되어 사탄에게 굴복되어야 할 뿐만 아니라, 더 나아가서 죄 자체가 되어야 한다는 사실을 아셨습니다.

하나님만큼이나 거룩하시고, 죄가 있었던 적이 없던 그분이 이제 저주받은 자가 되셔야 합니다. 그분의 존재 전체가 몸서리치며 "아버지시여, 할 수만 있거든 이 잔을 제게서 옮겨주옵소서"라고 부르짖으셨고, 이어서 끔찍한 고뇌와 고투 속에서 "내 원대로 마옵시고 아버지의 원대로 되기를 원하나이다"눅 22:42라고 말씀하셨습니다.

이것은 굴복의 부르짖음이 아니라 영웅이신 그리스도의 부르짖음이요, 영웅인 인간의 부르짖음이며, 우리 구원자이신 하나님의 부르짖음이었습니다.

그분은 우리를 속량하시려고 지옥을 통과하셨던 것입니다.

예수님의 이중 죽음에 대한 부언

"그가 악한 자들과 더불어 자기의 무덤을 마련하였으며 그의 죽음[죽음들Deaths, 히브리서]을 부자와 함께하였으니 이는 그가 폭력을 행사

하지 않았고 그의 입에는 속임수가 없었기 때문이라"사 53:9, 한글킹제임스

예수님이 겪으신 죽음의 본질에 그분의 대속적 희생을 이해하는 열쇠가 숨어 있습니다.

예수님이 겪으신 죽음은 단지 육체적인 죽음이었는가? 아니면 영적인 죽음 곧 그분의 영의 죽음이었는가?

이사야서에서 인용한 이 성경 구절이 우리에게 열쇠를 제공합니다. "그의 죽음들을 부자와 함께하였으니"

인간은 영적으로 죽었습니다. 그래서 바울이 히브리서 2:9에서 우리에게 말하는 것처럼 인간의 죗값을 치르기 위해서는 그리스도께서 "모든 사람을 위하여 죽음을 맛봐야 합니다."

예수님의 육체적인 죽음이 공의의 요구사항을 만족시키지 못할 것이기에, 우리가 마귀의 본성과 동일시되었듯이 예수님께서도 그렇게 되셔서, 실제로 영적으로 죽으시고 영적인 죽음에 참여한 자가 되셔야만 했습니다.

그렇게 되셨을 때, 예수님은 우리가 죄 때문에 마땅히 가야만 하는 그곳에 가실 수 있었습니다.

예수님이 이중적인 죽음을 겪으셨다는 사실은 신약성경에 아주 분명하게 제시되어 있습니다.

사도행전 13:32-34에서 바울은 "우리도 조상들에게 주신 약속을 너희에게 전파하노니 곧 하나님이 예수를 일으키사 우리 자녀들에게 이 약속을 이루게 하셨다 함이라 시편 둘째 편에 기록한 바와 같이 너는 내 아들이라 오늘 너를 낳았다 하셨고 또 하나님께서 죽은 자 가운데서 그를 일으키사 다시 썩음을 당하지 않게 하실 것을 가르쳐 이르시되

내가 다윗의 거룩하고 미쁜 은사를 너희에게 주리라 하셨으며"라고 설교합니다.

여기에서 바울은 주 예수님의 부활에 대해 언급하면서, 예수님이 죽은 자들로부터 살아나셨을 때 아버지께서 낳으셨다고 말합니다.

다른 말로 하면, 예수님께서 영(성령)으로 태어나셨다는 말입니다.

그것은 무슨 뜻일까요?

그것은 베들레헴의 구유에 있던 아기로서의 예수님의 탄생을 가리키는 것이 아닙니다.

이는 예수님의 부활을 가리키는 것입니다.

예수님께서 죽으셨을 때 저주 아래 계셨고, 하나님께서는 그분에게 우리 죄를 얹으셨습니다. 하나님께서는 죄를 알지도 못하신 그분을 우리를 위하여 죄가 되게 하셨습니다.

예수님은 추방된 자들 가운데 한 사람으로 취급되셨습니다.

모세가 광야에서 놋 뱀을 들어 올렸듯이, 예수님께서도 놋 뱀으로 들어 올려지셨습니다. 다시 말해, 그분은 옛 뱀인 사탄의 본성에 참여한 자가 되셨던 것입니다.

하나님께서 우리의 죄의 본성을 십자가에 달려 있는 예수님께 돌리셨을 때, 그 순간 그분은 우리와 같은 본성을 지닌 분이 되셨던 것입니다.

베드로는 우리에게 "그리스도께서도 단번에 죄를 위하여 죽으사 의인으로서 불의한 자를 대신하셨으니 이는 우리를 하나님 앞으로 인도하려 하심이라 육체로는 죽임을 당하시고 영으로는 살리심을 받으셨으니"벧전 3:18라고 알려줍니다.

베드로전서 3:18에 나온 '육체와 영'의 헬라어 원문에는 관사가 없습니다. 따라서 그 부분을 "육체로는 죽임을 당하시고 영으로는 살아나셨으니"5)라고 읽어야 합니다.

그러면 언제 예수님께서 영으로 살아나셨을까요?

'영 안에서 살아나셨다'라고 할 때, 그 영은 성령을 뜻하는 것이 아니라, 예수님 자신의 영을 가리킵니다.

이 일은 부활하실 때 일어났습니다. 물론, 예수님이 죽지 않았다면 살아날 수 없으셨을 것입니다.

이제 우리는 바울이 히브리서 2:9에서 "[예수님이] 모든 사람을 위하여 죽음을 맛보셨다"고 말한 의미를 이해할 수 있습니다.

디모데전서 3:16에서 바울은 예수님이 영으로 의롭게 되셨다고 우리에게 알려줍니다.

예수님께서는 먼저 정죄를 받지 않고서는 의롭게 되실 수 없으셨습니다. 따라서 그분은 공의의 요구사항을 완전히 만족시키고 나서야 의롭게 되셨습니다. 공의의 요구가 완전히 만족하게 되었을 때 보좌로부터 칙령이 선포되고, 지옥의 귀신들이 보는 앞에서 우리를 대속하신 분에게 합법적으로 무죄가 선언됩니다.

그다음, 그분은 영원한 생명을 받습니다. 영적으로 죽어서 사탄의 통

---

5) 영어성경, 특히 KJV은 "being put to death in the flesh but made alive in the spirit"라고 번역하였는데, 이때 flesh와 spirit 앞에 정관사 'the'가 붙어 있다. 하지만, 헬라어원문에는 정관사가 없는 형태로 in flesh and in spirit가 되어야 한다고 케넌은 지적한다. 그 의미는 정관사 'the'가 있다는 것은 살아난 영이 바로 죽었던 그 영과 동일하다는 의미를 내포한 반면에, 정관사가 없을 경우에는 살아난 영은 죽었던 영과 다른 영일 수도 있음을 내포한다고 여겨진다.(역자주)

치를 받았던 그분이 이제 영으로 살아나신 것입니다. 하나님께서는 "너는 내 아들이라 오늘 너를 낳았다"행 13:33고 말씀하십니다.

"그는 몸인 교회의 머리시라 그는 근본이시요 죽은 자들 가운데서 먼저 나신 이(첫 번째로 나신 이)시니 이는 친히 만물의 으뜸이 되려 하심이요"골 1:18

의에 근거한 은혜

"이는 죄가 사망 안에서 왕 노릇 한 것 같이 은혜도 또한 의로 말미암아 왕 노릇 하여 우리 주 예수 그리스도로 말미암아 영생에 이르게 하려 함이라"롬 5:21

죄는 죽음의 영역에서 왕으로 통치했습니다. 반면에, 은혜는 생명의 영역에서 왕으로 통치하지만, 공의Justice의 기초 위에서 통치합니다.

하나님께서 예수 그리스도 안에서 우리에게 은혜를 베푸신 것은 공의에 근거해서 하신 것입니다.

인류를 위해 그리스도께서 하신 희생 가운데 역사한 하나님의 사랑은 공의에 근거했던 것입니다.

하나님께서는 죄의 제거함이나 영원한 생명이나 아들 됨의 유익을 인간에게 베풀 수 있는 합법적인 권리가 없으셨다면 그런 것들을 하지 않으셨을 것입니다.

공의는 하나님의 보좌가 서 있는 기초입니다.

하나님께서는 공의롭게 할 수 없다면, 인간을 향한 그분의 사랑과는 상관없이 죄인에게서 죄를 제거하는 일과 아들로 삼는 일을 하지 않으셨을 것입니다. 왜냐하면 하나님께서 그렇게 하셨다면 그것을 받아들인 인간을 빈곤한 존재가 되게 했을 것이기 때문입니다.

그러므로 사랑이 역사할 수 있기 전에 먼저 공의의 요구사항이 충족되어야 했습니다. 그래서 하나님께서는 그분의 아들을 지옥으로 내려 보내셔서 인간에 대한 공의의 요구사항을 충족시키게 하셨고, 그분의 아들이 공의의 요구사항을 완벽하게 만족시키자, 비로소 사랑이 인간에게 손을 내밀 수 있게 허락되었던 것입니다.

하나님께서 인간에 대한 공의의 요구사항을 만족시키기도 전에 죄인을 사면하고 아들 됨의 권리를 주셨더라면 공의롭지 못했을 것입니다. 그러나 하나님은 그렇게 하지 않으셨습니다.

하나님께서는 항상 완벽한 공의의 근거 위에서 모든 일을 처리하셨습니다. 따라서 죄인이 은혜의 근거 위에서 예수 그리스도를 영접하는 것은 공의에 기초한 은혜 위에서 그렇게 하는 것입니다.

하나님께서는 선물을 주실 권리가 있기 때문에 인간에게 선물을 주십니다.

하나님께서는 누구도 이용하지 않으십니다.

하나님의 선물은 완벽한 공의만큼이나 값없이 주어진 것입니다.

이는 다른 종교가 갖지 못하는 고귀함과 아름다움을 기독교에 부여합니다.

이는 과단성과 남자다움을 기독교에 부여합니다. 그것은 만약 하나님께서 어떤 식으로든 사랑이 공의의 자리를 빼앗도록 허락했다면 가질 수 없었습니다. 하지만 공의가 기초가 될 때, 사랑은 그 위에 세울 권리가 있습니다.

확인 문제

1. 이사야 7:14을 상세히 설명해 보십시오.

2. 신성과 인성의 연합에 대해 이야기하는 성경 구절은 무엇입니까?

3. 그리스도의 이중 죽음에 대해 자세히 설명해 보십시오.

4. 그리스도께서 육체로 죽으신 것이 공의의 요구사항을 충족시키지 못했을 것이라는 이유가 무엇입니까?

5. 그리스도께서 영적인 죽음으로부터 살아나셔서 사탄을 정복하신 것에 대해 설명해 보십시오.

영원한 생명은 새로운 탄생이 일어날 때 인간에게 전이되는 하나님의 본성으로, 이것이 인간을 새로운 피조물이 되게 한다. 인간이 영원한 생명을 필요로 한다는 사실이 바로 속량이 있는 까닭이다.

"내가 온 것은 양으로 생명을 얻게 하고 더 풍성히 얻게 하려는 것이라" 요 10:10

"아버지께서 아들에게 주신 모든 사람에게 영생을 주게 하시려고 만민을 다스리는 권세를 아들에게 주셨음이로소이다 영생은 곧 유일하신 참 하나님과 그가 보내신 자 예수 그리스도를 아는 것이니이다" 요 17:2-3

"내가 진실로 진실로 너희에게 이르노니 내 말을 듣고 또 나 보내신 이를 믿는 자는 영생을 얻었고 심판에 이르지 아니하나니 사망에서 생명으로 옮겼느니라 … 아버지께서 자기 속에 생명이 있음 같이 아들에게도 생명을 주어 그 속에 있게 하셨고" 요 5:24,26

"이로써 그 보배롭고 지극히 큰 약속을 우리에게 주사 이 약속으로 말미암아 너희가 정욕 때문에 세상에서 썩어질 것을 피하여 신성한 성품[본성]에 참여하는 자가 되게 하려 하셨느니라" 벧후 1:4

10 장

영원한 생명
ETERNAL LIFE

어느 날 한 유대인 율법사가 예수님께 찾아와서 "선한 선생님이여 내가 무엇을 하여야 영생을 얻으리까?"막 10:17라고 물었습니다.

이 젊은이는 아브라함 가문 중 가장 열심을 내는 지파, 곧 약속과 언약의 자녀를 대표했습니다. 하지만 그 젊은이는 무엇보다 그와 하나님 사이에 바른 관계를 맺게 해주는 단 한 가지가 없다는 사실을 알아차렸습니다.

대 속죄일에 그는 죄의 용서는 받았지만, 그의 삶에 진정한 것이 이루어지지 않았다는 사실을 의식한 채로 떠났던 것입니다.

그의 굶주림은 여전히 채워지지 않았고, 갈망은 충족되지 않았습니다.

그는 갈급했고 무언가를 필요로 했습니다. 그는 잃어버린 것 같은 그 무언가가 자신의 본성 안에 부족하다고 느꼈습니다. 그것은 언제 어디선가 그의 본성에서만이 아닌 인간의 본성에서 잃어버린 것처럼 보이는 것이었습니다.

그는 자신의 기쁨과 갈망들을 채우며 완성해 주는 것이 바로 그 어떤 것이라고 생각했습니다.

그것이 무엇이었을까요?

그것은 속죄보다 크고, 율법으로 의롭게 됨6)보다 더 크며, 단순히 죄를 용서하는 것보다 더 큰 것이었습니다.

그가 열망했던 것은 요한복음의 주제였습니다. 그것은 한 단어입니다.

그 단어가 요한복음을 여는 열쇠입니다. 다시 말해, 속량 계획의 신적인 측면을 여는 열쇠입니다.

복음의 가장 위대한 단어입니다.

하나님의 은혜의 복음 가운데 핵심적인 가르침을 나타내는 단어입니다. 바로 "생명Life"이라는 단어입니다. 그 생명은 하나님의 본성인 영원한 생명입니다.

인간은 영적으로 죽었습니다.

앞 장(9장)에서 살펴보았듯, 영적인 죽음은 인간이 타락했을 때 인간에게 전이된 마귀의 본성입니다.

하나님께서 모든 시대 가운데 일해오고 계셨던 것이 바로 이 마귀의 본성을 제거하는 것입니다.

이것이 바로 예수님이 이 땅에 오신 이유였습니다.

인간의 필요를 채울 유일한 것은 하나님의 본성인 영원한 생명입니다.

어떤 것도 영원한 생명을 대신할 수 없습니다.

---

6) "Justification under the law" 율법을 온전히 지킴으로써 의롭게 되는 것을 말한다.(역자주)

인간이 다른 모든 것보다 반드시 필요하다고 목소리를 높이는 단 한 가지가 바로 영원한 생명입니다.

기독교는 초자연적입니다.

초자연적인 유대교가 기독교의 그림자였습니다.

기독교의 절정은 초자연적인 인간인 예수님의 탄생과 삶과 죽음과 부활과 승천에서, 그리고 오순절 날 일어난 성령의 은사와 교회의 탄생, 그리고 하나님의 모든 자녀의 재탄생에서 이루어졌습니다.

이 점에서 기독교는 다른 모든 종교와 구별됩니다.

그리스도인은 하나님의 본성인 영원한 생명을 받은 자입니다.

이것은 사탄의 가족에서 하나님의 가족으로 즉시 바뀌는 신적인 행위 divine act입니다.

인간은 본질적으로 하나님의 원수입니다.

하나님께서는 인간에게 그분의 본성을 전이하십니다. 그리고 이것은 순식간에 인간의 존재와 영을 바꿉니다.

영원한 생명의 본질에 주목하는 것은 흥미로울 수 있습니다.

"아버지께서 자기 속에 생명이 있음 같이 아들에게도 생명을 주어 그 속에 있게 하셨고" 요 5:26

영원한 생명은 하나님의 본성입니다.

영원한 생명은 하나님의 존재요 실체입니다.

베드로후서 1:4은 우리가 "정욕 때문에 세상에서 썩어질 것을 피하여 신성한 성품[본성]에 참여하는 자가 되었다"라고 말씀합니다.

우리가 벗어났던 썩어질 것이란 사탄의 본성인 영적인 죽음입니다.

여기서 베드로는 우리가 신성한 본성에 참여한 자가 된다고 선언합니다.

"그는 허물과 죄로 죽었던 너희를 살리셨도다"엡 2:1

"내가 진실로 진실로 너희에게 이르노니 내 말을 듣고 또 나 보내신 이를 믿는 자는 영생을 얻었고 심판에 이르지 아니하나니 사망에서 생명으로 옮겼느니라"요 5:24

요한도 요한일서 3:14에서 우리에게 "우리는 형제를 사랑함으로 사망에서 옮겨 생명으로 들어간 줄을 알거니와 …"라고 말해줍니다.

이상의 성경 구절로부터 우리가 알게 되는 사실은 영원한 생명이 하나님의 본성이며, 하나님의 자녀가 되는 것은 우리가 신성한 본성인 영원한 생명에 참여한 자가 되는 것을 의미한다는 점입니다.

이런 일이 일어날 때, 우리는 사탄의 영역인 죽음으로부터 벗어나 하나님의 영역인 생명으로, 다시 말해 사탄의 지배로부터 벗어나 교회의 주님이시요 머리이신 그리스도의 통치 안으로 옮겨집니다.

우리가 영원한 생명을 받게 되면, 우리에게서 사탄의 본성은 사라집니다. 이것은 이론이 아니라 실재이며, 따라서 영적으로 죽었던 우리는 살아납니다.골 1:13-14

바울은 이를 고린도후서 5:17에서 분명히 진술합니다. "그런즉 누구든지 그리스도 안에 있으면 새로운 피조물이라 이전 것은 지나갔으니 보라 새 것이 되었도다"

이것은 말 그대로 누구든지 그리스도 안에 있으면 새로운 피조물 또는 새로운 창조 곧 샛별, 다 자란 나무, 전에는 없던 집과 같은 존재라고 말해진 것입니다. 그러므로 "누구든지 그리스도 안에 있으면 새로운 피조물이라" 다시 말해, 수정된 피조물이나 수리된 피조물이 아니라 새로운 피조물이라는 말입니다.

영적인 죽음은 인간에게 육체적인 죽음을 가져왔습니다. 즉 인간의 몸이 죽을 수밖에 없는 까닭은 영적인 죽음 때문이라는 말입니다.

새로운 탄생은 인간의 영에 영원한 생명을 주고, 우리 주 예수님께서 재림하실 때 우리의 육신의 몸이 불멸성을 얻을 것이라 약속합니다.

영원한 생명을 받는 방법

먼저 요한복음 20:30-31 말씀을 읽어봅시다. "예수께서 제자들 앞에서 이 책에 기록되지 아니한 다른 표적도 많이 행하셨으나 오직 이것을 기록함은 너희로 예수께서 하나님의 아들 그리스도이심을 믿게 하려 함이요 또 너희로 믿고 그 이름을 힘입어 생명을 얻게 하려 함이니라"

요한이 여기에서 어떻게 표현하는지에 주목하십시오. 예수님께서 행하셨던 많은 일들과 말씀들이 요한복음에 전부 기록되지는 않았지만, 요한은 "너희로 예수께서 하나님의 아들 그리스도이심을 믿게 하려 함이요 또 너희로 믿고 그 이름을 힘입어 생명을 얻게 하려 함이니라"라는 이 목적에 따라 이런 것을 기록하였습니다.

그 목적은 우리가 영원한 생명을 얻는 것입니다.

복음서들에 기록된 것을 읽는 첫 단계는 예수님께서 하나님의 아들이심을 아는 것입니다. 이는 예수님께서 하나님의 아들이시라면 영적으로 죽은 사람도 영원한 생명을 얻을 수 있게 하셨기 때문입니다.

고린도전서 15:3-4을 읽어보십시오. 이 사실을 알기 전에 영원한 생명을 구하는 것은 헛된 일이 될 것입니다. 그러나 예수님께서 하나님의 아들이시며, 성경대로 우리의 죄를 위해 죽으시고 다시 일어나셨다는 사실에 대해 우리가 지적으로 납득하게 된다면 우리는 다음 단계로 나아갈 수 있습니다.

다음 단계는 요한복음 1:12입니다. "영접하는 자 곧 그 이름을 믿는 자들에게는 하나님의 자녀가 되는 권세를 주셨으니" 여기에서의 "권세"라는 것은 옛날 성경 번역본이 표현한 능력이 아니라 요즘 말로 '권리' 즉 법적인 권리입니다. 그래서 이 말씀의 정확한 번역은 "하나님의 자녀가 되는 권리를 주셨으니"입니다.

예수 그리스도를 영접하는 것은 말씀 위에서 행동하는 의지적 행위입니다.

당신은 구원자도, 하나님께 다가갈 길도, 영원한 생명도 없다는 것을 알고 있습니다. 그래서 당신은 하나님을 올려다보며 이렇게 말합니다. "하나님, 제가 길을 잃어버렸다는 것을 압니다. 저는 영적으로 죽어서 아무런 소망도 없는 자임을 알고 있습니다. 하지만 나사렛 예수가 하나님의 아들이시며, 성경대로 제 죄 때문에 죽으셨다가, 합법적으로 죄책감과 죄로부터 저를 풀려나게 하셨기에 죽은 자로부터 다시 일어나신 것을 알게 되었습니다. 이제 저는 예수님을 저의 구원자로 모십니다. 그리하여 하나님께서 저를 하나님의 자녀로 삼으신 것을 믿습니다."

이 기도를 마친 후, 당신은 로마서 10:9로 향합니다. "네가 만일 네 입으로 예수를 주로 시인하며 또 하나님께서 그를 죽은 자 가운데서 살리신 것을 네 마음에 믿으면 구원을 받으리라"

"네가 만일 네 입으로 예수를 주로 시인하며"라는 이 대목을 주의하여 보십시오.

예수님을 구원자로 받아들이는 것으로는 충분하지 않습니다. 당신의 삶에서 그분이 주되심Lordship을 인정해야 합니다.

이렇게 해야 하는 이유는 너무도 명백합니다. 우리는 하나님의 원수의 자녀였을 뿐만 아니라 그의 종이요 신하였습니다.

우리는 마귀의 왕국 또는 그 나라에 속한 자였습니다.

이제 우리는 하나님 나라의 귀화 시민이 되려고 마귀의 나라를 떠나 하나님의 나라로 들어가고 싶지만, 그렇게 하기 전에 우리는 새로운 모국에 대한 충성을 선언하고 이전의 조국과는 절대적이고 무조건적으로 단절해야 합니다.

그러므로 바울은 우리가 예수 그리스도를 주님으로, 다시 말해 우리의 지적인 삶뿐만 아니라 우리의 심령의 삶을 다스리는 새로운 통치자로 고백해야 한다고 말하는 것입니다.

우리가 당면할 어려움 중 하나는 우리가 예수님을 구원자로 모시기는 하지만 주님으로 모시고 싶어 하지는 않는다는 사실입니다.

많은 사람들이 예수님을 지옥으로부터 그들을 구원하신 구원자로 모시기는 하지만, 이 땅에서 그들을 다스리시는 통치자로 모시기를 꺼려합니다.

예수님께서 당신의 주님이 되신다면, 그분은 당신이 읽는 책의 종류, 당신이 교제하는 무리, 당신이 즐기는 오락, 당신의 몸의 통제, 당신이 이루는 가정의 형태에 대해 하고픈 말씀이 있으실 것입니다.

그분은 당신의 재정에 대해, 다시 말해 당신이 그 재정으로 어떻게 하는지, 어떻게 재정을 모으는지, 또 어떻게 사용하는지에 대해 하고픈 말씀이 있으실 것입니다.

그분은 당신의 결혼생활과 자녀와 가정생활에 대해 말씀하실 것이 있으실 것입니다.

그분은 당신의 직업과 살 곳에 대해 일러주고 싶어 하실 것입니다.

그렇습니다. 그분은 당신 삶의 모든 분야에 관여하고 싶어 하실 것입니다.

이것이 그리스도인의 삶을 복되게 합니다.

이것은 인간의 삶에서 나약함과 연약한 의지와 인간에게 인도받는 상태를 제거하고 초자연적인 영역으로 상승시켜 줍니다.

이제 당신이 위대한 하나님 아버지의 본성인 영원한 생명을 받았다면, 그 생명을 따라 당신의 삶을 다스리도록 노력하십시오. 그리하여 이 새 생명이 당신의 일상 행동 가운데 나타나게 하십시오.

확인 문제

1. 영원한 생명을 받는 것이 인간의 필요에 대한 유일한 해결책인 이유를 설명해 보십시오.

2. "그리스도인"이란 말의 개념을 정의해 보십시오.

3. 그리스도 안에 있는 인간이 전적으로 새로운 피조물인 이유를 제시하십시오.

4. 성령님께서 우리를 위해 그리스도의 생명과 죽음과 부활을 기록하신 목적이 무엇이었습니까?

5. 예수님을 구원자로 받아들일 때 우리 삶에 대한 그리스도의 주되심을 인정해야 하는 이유는 무엇입니까?

"그러므로 새로운 탄생은 때론 정의된 것과는 달리 본성의 변화는 아니다. 오히려 신성한 본성의 교통communication이다. '사람이 거듭나지 아니하면 하나님의 나라를 볼 수 없느니라' 요 3:3 '위로부터 태어남'이라는 이 말은 사실상 맞는 말이다. 중생regeneration은 우리의 자연적 생명을 노력해서 가장 높은 지점까지 도달시키는 것이 아니라 신성한 생명이 가장 낮은 지점까지, 타락한 인간의 심령에까지 내려오는 것이다. 자연적인 생명을 계발하고 개선함으로써 하늘에까지 올라갈 수 있다는 것은 인간의 끊임없는 꿈이요 망상이었다. 예수님은 단 한 번의 계시로 이런 희망을 깨뜨리시면서, 믿는 자들에게 사람이 이 땅에서 아버지로부터 태어났듯이 위에 계신 하나님으로부터 태어나지 않는다면 하나님의 왕국을 볼 수 없다고 말씀하신다."

— 에이 제이 고든 A. J. Gordon

11 장

새로운 탄생
THE NEW BIRTH

새로운 탄생은 기독교의 중심입니다.

인간이 타락한 때로부터 오순절 날에 이르기까지 속량의 구조 속에 나타난 모든 계획과 목적은 새로운 탄생을 중심으로 이루어졌습니다.

새로운 탄생은 구약이 존재하는 이유입니다.

새로운 탄생은 유대교가 존재하는 이유입니다.

새로운 탄생은 선지자들이 존재하는 이유입니다.

새로운 탄생은 성육신이 존재하는 이유입니다.

새로운 탄생은 예수님의 대속적 희생이 있는 이유입니다.

영원하신 하나님 아버지의 심령에 있는 꿈이 새로운 탄생을 이끌었습니다.

새로운 탄생의 신실성은 하나님 가족의 신실성입니다.

우리가 이 기초를 의심한다면, 에덴동산의 비극 이후 드린 첫 제사로부터 예수 그리스도의 부활에 이르기까지의 모든 상부구조가 속절

없이 무너져 내릴 수 있습니다.

새로운 탄생을 어떻게 해석하느냐가 그리스도인으로서 경험하는 모든 것을 결정한다는 사실은 그리 놀라운 것이 아닙니다.

이것이 기독교의 핵심입니다.

새로운 탄생을 보는 관점에 따라 교단이 구별됩니다.

여기에는 인간의 추상적 사변이 끼어들 자리가 없습니다.

오로지 성경만이 이 문제를 해결할 수 있습니다.

새로운 탄생이 초자연적이지 않다면, 기독교는 세상의 종교 중 하나에 지나지 않습니다.

새로운 탄생이 초자연적이라면, 기독교는 종교가 아니라 가족입니다.

새로운 탄생이 단지 새로운 개념이나 이론으로 전향한 것에 불과하다면, 기독교는 하나님께서 축복하시든지 안 하시든지 간에 순전히 인간의 산물입니다.

이 주제는 실제로 중요한 의미가 있기 때문에, 우리는 이 주제를 철저한 분석과 더불어 탐구할 것입니다.

새로운 탄생의 필요

먼저 새로운 탄생의 필요를 알아보는 것이 유익할 것입니다.

예수님은 새로운 탄생에 관해 최초로 말씀하신 분이십니다. 밤에 찾아온 니고데모와 나눈 대화를 통해 예수님은 우리에게 새로운 탄생이 무엇이며, 그것이 필요한 까닭을 정확하게 말씀하십니다.

요한복음 3:1-8을 읽어보십시오.

첫째, 사람이 위로부터 태어나지 않는다면, 즉 하나님의 생명이 그의 존재 속으로 들어오지 않는다면 누구도 하나님의 왕국을 보거나 이해할 수 없다는 것입니다.

둘째, 사람이 물과 성령으로 태어나지 않는다면 누구도 하나님의 왕국으로 들어갈 수 없다는 것입니다.

니고데모는 이 사실을 이해할 수 없었습니다. 그러자 예수님께서는 "육으로 난 것은 육이요 영으로 난 것은 영이니 내가 네게 거듭나야 하겠다 하는 말을 놀랍게 여기지 말라"요 3:6-7고 말씀합니다. 이 성경 구절에서 예수님께서는 자연인(거듭나지 않는 사람)과 영적인 사람(거듭난 사람)의 차이를 보여주십니다.

전자는 자연적인 생식으로 태어난 사람이고, 후자는 성령으로부터 태어난 사람입니다.

게다가, 예수님께서는 유대인들에게 그들이 그들의 아비 마귀로부터 태어나서 사탄의 본성에 참여한 자라고 말씀하시기도 합니다.요 8:44-45

예수님을 믿는 자들이 죽음에서 생명으로 옮겨질 것이라는 진술과 함께 이 성경 구절요 8:44-45은 예수님께서 인간이 영적으로 죽은 자, 곧 마귀의 자녀라고 믿으셨기에, 새로운 탄생이 관계의 변화를 의미할 수 있는 본성의 교체여야 한다는 사실을 보여줍니다.

바울은 에베소서 2:1-3에서 우리에게 이렇게 말합니다. "그는 허물로 죽었던 너희를 살리셨도다 그때에 너희는 그 가운데서 행하여 이 세상 풍조를 따르고 공중의 권세 잡은 자를 따랐으니 곧 지금 불순종의 아들들 가운데서 역사하는 영이라 전에는 우리도 다 그 가운데서 우리 육체의 욕심을 따라 지내며 육체와 마음의 원하는 것을 하여 다른 이들과 같이 본질상 진노의 자녀이었더니"

여기에서 보면, 인간은 본성상 진노의 자녀입니다. 영적으로 죽었습니다. 에베소서 2:12에 따르면 인간은 "하나님도 없는 자"입니다.

인간은 "소망이 없는 자"입니다. 범죄함 가운데 죽었습니다. 그리스도로부터 분리된 자입니다.

인간은 사탄의 가족에 속한 자입니다. "이러므로 하나님의 자녀들과 마귀의 자녀들이 드러나나니"요일 3:10 인간이 마귀의 자녀 곧 그의 아비의 본성에 참여한 자이기 때문에 새로운 탄생이 반드시 필요합니다.

인간은 정죄 아래 있습니다. 하나님께 다가갈 수 있는 합법적인 길이 없으며, 중개자 예수 그리스도를 통하지 않고서는 하나님께 다가갈 수 없습니다.

새로운 탄생의 특질

다음으로 새로운 탄생에 대해 혹은 가족에 대한 가르침과 일치하는 새로운 탄생에 대해 신약에서의 가르침을 살펴봅시다.

먼저, 새로운 탄생의 합법적인 면을 살펴보고자 합니다.

새로운 탄생의 합법적인 면과 실제적인 면

새로운 탄생의 합법적인 면과 실제적인 면을 구별하지 못했기 때문에 많은 혼란이 야기되어 왔습니다.

어떤 신학파는 새로운 탄생의 합법적인 면을 지나치게 강조한 반면, 다른 학파는 새로운 탄생의 실제적인 면을 지나치게 강조했습니다.

한쪽은 법적인 측면만 본 것인 반면, 다른 쪽은 경험적인 측면만 본 것입니다.

실제로 성경에 나온 가족에 대한 모든 위대한 가르침은 우리의 가정 생활에 대한 친숙한 비유를 통해 이해될 수 있습니다.

결혼은 법적이면서 동시에 실제적입니다.

결혼의 실제적인 부분의 기초를 깔아주는 법적인 면이 있습니다. 다른 말로 하면, 결혼의 두 측면 곧 법적인 면과 실제적인 면의 실험적인 연합이 있다는 말입니다.

새로운 탄생의 합법적인 면

새로운 탄생의 합법적인 면은 하늘의 법정에서 이루어진 부분입니다.

죄인이 예수 그리스도를 자신의 구원자로 영접하고 주님으로 고백하는 순간, 하늘의 법정에 있는 법적 장치가 작동하기 시작합니다.

첫째, 그 죄인의 죄가 용서되고, 마치 한 번도 죄를 지은 적이 없는 것처럼 제거됩니다.

둘째, 그는 합법적으로 의롭게 됩니다. 또는 하나님과 의로운 관계가 설정됩니다.

셋째, 그의 이름이 생명책, 곧 하나님의 호적에 기록됩니다.

넷째, 그는 합법적으로 하나님의 가족에 입양되는데, 이것은 법정에서 이루어져야 합니다.

다섯째, 예수님은 아버지와 거룩한 천사들 앞에서 공개적으로 그를 시인하십니다.

여섯째, 그는 합법적으로 아버지와 화해하게 됩니다.

일곱째, 그는 의라고 선언되며 의롭게 됩니다.

자녀의 합법적인 권리

모든 합법적인 단계들이 취해졌습니다. 이제 그에게는 먼저 아버지의 보호를 받을 수 있는 합법적인 권리가 있습니다.

둘째, 그에게는 예수님의 중보를 받을 수 있는 합법적인 권리가 있습니다.

셋째, 그에게는 위대한 가족 변호사이신 그리스도의 변호를 받을 수 있는 권리가 있습니다.

넷째, 그에게는 성령의 은사를 받을 수 있는 합법적인 권리가 있습니다.

다섯째, 그에게는 왕의 가족에서 아들의 자리를 차지할 합법적인 권리가 있습니다.

여섯째, 그에게는 아들의 유업을 받을 수 있는 합법적인 권리가 있습니다.

일곱째, 그에게는 예수의 이름을 사용할 수 있는 합법적인 권리가 있습니다.

당신이 새로운 탄생의 합법적인 면을 간과한다면 기초 없이 경험적인 상부구조를 구축하는 셈인데, 그런 건물은 분명히 무너질 것입니다.

이것이 바로 새로운 탄생의 경험적인 면만을 가르친 많은 사람들이 그들의 회중을 섬기는데 많이 실패하는 까닭입니다. 사람들이 교제에서 벗어났던 것입니다.

새로운 탄생의 실제적인 면

이것은 믿는 자가 그리스도를 구원자와 주님으로 공개적으로 고백하는 순간 성령님께서 그 사람 안에서 행하시는 일입니다.

첫째, 성령님께서 그를 덮으십니다. 그는 성령님 안으로 잠기게 되는데, 바로 이것이 진정한 성령의 침례Baptism of the Holy Spirit입니다.고전 12:13 몸 안으로 성령님을 받아들이는 것은 그 이후에 이루어집니다.

둘째, 성령님께서는 그의 영에 하나님의 본성인 영원한 생명을 전이하십니다. 이것이 그를 그리스도 안에서 살아나게 합니다.

셋째, 모든 이해를 초월하는 하나님의 평안이 그의 혼에 물밀듯이 임합니다.

넷째, 성령님께서는 그가 "사망에서 생명으로" 옮겨졌다는 말씀을 통해 그의 영과 더불어 그가 하나님의 자녀임을 증언하십니다.

다섯째, 성령님께서 하나님의 사랑을 그의 심령에 부으십니다. 그리하여 그는 사망에서 생명으로 옮겨진 것을 압니다. 왜냐하면 그는 형제를 사랑하기 때문입니다.

기쁨이 그의 심령을 가득 채웁니다. 또한 그는 "아바, 아버지"라고 부르짖으며, 자기가 하나님의 자녀이며, 주 예수 그리스도와 함께 공동상속자인 것을 압니다.

여기에는 무모한 행동은 없으며, 추상적인 사변도 없습니다.

새로운 탄생의 합법적인 부분과 실제적인 부분은 모두 오직 하나님께서만 하시는 일입니다.

새로운 탄생에서 인간이 해야 하는 부분

이제 새로운 탄생이라는 경이로운 사역에서 인간이 담당해야 하는 부분을 언급하는 것은 흥미로울 것입니다.

첫째, 인간은 메시지를 들어야 합니다.

성경적인 의미에서 메시지를 듣는 것은 그 메시지를 이해한다는 뜻입니다.

인간은 영적으로 죽은 자, 곧 하나님도 소망도 없는 마귀의 자녀라는 사실을 알게 됩니다.

주목하다시피, 우리는 "믿어라" 혹은 "회개하라"라는 단어를 사용하지 않습니다. 믿는다는 것은 사실상 말씀 위에서 행동하는 것입니다. 당신이 믿거나 말씀 위에서 행동할 때 회개합니다. 마찬가지로 말씀을 믿지 않으면 회개하지 않는 것입니다.

둘째, 인간은 나사렛 예수가 성육신하셨고, 또 자기를 대신하여 대속적으로 희생하셨다는 약속을 들어야 합니다.

셋째, 인간은 예수 그리스도를 자기의 구원자로 받아들이고, 세상 앞에서 그분을 자기의 주님으로 고백해야 합니다. 이렇게 할 때, 하나님께서는 그를 받아들여 그분의 자녀가 되게 하십니다.

이 모든 것은 아주 간단하며, 쉽게 이해됩니다.

이렇게 하는 순간, 하나님께서는 그를 새로운 피조물이 되게 하시며, 이전 것은 사라지고 모든 것이 새롭게 됩니다. 이 모든 일은 하나님께서 하신 것입니다.

새로운 탄생의 성경적인 정의

예수님께서는 "나를 믿는 자는 사망에서 생명으로 옮겼느니라"요 5:24 라고 말씀하십니다.

이는 영적 죽음의 영역 곧 사탄의 왕국에서 생명의 영역 곧 하나님의 가족 안으로 옮겨졌다는 말입니다.

그뿐만 아니라, 예수님께서는 그것을 "위로부터 태어남"이라고 정의하십니다.

탄생은 생명을 뜻합니다.

이것은 하나님이 성령의 힘에 의해서 아버지의 본성을 전이하는 것입니다.

바울은 이를 "그는 허물과 죄로 죽었던 너희를 살리셨도다"엡 2:1라고 말합니다.

이것은 사실을 진술한 것입니다.

인간은 영적으로 죽었습니다! 인간은 사탄의 본성인 영적 죽음을 소유한 자입니다. 그런데 이제 그가 하나님의 본성인 영원한 생명을 소유한 자가 된 것입니다. 새로운 본성을 소유한 자가 된 순간, 인간은 살아납니다. 다시 말해, 인간에게서 죽었던 부분이 이제 살아난 것입니다. 인간의 영은 죽어 있었습니다. 그러나 이제 인간의 영이 살아난 것입니다.

이 말은 반쯤 살았다거나 부분적으로 살아났다거나 또는 죽었다 살았다 하는 것이 아니고, 살아났다he is made alive는 뜻입니다.

요한은 "아들이 있는 자에게는 생명이 있고 하나님의 아들이 없는 자에게는 생명이 없느니라 내가 하나님의 아들의 이름을 믿는 너희에게 이것을 쓰는 것은 너희로 하여금 너희에게 영생이 있음을 알게 하려 함이라"요일 5:12-13라고 말합니다.

이것은 미래에 소유하는 것이 아니라 현재시제로 소유하는 것입니다. 과거엔 죽음을 가졌지만, 지금은 생명을 가지고 있습니다.

더 나아가서 요한은 "우리는 형제를 사랑함으로 사망에서 옮겨 생명으로 들어간 줄을 알거니와 사랑하지 아니하는 자는 사망에 머물러 있느니라"요일 3:14라고 말합니다.

자기 형제를 미워하는 자는 누구든지 자신 안에 영원한 생명이 거하지 않는 것입니다.

세 가지 사실에 주목하십시오.

첫째, 사망에서 생명으로 옮겨진 자에게는 그것에 대해 자각하는 증거가 있습니다. 그 증거는 그가 형제를 사랑한다는 것입니다.

둘째, 사랑하지 않는 자는 아직 사망에서 옮겨지지 않았고 여전히 사탄의 영역에 거한다는 사실입니다.

셋째, 미워하는 자는 그 안에 영원한 생명이 거하지 않는다는 사실입니다.

이 영원한 생명은 인간 안에 거하는 것이라는 사실에 주목하십시오. 그것은 현재 소유하고 있는 것입니다.

그 영원한 생명이 인간을 살아나게 했습니다.

이는 하나님 자신의 본성 또는 생명을 인간에게 전이한 것입니다.

바울은 "그런즉 누구든지 그리스도 안에 있으면 새로운 피조물이라 이전 것은 지나갔으니 보라 새 것이 되었도다 모든 것이 하나님께로 났으며"고후 5:17-18라고 거듭 말합니다.

문자적으로 말하면, 누구든지 그리스도를 자기의 구원자로 받아들이면 새로운 피조물이 된다는 뜻입니다.

그 사람은 재건축하거나 개축한 건물 같은 존재가 아닙니다. 혹은 옛 본성을 상실하지 않은 채 영원한 본성을 받은 자가 아닙니다.

그렇습니다. 바울은 아주 분명하게 그 사람은 새로운 피조물이 되었고, 이전 것 곧 옛 본성은 없어졌다고 말했습니다. 다시 말해 옛 건축물이 새 건축물에 의해 완전히 교체되었는데, 이는 하나님께서 친히 하신 일이었다고 말합니다. 그것은 모두 하나님께 속한 것입니다.

새로운 탄생의 완전무결함

베드로는 우리에게 "너희가 거듭난 것은 썩어질 씨로 된 것이 아니요 썩지 아니할 씨로 된 것이니 살아 있고 항상 있는 하나님의 말씀으로 되었다"벧전 1:23고 알려줍니다.

야고보는 우리가 "그분(하나님)의 뜻을 따라 … 태어났다"약 1:18는 사실을 전해줍니다.

이는 우리의 관계를 완전무결하게 만듭니다.

우리는 첩에게서 얻은 서자도 아니고, 다른 피가 섞인 혼혈이나 잡종도 아니라 하나님께서 직접 낳으신 적자입니다.

우리는 합법적으로 태어났을 뿐만 아니라 합법적으로 하나님의 가족으로 입양되었기에, 우리의 관계는 이중적으로, 즉 실제로 탄생하고 합법적으로 입양된 것에 의해 보호받습니다.

이중 본성론

많은 사람들은 사람이 거듭날 때 영원한 생명을 받지만, 옛 본성이 제거되지 않아서 새로운 피조물 안에서 그 둘이 서로 싸운다고 믿습니다.

그들은 이런 가르침의 근거를 로마서 7장에 둡니다.

로마서 7장은 믿는 자의 경험이 아니라 유대인으로서 율법 아래 있었던 바울의 경험입니다.

로마서 7장은 재창조되지 않은 유대인의 각성된 양심과 율법의 관계를 보여주는 소논문입니다.

독자들이 로마서 7장을 펼쳐서 신중하게 읽어 본다면, 7장 전체가 거듭나기 이전의 유대인의 논지라는 사실을 알게 될 것입니다.

바울은 "전에 율법을 깨닫지 못했을 때에는 내가 살았더니 계명이 이르매 죄는 살아나고 나는 죽었도다 생명에 이르게 할 계명이 내게 대하여 도리어 사망에 이르게 하는 것이 되었도다"롬 7:9-10라고 말합니다.

믿는 자는 율법 아래 있지 않습니다. 믿는 자는 여하튼 율법과는 아무런 상관이 없습니다. 율법은 오로지 유대인에게만 속한 것입니다.

바울은 "우리가 율법은 신령한 줄 알거니와 나는 육신에 속하여 죄 아래에 팔렸도다"롬 7:14라고 말합니다.

우리 이방인들은 결코 유대인의 율법 아래 있지 않았습니다.

우리는 믿는 자가 죄 아래 팔리지 않았다는 것을 압니다. 믿는 자는 죄로부터 자유롭게 되었고 의의 종이 되었습니다.

바울은 거듭 말하기를 "곧 원하는 이것은 행하지 아니하고 도리어 미워하는 그것을 행함이라"롬 7:15라고 합니다.

"만일 내가 원하지 아니하는 그것을 행하면 내가 이로써 율법이 선한 것을 시인하노니"롬 7:16 (그러나 너희는 율법 아래 있지 아니하고 은혜 아래 있느니라롬 6:14) "이제는 그것을 행하는 자가 내가 아니요 내 속에 거하는 죄니라"롬 7:17 이런 진술은 하나님의 자녀의 경험이 아닙니다.

죄는 믿는 자 안에 거하지 않습니다.

여기서의 죄는 바울 안에 거하고 있었던 어떤 것을 말합니다.

죄가 믿는 자 안에 거하고, 믿는 자가 그 죄에 굴복한다면, 하나님께서 죄와 연합하신다는 것입니다. 다른 말로 하면, 하나님께서 마귀와 연합하신다는 것입니다.

"그러므로 내가 한 법을 깨달았노니 곧 선을 행하기 원하는 나에게 악이 함께 있는 것이로다 내 속사람으로는 하나님의 법을 즐거워하되 내 지체 속에서 한 다른 법이 내 마음의 법과 싸워 내 지체 속에 있는 죄의 법으로 나를 사로잡는 것을 보는도다"롬 7:21-23

십계명은 죄의 법입니다. 십계명은 죄를 드러내는 것입니다.

십계명은 죗값을 알려주었습니다. 그래서 바울은 지적인 관점에서 율법을 기뻐했지만, 그의 마음mind 안에서 역사하는 다른 법을 발견했습니다. 그것은 죄와 영적 죽음의 법이었습니다.

아들들은 자유인이다

믿는 자는 율법의 지배로부터 자유롭습니다.

믿는 자는 죄의 지배로부터 자유롭습니다.

믿는 자는 영적 죽음의 지배로부터 자유롭습니다.

믿는 자는 사탄의 지배로부터 자유롭습니다.

믿는 자는 이제 하나님의 은혜의 통치 아래 있고, 예수님이 그의 주인 되십니다.

하나님의 자녀가 "오호라 나는 곤고한 사람이로다 이 사망의 몸에서 누가 나를 건져내랴"롬 7:24라고 절규할 수 있었을까요?

그것은 하나님 자녀의 언어가 아닙니다. 그것은 자기의 실제 상황과 그리스도 예수 우리 주님 안에 있는 속량의 가능성을 보았던 율법 아래 있던 유대인의 언어입니다.

이중 본성론자들은 갈라디아서 5:16-18을 또 다른 증거 말씀으로 인용합니다. "내가 이르노니 너희는 성령을 따라 행하라 그리하면 육체의 욕심을 이루지 아니하리라 육체의 소욕은 성령을 거스르고 성령은 육체를 거스르나니 이 둘이 서로 대적함으로 너희가 원하는 것을 하지 못하게 하려 함이니라 너희가 만일 성령의 인도하시는 바가 되면 율법 아래에 있지 아니하리라"

대조

갈라디아서에서 바울은 율법 아래 있는 유대인과 은혜 아래 있는 믿는 자를 대조하고 있습니다. 이는 갈라디아서가 대조의 책이기 때문입니다.

율법과 은혜의 대조입니다.

믿음과 행위의 대조입니다.

아들과 종의 대조입니다.

할례와 새로운 탄생의 대조입니다.

약속과 율법의 대조, 육신과 영의 대조, 자연인과 영적인 사람의 대조입니다.

기독교와 유대교의 대조입니다.

사랑과 율법주의Legality의 대조입니다.

우리는 인간이 영이라는 사실을 알고 있습니다.

우리는 인간이 육체의 몸 안에 살고 있음을 알고 있습니다.

우리는 거의 모든 죄가 신체 감각을 통해서 저질러지는 것을 알고 있습니다.

우리는 이 신체 감각이 왜곡되고, 방탕하게 되며, 비정상적이게 될 수 있어서 자연스럽지 않은 욕구 충족을 갈망할 것이라는 사실을 알고 있습니다.

우리는 믿는 자의 삶이 자기 육체적 몸과의 싸움이라는 사실을 알고 있습니다.

이런 이유는 우리가 정상적인 인간이 아니기 때문입니다.

조상으로부터 이어 내려 온 죄가 우리를 역겨운 존재가 되게 했습니다.

우리는 영적 죽음의 영역에 살고 있는데, 그곳의 제왕은 사탄입니다.

우리가 숨 쉬는 공기 중에 악한 암시(제안, 연상)와 유혹이 떠다닙니다.

우리가 교제하는 대부분의 사람들이 마귀의 지배 아래 있습니다.

사탄의 유혹은 항상 신체 감각을 통해 이루어집니다. 그러므로 인간의 유일한 희망은 영 안에 사는 것입니다.

이것은 성령님을 뜻하는 것이 아니라, 인간 자신의 영적인 영역 안에 산다는 말입니다. 육체의 정열이나 욕망의 충족을 꿈꾸는 대신 인간의 영과 하나님의 영이 교제하는 영적인 영역에서 사는 것입니다.

이것이 바로 인간이 스스로에 대해 육체인 몸이 끼치는 영향력을 극복할 수 있는 유일한 길입니다. 그래서 바울은 갈라디아서 5:16에서 "우리가 성령(영)을 따라 행한다면"이라고 말합니다. 이것을 좀 더 문자적으로 표현하자면, 우리가 영의 영역에서 행한다면 "육체의 욕심을 이루지 아니하리라"는 것입니다. 이는 당신 몸의 지체들이 당신의 영과 맞서 싸우며, 또한 당신의 영은 당신의 육신 또는 그 몸의 지체에 대항하여 싸우고 있기 때문입니다.

유혹과 죄

당신의 타락한 육체의 몸이 소리 질러대는 것은 죄가 아닙니다. 하지만 당신이 그 육체의 몸이 내는 소리를 따라 행하는 것은 죄입니다. 사탄의 모든 유혹은 바로 이 수준에서 일어날 것입니다. 그러므로 당신의 육체의 몸이 당신의 영에 굴복될 때까지는 싸움이 있을 것입니다. 그러나 당신이 성령님께서 당신의 영을 다스리게 한다면, 그분은 이런 유혹을 지배하는 승리와 자유로 당신을 이끄실 것입니다. 그분은 당신의 육체의 몸을 완전히 복종시키실 것이며, 그리하여 당신은 평온하며 순전하고 승리에 찬 삶을 누리게 될 것입니다.

바울은 로마서 6:12-13에서 "그러므로 너희는 죄가 너희 죽을 몸을 지배하지 못하게 하여 몸의 사욕에 순종하지 말고 또한 너희 지체를 불의의 무기로 죄에게 내주지 말고 오직 너희 자신을 죽은 자 가운데서 다시 살아난 자 같이 하나님께 드리며 너희 지체를 의의 무기로 하나님께 드리라"라고 말합니다.

- 바울은 이와 똑같은 진리를 로마에 있는 믿는 자들에게 전달하고 있습니다.

로마에 있는 믿는 자들은 거듭난 새로운 피조물로서, 죄와 사탄과 율법의 지배로부터 벗어났습니다. 바울은 "나는 너희가 너희의 죽을 운명의 몸 안에서 죄가 왕으로 군림하지 못하게 하기를 원한다. 뿐만 아니라 너희 지체를 불의의 무기로 죄에게 바치지 않고 오히려 너희 자신을 죽은 자로부터 살아난 자로서 하나님께 드려서 너희 지체를 의의 무기로 드리기를 원한다"고 말합니다.

당신은 육체의 몸 안에 살고 있습니다.

당신의 영과 혼은 당신 몸의 지체를 통해 활동하고 있습니다. 즉 당신의 영과 혼이 당신의 눈과 귀와 입과 손과 발과 기관과 욕구를 통해 활동한다는 말입니다.

실제로 오늘날 세상에 있는 모든 죄는 이런 몸의 지체들과 관련된 죄입니다.

오늘 당신이 삶에서 치르는 모든 싸움은 몸의 지체들이 당신의 영과 성령님 사이의 교제를 깨지 못하도록, 이 지체들을 완벽하게 통제합니다.

혀와 열정과 욕망을 통제하는 법을 아는 사람은 이 비뚤어지고 왜곡된 세대에서 흠 없는 삶을 살 것입니다.

이중 본성론의 딜레마

　육체의 몸에는 잘못된 것이 전혀 없지만, 당신이 그 몸을 마귀에게 넘겨주어서, 마귀가 그것을 통해 활동하게 한다면, 몸은 영을 손상시킬 것입니다.

　하나님께서는 우리에게 우리 몸을 종으로 주셨습니다. 우리가 몸을 다스려야 합니다. 그러나 종이 우리를 다스릴 경우, 그것은 무정부 상태이자 혼란 상태가 됩니다.

　인간이 새로운 피조물이 아니라 단순히 옛 본성에 새 본성이 더해진 것을 받았다면, 우리는 이상한 딜레마에 봉착하게 됩니다.

　우리는 이 옛 본성이 사탄의 본성 곧 영적 죽음임을 알고 있습니다. 그렇다면 이 새로운 본성을 받은 사람에게는 두 본성, 곧 하나님의 본성과 마귀의 본성이 있게 된 것입니다.

　이 사람은 두 가족, 즉 하나님의 가족과 마귀의 가족에 같이 속하게 된 것입니다.

　사탄은 그 사람의 본성 가운데 자기 부분을 다스릴 수 있는 합법적인 권리가 있고, 또한 하나님께서도 그 사람의 본성 가운데 그분 자신의 부분을 다스릴 수 있는 권리가 있습니다.

　이것은 사람에게 이중 본성을 부여합니다. 이중 본성 중 하나는 지킬 박사Doctor Jekyll요, 다른 하나는 하이드Mr. Hyde입니다. 즉 한쪽 본성은 합법적으로 하나님의 자녀이고, 다른 쪽 본성은 마귀의 자녀라는 말입니다.

　이것을 논리적으로 따라가 보면, 그 사람의 반쪽은 지옥으로 갈 수도 있고, 나머지 반쪽은 천국으로 갈 수도 있다는 결론을 끌어낼 수 있습니다.

이것이 그리 심각한 것이 아니었다면 이중 본성론은 우스꽝스러운 소리였을 것입니다. 하지만 문제는 이 사람에게서 사탄의 본성이 언제 제거되느냐입니다.

이중 본성론자들의 대답은 죽을 때입니다.

우리는 죽음이 마귀에게 속한 것이라는 사실을 알고 있습니다. 따라서 이 사실은 우리를 더욱 곤혹스러운 딜레마로 이끕니다.

만약 이중 본성론자의 주장이 그러하다면, 예수 그리스도의 희생은 그 목적을 달성하는데 실패한 것입니다.

예수 그리스도를 자신의 구원자로 영접한 사람은 단지 부분적으로만 구원받은 것이지 속량 받은 것은 아닙니다.

사탄은 그 사람을 다스릴 수 있는 합법적인 권리를 여전히 가지고 있습니다.

예수 그리스도는 마귀와 더불어 그분의 통치권을 나누어야 할 것입니다.

이것은 주님을 모욕하는 것입니다.

인간의 타락은 완성된 결과물이었고, 속량은 실패에 불과하다는 말이 됩니다.

새로운 탄생은 두 본성의 혼합잡종이고 쓰라린 실패입니다.

특히나 모욕적인 부분은, 이중 본성론에 따르면 하나님께서 인간을 완전하게 하려고 마귀의 도움을 구해야 한다는 점입니다.

즉 사탄의 첫 산물인 죽음이 하나님의 자녀인 새로운 피조물에게 마지막 손질을 가해야 한다는 것입니다. 인간이 육체의 죽음으로 인해 아담의 본성으로부터 깨끗해지거나 자유롭게 된다면 하나님께서는 왜 육체의 죽음이 온 인류를 구원하도록 허락하지 않으셨을까요? 모든 사람은 죽기 때문입니다.

이런 것은 생각하는 것조차도 너무 혐오스럽습니다.

이것은 하나님께서 마귀의 자녀, 또는 기껏해야 혼합잡종을 의롭게 하신다는 말입니다.

이것은 하나님께서 인간 안에서 그분 자신과 마귀를 연합하신다는 말입니다.

이것은 "나는 포도나무요, 너희는 가지라"는 예수님의 진술을 기괴하게 뒤틀어 버리는 말입니다.

이것은 우리를 파괴하는 자인 사탄을 결국엔 우리의 속량자로 만들어 버린 말입니다.

심령은 이런 가르침으로부터 움츠러듭니다.

우리는 새로운 탄생이 말 그대로 새로운 탄생이라고 믿습니다.

우리는 새로운 피조물이 말 그대로 새로운 피조물이라고 믿습니다.

우리는 마귀가 파괴하는데 자기 일을 하였듯이 하나님께서도 인간을 속량하는 일을 완성하실 수 있으셨다고 믿습니다.

우리는 새로운 탄생이 하나님을 영화롭게 하며, 예수님을 높이고, 인간을 고무시킨다고 믿습니다.

교회, 특별히 아주 헌신적이고 열정적인 하나님의 가족에 속한 이들의 일반적인 가르침에 거슬러 자신만의 주장을 내세우는 것이 바람직한 것은 아닙니다. 독자 여러분은 내가 분노와 적대의 영으로 이 대단한 경험적 가르침에 접근한 것이 아니라, 지난 수백 년간 교회를 동요시켜 왔던 문제들에 대한 답을 가지고 있는 그리스도의 몸의 동료 지체로서 접근한 것이라는 사실을 인정하실 것입니다.

나는 내 자신을 사랑하듯이 하나님의 가족원들을 사랑하며, 그래서 이 커다란 주제에 대해 사랑이 전하는 만큼 자유롭게 말하려 합니다.

새로운 탄생을 할 때 우리가 실제로 하나님의 본성을 받는다는 사실은 교회에서 중요시되지 않아 왔습니다. 우리가 이미 보았듯이 이것은 우리를 많은 어려움에 빠뜨렸습니다.

매우 헌신적인 어떤 단체는 의롭게 됨Justification과 입양Adoption에 대해 말을 많이 합니다.

그들은 새로운 탄생이 말 그대로 새로운 탄생이라는 사실을 한 번도 진지하게 고려해 본 적이 없는 것처럼 보입니다.

그들은 누군가 예수 그리스도를 구원자로 영접할 때 하나님께서는 그가 지금까지 행했던 모든 것을 의롭게 하신다고 가르칩니다. 다시 말해 하나님께서는 그 사람이 지은 죄를 용서하시지만 죄의 원인인 죄의 본성을 제거하는 것은 아니라고 가르칩니다.

회심conversion이라 불리는 이 단계를 단순하게 말해서 예비단계라고 보는 것입니다.

그들이 말하는 실제 사역은 은혜의 두 번째 사역 또는 전적인 성화라고 합니다.

그들은 이 은혜의 두 번째 사역이 회심한 자가 자신을 주님께 전적으로 내어드리고, 깊이 회개하여 깨끗한 심령으로 열심히 주님을 구하였을 때만 이루어진다고 봅니다.

그들은 회심하는 순간, 즉 회심이라는 용어가 사용될 때 심령이 깨끗하게 된다는 사실을 믿지 않습니다.

그들은 죄sin와 죄들sins을 구분합니다.

죄는 우리의 본성 자체이며, 죄들은 우리가 행하는 것을 말합니다.

그들의 많은 교사들은 누군가 회심하는 순간 제한된 분량만큼 성령님을 받으며, 그들이 전적으로 성화 될 때 성령님께서 그 안에 가득하게 된다고 믿어왔습니다.

그들은 또한 누군가 아주 사소한 죄로 인해 깨끗한 심령이라는 이 은혜로운 축복 또는 성화를 상실할 수 있다고 가르칩니다.

이런 이유 때문에 제단 앞으로 나가 정직하게 이 축복을 구하는 대부분의 사람들이 고군분투한 지 몇 주나 몇 달 만에 그 축복을 잃어버립니다.

웨슬리의 일지Wesley's Journal를 잘 아는 이들은 웨슬리가 순회 설교를 마치고 돌아갔을 때 똑같은 문제에 부딪혔다는 사실을 기억합니다. 웨슬리는 어떤 지역에서 사역할 때, 은혜의 두 번째 사역을 받고 대단히 기뻐했던 많은 이들이 예전의 상태로 되돌아가 풀이 죽은 채 은혜의 두 번째 사역을 다시 필요로 하는 것을 발견했던 것입니다.

이런 가르침은 불안정하고 흔들리는 유형의 기독교를 양성해 왔습니다.

이것은 예수님을 영접한 사람 자신과 다른 사람들을 회의적이게 만들었습니다. 이는 건전한 가르침이 아니었지만, 그럼에도 불구하고, 하나님의 은혜로 매우 헌신적인 그리스도인을 일부 배출하기도 했습니다.

확인 문제

1. 인간이 타락한 때로부터 오순절 날에 이르기까지 모든 속량의 목적이 새로운 탄생에 집중되는 이유를 제시해 보십시오.

2. 새로운 탄생의 합법적인 면을 설명해 보십시오.

3. 새로운 탄생의 실제적인 면을 설명해 보십시오.

4. 사람이 거듭났는데도 아직도 옛 본성이 남아 있을 수 없는 이유가 무엇입니까?

5. 우리는 거듭난 후에 무엇을 통해 죄와 싸웁니까?

"위로자께서는 삼중 사역의 모든 부분에서 그리스도를 영화롭게 하신다. 죄를 자각하게 하시는 사역에서 그분은 그리스도를 믿지 않는 것이 죄라고 우리에게 깨닫게 하신다. 의를 자각하게 하시는 사역에서 그분은 그리스도의 의, 곧 그리스도께서 아버지께로 가신 가운데 드러났고, 그분을 믿는 모든 자에게 부여하시려고 받으신 그 의를 우리에게 깨닫게 하신다. 그리고 끝으로 심판을 자각하게 하시는 사역에서 그분은 세상의 임금이 그리스도의 죽으심으로 인해 생명 안에서 심판을 받았다는 사실을 우리에게 깨닫게 하신다. 따라서 처음부터 끝까지 그리스도께서 영광을 받으신다. 그래서 위로자께서 우리에게 보여주시는 것은 모든 면에서 성육신하신 하나님의 아들의 삶, 그리고 사역과 관계를 맺고 있다."

— 줄리어스 찰스 하트 Julius Charles Hart

12 장

성령님
THE HOLY SPIRIT

이 시대를 가리켜 성령의 시대 또는 성령의 경륜 시대라고 부릅니다.

예수님께서는 제자들을 떠나실 때, 성령님을 보내서 그들의 선생님과 안내자와 위로자가 되게 하실 것이라 약속하셨습니다.

오실 이분은 교회의 사역과 활동을 책임지실 분이셨습니다.

그분은 전체로서 교회를 인도하시고, 개별적으로서는 교회의 지체들을 인도하실 분이셨습니다.

그분은 교회를 덮으셨고, 교회는 그분의 임재 안에서 행하였습니다.

그분은 또한 성도 개개인의 몸 안으로도 들어오셔서 자신의 처소로 삼으시고 그의 행동을 주관하시고자 하셨습니다. 그분은 그의 생각mind을 통해 생각하시고, 그의 감정을 통해 사랑하시며, 그의 의지를 통해 행하길 원하셨습니다. 그의 몸은 그분의 영원한 처소가 되었습니다.

하나님의 이전의 섭리 아래서, 그분은 지성소 안의 그룹들 사이에 거하셨습니다. 하지만 지금 그분은 새로운 육신이라는 장막인 인간의 혼과 영에 거하십니다.

첫째, 성령님께서는 인격체시라는 사실에 주목했으면 합니다.

마태복음 28:19에서 예수님은 "그러므로 너희는 가서 모든 민족을 제자로 삼아 아버지와 아들과 성령의 이름으로 세례[침례]를 베풀고"라고 말씀하십니다.

여기에서 예수님은 아버지와 그분 자신에게 주신 것과 같은 지위와 인격과 존경을 성령님께 부여하십니다.

"오직 하나님이 성령으로 이것을 우리에게 보이셨으니 성령은 모든 것 곧 하나님의 깊은 것까지도 통달하시느니라 사람의 일을 사람의 속에 있는 영 외에 누가 알리요 이와 같이 하나님의 일도 하나님의 영 외에는 아무도 알지 못하느니라 우리가 세상의 영을 받지 아니하고 오직 하나님으로부터 온 영을 받았으니 이는 우리로 하여금 하나님께서 우리에게 은혜로 주신 것들을 알게 하려 하심이라 우리가 이것을 말하거니와 사람의 지혜가 가르친 말로 아니하고 오직 성령께서 가르치신 것으로 하니 영적인 일은 영적인 것으로 분별하느니라 육에 속한 사람은 하나님의 성령의 일들을 받지 아니하나니 이는 그것들이 그에게는 어리석게 보임이요, 또 그는 그것들을 알 수도 없나니 그러한 일은 영적으로 분별되기 때문이라"고전 2:10-14

여기에서 성령님은 하나님의 깊은 것들을 살피시는 분이십니다.

성령님은 교회의 선생님이십니다. 그분은 하나님의 생각mind을 아시고, 그것을 하나님의 자녀 각자에게 계시하십니다.

이는 요한복음 16장에서 예수님이 말씀하신 것과 완전히 일치합니다.

성령님은 오셔서 죄에 대해, 의에 대해, 심판에 대해 세상이 깨닫게 하셨습니다. 그리고 그분은 우리를 모든 진리로 인도하셨습니다. 이는 그분이 스스로 말하는 것이 아니라 무엇이나 들은 것을 말씀하시기 때문입니다. "그가 장래 일을 너희에게 알리시리라 그가 내 영광을 나타내리니 내 것을 가지고 너희에게 알리시겠음이라" 요 16:13-14

성령님은 이런 사역 가운데 생각하고 인도하시는 지적 존재임을 드러내십니다.

로마서 15:30에서 바울은 "성령의 사랑"에 대해 말합니다. 그리고 로마서 5:5에서는 "성령으로 말미암아 하나님의 사랑이 우리 마음[심령]에 부은 바 됨이니"라고 말합니다.

이상의 성경 구절을 통해서 우리는 성령님이 하나님의 이 새롭고 경이로운 사랑의 본성을 그리스도의 몸에 속한 각 지체들에게 계시하신 통로라고 추론합니다.

그뿐만 아니라 고린도전서 12:11에서 바울은 "성령이 행하사 그의 뜻대로 각 사람에게" 다양한 은사들을 나누어주신다고 말합니다.

다른 말로 하면, 성령님은 교회를 향한 안내 지침과 계획을 가지고 계십니다. 그래서 성령님은 어떤 이에게는 지혜의 은사를, 다른 이에게는 지식의 은사를, 또 어떤 이에게는 치유의 은사를, 다른 이에게는 각종 방언의 은사를 주시되, 그분이 기뻐하시는 대로 이 은사들을 나누어 주십니다. 왜냐하면 그분의 뜻이 절대적인 권위sovereign이기 때문입니다.

예수님은 성령님께 아버지와 동등한 위치를 부여하심으로써 그분을 존중하셨습니다. 즉 성령님을 아버지로부터 나온 영이 아니라 지성과 감성과 의지가 있는 개별적인 인격체로서 존중하셨다는 말입니다.

우리는 성령님이 인격체이심을 믿습니다.

성령님은 하나님의 영으로부터 나온 존재가 아니십니다.

하나님은 지성과 감성과 의지가 있는 인격체이십니다.

그 실례로서 우리는 인간의 영을 들 수 있습니다. 영은 인간을 떠날 수 없습니다. 영은 인간의 인격의 일부입니다.

성경은 그리스도의 영에 대해 말씀합니다. "누구든지 그리스도의 영이 없으면 그리스도의 사람이 아니라"롬 8:9

여기에서 언급하는 그리스도의 영은 성령님이 아닙니다. 이는 그리스도 자신의 영으로, 그리스도 자신의 개별적 인격성의 일부입니다.

성령님은 구별된 존재로, 하나님 아버지 및 하나님의 아들과 구별되는 인격체이십니다.

그분만의 영역에서 활동하시고, 그분만의 인격성을 지니신 성령님은 이런 점에서 아버지 및 아들과 다른 분이십니다. 지금 아들은 인간의 몸을 지닌 채 아버지의 우편에 앉아계십니다. 아버지께서는 영원한 보좌에 그분의 자리를 차지하고 계십니다.

오늘날 성령님이 움직이시는 특별한 장소는 이 땅입니다. 이곳에서 성령님은 죄를 깨닫게 하시고 어둠의 세력을 저지하시며, 하나님의 가족원들을 재창조하시고, 그들의 몸에 거하시면서 그들을 인도하시고 위로하시고 계십니다.

성령님의 처소는 인간의 몸입니다.

"너희 몸은 … 성령의 전인 줄을 알지 못하느냐"고전 6:19

"너희 안에 계신 이가 세상에 있는 자보다 크심이라"요일 4:4

구약시대에서 성령님은 성경이 알려주는 대로, 창조 가운데 땅의 표면을 새롭게 하셨고, 사람들에게 영감을 주어 하나님의 거룩한 계시 Holy Oracles of God를 기록하게 하셨으며, 또한 사람들에게 임하셔서 특별한 능력과 지도력의 역사와 사역을 발휘하도록 하셨습니다.

구약시대에 그분이 상주하시던 처소는 성막이셨고, 이후엔 성전이었습니다.

구약시대에 그분은 인간의 몸을 영원한 처소로 삼지 않으셨습니다. 왜냐하면 그 당시의 사람들은 비록 피의 언약 아래 살고 속죄의 피로 보호받는 상태였음에도 영적으로는 죽은 자들이요, 마귀의 자녀였기 때문입니다.

성령님은 인간이 재창조될 때까지는 인간의 몸을 처소로 삼을 수 없으셨습니다. 그리스도께서 오셔서 인간의 죗값을 다 치르시고, 중개자로 그분의 자리를 취하신 후, 그분을 구원자로 모시는 사람들에게 영원한 생명을 보내실 때까지는 성령님이 인간의 몸을 처소로 삼는 일은 일어날 수 없었습니다.

성령님이 오늘날 하시는 일은, 첫째 세상으로 하여금 깨닫게 만드는 것입니다.

성령님은 선포된 말씀을 통해서, 믿는 자의 삶 속에 있는 살아 있는 말씀을 통해서, 그리고 기록된 말씀인 성경 또는 종교 서적을 통해서 이 일을 하십니다.

하나님의 가족원 개개인 안에서 성령님은 가르치는 자, 인도자, 위로자, 정복자, 거룩하게 하는 자로서 일하십니다.

성령님의 진정한 처소는 하나님의 자녀들의 심령이지만, 새로운 탄생의 순간에 모든 믿는 자 안으로 들어가지는 않으십니다.

새로운 탄생은 하나님의 본성인 생명을 받아들이는 것입니다.

새로운 탄생은 하나님의 본성인 생명을 받아들인 자를 하나님의 자녀가 되게 하며, 성령님이 거하실 수 있는 성전이 되게 합니다.

거듭난 인간에게는 성령님이 그의 몸 안으로 들어오셔서 그의 몸을 소유하시도록 요청할 수 있는 합법적인 권리가 있습니다.

성령 받기

이 주제는 최근까지 신학계에서 논쟁의 핵심이었습니다.

새로운 탄생만큼이나 성령을 받는 것에 대해 많은 혼란이 있습니다. 하지만 새로운 탄생에 관련된 말씀을 분명하게 이해할 경우, 이 주제를 쉽게 이해할 수 있습니다.

새로운 탄생은 영원한 생명과 의롭게 됨과 입양을 받는 것입니다.

성령을 받는 것은, 단순하게 말해 우리가 거듭나서 우리의 몸을 성령님이 거하시는 영구적인 처소가 되게 한 후 성령님이라는 인격체를 우리의 몸 안으로 초청하는 것입니다.

죄인은 성령님을 원하지 않습니다. 구원자와 영원한 생명을 원합니다. 그래서 예수님께서는 요한복음 14:16-17에서 "내가 아버지께 구하겠으니 그가 또 다른 보혜사를 너희에게 주사 영원토록 너희와 함께 있게 하리니 그는 진리의 영이라 세상은 능히 그를 받지 못하나니 이는 그를 보지도 못하고 알지도 못함이라 그러나 너희는 그를 아나니 그는 너희와 함께 거하심이요 또 너희 속에 계시겠음이라"라고 말씀하신 것입니다.

첫째, 세상은 그분을 받을 수 없다는 사실에 유의하십시오.

여기에서 세상은 거듭나지 않은 사람을 가리킵니다.

둘째, 그분이 아직 거듭나지 않았던 제자들과 함께 거하셨다는 사실에 주목하십시오.

제자들은 그리스도께서 그들의 죗값을 치르시고 오순절 날 성령님이 그들에게 영원한 생명을 보내실 때까지는 율법 아래 있던 유대인이었을 뿐입니다.

셋째, 예수님은 "너희 속에 계시겠음이라"라고 말씀하십니다.

시제가 미래라는 사실에 유의하십시오.

누가복음 11:13에서 예수님은 "너희가 악할지라도 좋은 것을 자식에게 줄 줄 알거든 하물며 너희 하늘 아버지께서 구하는 자에게 성령을 주시지 않겠느냐"라고 말씀하십니다.

첫째, 당신은 여기에서 자녀들에게 성령님을 보내시는 장본인이 바로 아버지시라는 사실을 알게 될 것입니다.

둘째, 구하는 자녀들에게 성령님을 주십니다.

셋째, 하나님의 자녀들만이 성령을 받을 수 있는 자격이 있다고 추론할 수 있습니다.

사도행전의 증거

사도행전이 이 주제(성령 받기)에 대한 결정적인 근거입니다.

사도들은 어떻게 했고 또 무엇을 가르쳤을까요?

베드로는 오순절 날에 행한 설교에서 이렇게 결론을 지었습니다.

"너희가 회개하여 각각 예수 그리스도의 이름으로 세례[침례]를 받고 죄 사함을 받으라 그리하면 성령의 선물을 받으리니" 행 2:38

여기에서 사람들이 죄의 제거함과 성령의 선물을 받을 것이라고 베드로가 말한 점에 주목하십시오.

이 진술이 이후에 사도들의 실제 행동과 얼마나 완벽하게 일치하는지 보십시오.

스데반의 죽음으로 인해 초대교회의 그리스도인들이 사방으로 흩어진 후, 빌립은 사마리아로 내려가 말씀을 전하기 시작했습니다.

사마리아 도성이 주님께 돌이킨 후, 그곳의 사람들은 남녀 할 것 없이 침례를 받았습니다.

"예루살렘에 있는 사도들이 사마리아도 하나님의 말씀을 받았다 함을 듣고 베드로와 요한을 보내매 그들이 내려가서 그들을 위하여 성령 받기를 기도하니 이는 아직 한 사람에게도 성령 내리신 일이 없고 오직 주 예수의 이름으로 세례[침례]만 받을 뿐이더라 이에 두 사도가 그들에게 안수하매 성령을 받는지라" 행 8:14-17

"이에 두 사도가 그들에게 안수하매 성령을 받는지라"라고 말씀하는 점에 주목하십시오.

이것이 사도들이 실제로 한 행동입니다.

첫째, 사람들이 하나님의 가족으로 태어나서, 침례를 받고, 그런 다음 안수 받았습니다. 그리고 나서 그들은 분명하게 몸 안으로 성령을 받았습니다.

더 나아가 사도행전 19:1-7을 읽어보십시오. "아볼로가 고린도에 있을 때에 바울이 윗지방으로 다녀 에베소에 와서 어떤 제자들을 만나 이르되 너희가 믿을 때에 성령을 받았느냐 이르되 아니라 우리는 성령이 계심도 듣지 못하였노라 바울이 이르되 그러면 너희가 무슨 세례[침례]를 받았느냐 대답하되 요한의 세례[침례]니라 바울이 이르되 요한이 회개의 세례[침례]를 베풀며 백성에게 말하되 내 뒤에 오시는 이를 믿으라 하였으니 이는 곧 예수라 하거늘 그들이 듣고 주 예수의 이름으로 세례[침례]를 받으니 바울이 그들에게 안수하매 성령이 그들에게 임하시므로 방언도 하고 예언도 하니 모두 열두 사람쯤 되니라"행 19:1-7 (이들은 침례 요한을 통해 침례를 받고 회심한 이들인데, 예수님 안에 있는 속량에 대해 알지 못했습니다.)

바울이 믿는 자들 중에 성령을 받지 못한 이들이 있었다는 사실을 암시하면서 "너희가 믿을 때에 성령을 받았느냐"라고 말하는 점에 주목하십시오. 그래서 바울이 그들에게 그리스도를 전하고 난 후 그들은 침례를 받았으며, 그런 다음 바울이 그들에게 안수하자 성령을 받았습니다.

이것은 전부 아주 간단하고 정상적인 모습이기에 쉽게 이해되고 쉽게 이루어집니다.

그들은 하나님의 자녀입니다. 자녀로서 그들은 자신들의 몸 안에 내주하신 성령님의 임재를 얻을 수 있는 합법적인 권리가 있습니다.

성령님이 우리 몸 안으로 들어오시는 까닭

성령님이 우리 몸 안으로 들어오시는 이유는, 첫째 하나님께서는 우리 몸 안에 사심으로써 마귀의 유혹을 대적할 수 있는 최고의 능력을 우리에게 주실 수 있기 때문입니다.

그렇다면, "너희 안에 계신 이가 세상에 있는 자보다 크심이라"요일 4:4 라는 이 성경 말씀은 진리가 됩니다.

둘째, 성령님이 우리의 선생이요 인도자이시며 위로자가 되실 수 있기 때문입니다.

셋째, 성령님은 우리에게 증언하고 섬기는 능력을 주실 수 있기 때문입니다.

넷째, 성령님은 아버지와 예수님을 우리 영에 실재가 되게 하실 수 있기 때문입니다.

오늘날 교회가 나약한 이유는 성령님이 단순히 교회와 함께 계실 뿐, 교회 안에 계시지는 않기 때문입니다.

우리가 원하는 것은 성화나 깨끗한 심령이나 축복이나 새로운 경험이 아니라, 인격체이신 성령님이십니다.

성령님은 어떻게 우리 몸 안으로 들어오시는가

첫째, 우리는 하나님의 자녀임을 알고 있습니다.

둘째, 우리는 하나님과의 교제 가운데 살고 있습니다.

셋째, 우리는 우리 삶에 대한 예수님의 주 되심을 인정합니다.

넷째, 우리에게 성령님의 내주하심을 얻을 수 있는 합법적인 권리가 있음을 알고 있습니다.

다섯째, 단순명료한 확신 가운데 우리는 아버지께 가서 예수의 이름으로 성령님을 우리에게 주실 것을 구하면, 아버지께서는 우리가 그리스도를 우리의 구원자로 모셨을 때 우리에게 영원한 생명을 주셨던 것처럼 우리에게 성령님을 주실 것입니다. 왜냐하면 그분의 말씀은 무효가 될 수 없기 때문입니다.

"하물며 너희 하늘 아버지께서 구하는 자에게 성령을 주시지 않겠느냐" 눅 11:13

확인 문제

1. 이 시대 경륜에서 성령님이 거하시는 처소는 어디입니까?

2. 오늘날 성령님의 사역은 무엇입니까?

3. 성령님이 옛 언약 아래 있는 인간의 몸을 그분의 처소로 삼으실 수 없었던 이유는 무엇입니까?

4. 우리는 성령님을 어떻게 받습니까?

5. 성령님이 우리 안으로 들어오셔서 우리를 위해 하시는 일은 무엇입니까?

"새 계명을 너희에게 주노니 서로 사랑하라 내가 너희를 사랑한 것 같이 너희도 서로 사랑하라 너희가 서로 사랑하면 이로써 모든 사람이 너희가 내 제자인 줄 알리라"요 13:34-35

"사랑하는 자들아 우리가 서로 사랑하자 사랑은 하나님께 속한 것이니 사랑하는 자마다 하나님으로부터 나서 하나님을 알고 사랑하지 아니하는 자는 하나님을 알지 못하나니 이는 하나님은 사랑이심이라 하나님의 사랑이 우리에게 이렇게 나타난 바 되었으니 하나님이 자기의 독생자를 세상에 보내심은 그로 말미암아 우리를 살리려 하심이라 사랑은 여기 있으니 우리가 하나님을 사랑한 것이 아니요 하나님이 우리를 사랑하사 우리 죄를 속하기 위하여 화목제물로 그 아들을 보내셨음이라 사랑하는 자들아 하나님이 이같이 우리를 사랑하셨은즉 우리도 서로 사랑하는 것이 마땅하도다"요일 4:7-11

"하나님이 우리를 사랑하시는 사랑을 우리가 알고 믿었노니 하나님은 사랑이시라 사랑 안에 거하는 자는 하나님 안에 거하고 하나님도 그의 안에 거하시느니라"요일 4:16

13 장

하나님 가족의 새 법
THE NEW LAW OF THE FAMILY

예수님은 항상 혁명적이셨습니다. 그분은 결코 평범하지 않으셨습니다.

당신은 어느 각도에서 예수님의 생애를 연구하든지 그분이 평범한 분이 아니라는 사실을 발견합니다.

그분은 오류나 유행이나 그 당시의 이론에 순응하신 적이 없었습니다.

그분은 진리의 증인으로 오셨습니다.

그분 스스로가 진리이셨습니다.

우리가 "진리"로 번역했던 단어의 근본적인 뜻은 '실재reality' 입니다.

영어에서 실재라는 단어보다 예수님을 더 잘 표현하는 것은 없습니다.

예수님은 실재이셨습니다!

그분은 하나님이 실재가 되신 형상이셨습니다. 그래서 그분이 스스로를 표현하신 모든 것의 주제는 계시였습니다.

그분의 사역과 생애 전체가 그분이 살던 당시뿐만 아니라 이 시대까지도 거슬러 올라갔습니다.

예수님은 이스라엘 지평에 처음 등장하셨던 때만큼이나 오늘날에도 낯선 분이실 것입니다.

하나님의 가족을 다스리는 그분의 새 법은 요한복음 13:34-35에서 나타납니다. "새 계명을 너희에게 주노니 서로 사랑하라 내가 너희를 사랑한 것 같이 너희도 서로 사랑하라 너희가 서로 사랑하면 이로써 모든 사람이 너희가 내 제자인 줄 알리라" 요 13:34-35

예수님의 표현은 때로 놀랍기도 하고 독특하기도 합니다.

이 말씀에서 그분은 새로운 말을 만드신 것처럼 보입니다.

그분은 무엇인가를 표현하고 싶으셨지만, 그 당시에 사용하던 헬라어에는 쓸 만한 단어가 없었습니다.

그분은 인간이 타락한 후 잃어버렸던 뭔가 새로운 것을 이 땅에 가져오셨습니다.

그것은 미움으로 대신하게 된 옛날 에덴동산의 사랑the old Edenic Love이었습니다.

이 단어는 동사로 사용된 적은 있지만, 명사형은 없었습니다.

이 단어의 동사형은 'agapao(아가파오)' 입니다. 하지만 예수님은 사람들에게 'Agapa(아가파)' 라는 명사형을 제시하십니다. (우리가 아는 'Agape(아가페)'는 헬라어 'Agapa' 의 영어식 표기입니다.)

이것은 새로운 종류의 사랑이었습니다.

아시다시피, 새로운 본성과 새로운 아버지가 있는 새로운 가족이 있었습니다.

그들은 새로운 사람들이었습니다. 그들은 이 새로운 나라kingdom 곧 새로운 가족에 적합한 언어를 가져야 합니다.

그들은 흑암의 권세에서 그분의 사랑의 아들의 나라로 옮겨졌고, 따라서 이 새로운 영역에 있는 그들에게는 이에 적합한 언어가 있어야 합니다.

또한 그들에게 적합한 법이 있어야 합니다. 그래서 예수님은 "새 계명을 너희에게 주노니"라고 말씀하십니다.

그 새 계명이 무엇입니까?

그것은 "내가 너희를 향해 아가파를 가진 것처럼 너희도 서로에 대해 아가파를 가져라"입니다.

나는 제자들이 서로를 쳐다보았을 것임을 알 수 있습니다. 요한이 베드로에게 "보세요. 이것은 새로운 종류의 사랑이에요."라고 말합니다.

베드로는 머리를 흔들면서 "그렇기는 한데 저는 잘 모르겠습니다. 제게는 수수께끼처럼 들립니다. 예수님이 새로운 것을 너무 많이 가져오신 바람에 저는 혼란스럽기만 합니다. 언젠가는 영원한 생명에 대해 말씀하시고, 그리고 저번에는 아버지에 대해 말씀하시더니 이번에는 아가파라는 새로운 말씀을 하셨습니다. 예수님이 무슨 말씀을 하시는 건가요?"라고 말합니다.

베드로는 오순절 날이 될 때까지는 아가파를 결코 이해하지 못했습니다.

우리는 로마서 5:5에서 그 아가파에 대한 의미를 어렴풋이 봅니다. "… 성령으로 말미암아 하나님의 사랑이 우리 마음에 부은 바 됨이니"

부어진 것이 무엇입니까?

그것은 하나님의 사랑입니다.

스스로를 드러내는 하나님의 본성입니다.

복숭아나무 속에 있는 식물의 생명은 처음에는 잎으로, 그다음엔 꽃봉오리로, 그리고 마침내 감미로운 열매로 스스로를 드러냅니다.

이와 마찬가지로 하나님의 본성인 영원한 생명도 하나님의 자녀들의 본성과 행동과 말로 스스로를 드러냅니다.

누군가 위로부터 태어나면, 아버지의 본성이 그의 영 안으로 들어갑니다.

그 본성은 사랑으로 나타나게 됩니다.

하나님의 사랑은 거듭나기 이전 우리의 인간적 사랑과는 근본부터가 아주 다르기 때문에 우리는 그것을 감히 사랑이라고 부를 수 없습니다. 비록 같은 능력을 통해 작용한다고 해도 말입니다.

교회가 오순절 날에 탄생했을 때, 유대인들이 자신들의 재산을 내어놓고 이상한 행동을 하는 현상은 이 땅에 임한 이 새로운 종류의 사랑이 처음으로 나타난 것이었습니다.

이 시점에서 아가파 사랑과 사랑에 관한 다른 헬라어 단어를 대조해 보는 것이 좋을 것 같습니다.

아가파와 필레오

예수님이 계시던 시대에 사랑을 표현하는데 흔히 쓰이던 헬라어 단어는 'Phileo(필레오)'였습니다. 그것은 인간의 사랑을 뜻합니다. 이는 자녀를 향한 어머니의 사랑이요, 아내를 향한 남편의 사랑입니다.

이것은 인간이 지금껏 느껴왔던 것들 가운데서 가장 높은 유형의 사랑이었습니다.

자연적인 사랑과 욕망 사이를 구분한 헬라어가 있었지만 필레오 사랑보다 더 높은 차원의 사랑에 해당하는 단어는 없었습니다.

인간에게 일반적인 이 필레오 사랑은 인간이 가진 것 중 가장 축복된 재산이기도 하지만, 가장 위험한 것이기도 합니다.

필레오 사랑은 이혼 법정의 여신입니다. 인간 고통의 여사제입니다. 우리가 느끼는 대부분의 눈물과 슬픔과 심적 고통을 낳는 존재입니다.

필레오 사랑은 사소한 구실로 인해 질투와 살인으로 변합니다.

인간의 다른 모든 정욕보다 이 필레오 사랑으로 인해 일어난 일들이 매일 신문 지상의 머리기사를 장식합니다.

이는 인간의 실패에 대한 잠재적인 원인입니다.

이 필레오 사랑은 순전히 이기적입니다. 자기 욕구만을 충족시킵니다.

예수님은 새로운 종류의 사랑, 곧 자신의 유익을 구하지 않는 사랑을 가져오십니다.

이 사랑은 그 자체로 너무도 혁명적이어서, 이 시대에 사는 우리는 그 사랑을 거의 믿지 못합니다.

이 새로운 종류의 사랑은 하나님의 본성에 대한 진정한 해석입니다.

인간의 사랑은 인간의 해석입니다. 반면, 이 새로운 종류의 사랑은 하나님의 해석입니다.

예전에 인간의 사랑은 자연인의 심령으로부터 솟아납니다. 반면, 이 새로운 사랑은 재창조된 심령으로부터 솟아납니다.

전자는 자연인의 나타남이요, 후자는 새 사람 안에 계신 하나님의 나타나심입니다.

아가파 사랑은 온유하고, 관대하며, 오래 참고 친절합니다. 결코 이기적이지 않으며, 다른 사람의 기쁨과 행복만을 추구합니다.

인간의 사랑은 그렇게 할 수 없습니다. 당신이 인간의 사랑에 대해 그럴싸하게 말할 수 있어도, 결국 인간의 사랑이 움직이는 그 중심에는 자기 자신이 있습니다.

아가파에는 새로운 중심이 있습니다.

이 중심은 자기 밖에 있는데, 그것은 하나님이십니다.

필레오 사랑은 전적으로 실패해 왔습니다.

우리에게는 아가파 사랑은 결코 실패하지 않는다는 성경 말씀이 있습니다.

아가파 사랑은 하나님께서 그분의 자녀들의 삶을 통해 행동하시는 것입니다.

하나님의 신성한 본성Divine nature에 참여하게 된 사람들이 아니고서는 오늘날 아가파 사랑이 나타날 수 없습니다.

가짜 아가파 사랑이라는 것은 존재할 수 없습니다. 아가파는 복제될 수 없는 것입니다. 이것은 기독교의 특성이며 상징입니다. 하나님께서 육신으로 나타나신 것입니다. 인간 안에서 고동치는 하나님의 마음입니다.

다른 모든 종교는 여기에서 무너집니다. 다른 종교가 지닐 수 있는 최고는 필레오 사랑입니다. 우연히 새로운 겉옷을 입을 수는 있지만, 그래 보았자 예전에 깨진 인간의 사랑과 똑같은 것입니다.

아가파 사랑은 하나님 가족의 법일 뿐만 아니라 하나님 가족의 생명이자 기쁨이기도 합니다.

이 사랑은 소위 지구상의 종교들이라 불리는 그 어떤 것들보다 기독교를 더 아름답게 해줍니다.

이 사랑은 성도의 삶을 모든 인간 중에 가장 달콤하고 향기롭게 해줍니다.

박해 아래서도 아가파 사랑의 기도는 "아버지, 저들을 용서해 주세요. 저들은 지금 무엇을 하는지 모릅니다."라고 말합니다.

아가파 사랑은 용서의 향기를 풍깁니다.

아가파 사랑은 겸손으로 옷 입은 용기입니다.

아가파 사랑은 온유함으로 옷 입은 강인함입니다.

아가파 사랑은 가족을 함께 묶으며 강한 자가 약한 자의 짐을 지게 해주고, 부유한 자가 가난한 자의 청구서를 지불하게 해주며, 배운 자가 배우지 못한 자의 동료가 되게 해 주는 끈입니다.

아가파 사랑은 사람들 가운데 다시 나타난 그리스도이십니다.

아가파 사랑은 새로운 어휘로 표현하지 않을 수 없게 합니다.

아가파 사랑은 빈정거림이나 미움이나 질투 같은 단어가 필요하지 않습니다.

아가파 사랑이라는 장미에는 가시가 자라지 않으며, 그 꽃에는 독이 없습니다.

아가파 사랑은 하나님의 자녀들의 입술에서 고동치는 하나님의 심장입니다.

아가파 사랑은 가정을 천국으로 만듭니다.

대조

　레위기가 첫 언약의 법에 대한 해설이듯이, 고린도전서 13장은 새로운 법에 대한 해설입니다.

　바울은 그의 위대한 운문인 고린도전서 13장에서 Philepo(필레오)와 아가파의 차이를 요약합니다.

　"내가 사람의 방언과 천사의 말을 할지라도 사랑이 없으면 소리 나는 구리와 울리는 꽹과리가 되고"고전 13:1

　바울은 위대한 학자였고, 언어적인 재능이 가장 높이 평가받는 것들 중 하나라는 사실을 알고 있었습니다.

　바울은 "내가 이 땅에 있는 모든 언어를 이해하여, 역사에서 망각된 민족들이 세운 기념비의 상형문자를 해독할 수 있고, 천사들의 언어를 이해할 수 있어도 아가파가 없다면 소리 나는 구리와 울리는 꽹과리에 불과한 것이다."라고 말한 것입니다.

　이는 기독교가 겉으로 두르고 있는 언어적인 면을 벗겨 내고, 속살을 드러낸 것입니다.

　이 말씀은 교회가 텅 빈 것과 주일학교가 청소년을 붙들지 못한 이유, 기독교가 사업과 사회생활에서 실패한 이유를 제시합니다.

　그리스도인들이 그저 소리 나는 구리요 울리는 꽹과리에 불과했기 때문입니다.

　이는 현대의 종교잡지들이 가입 신청자들에게 애걸복걸하는 이유를 말해줍니다.

　소리 나는 구리요, 울리는 꽹과리요, 공허한 말, 말, 말, 말입니다.

지금껏 말, 말뿐이요, 공허한 말뿐입니다.

사람들의 심령은 그 말을 통해서 살코기를 찾으려 하지만, 정작 발견하는 것은 껍데기와 찌꺼기뿐입니다.

인간의 굶주린 심령이 교회를 향해 아가파 사랑을 달라고 얼마나 부르짖고 있는지요. 아가파 사랑이 아닌 다른 것은 인간의 굶주린 심령을 만족시킬 수 없습니다.

"내가 예언하는 능력이 있어 모든 비밀과 모든 지식을 알고 또 산을 옮길 만한 모든 믿음이 있을 지라도 아가파가 없으면 내가 아무 것도 아니요"고전 13:2

바울은 여기서 인간의 또 다른 보편적인 열망인 예언의 은사에 대해 드러내고 있습니다. 예언의 은사는 미래의 사건에 대해 예고하고, 국가의 분열이나 자본가와 노동자의 갈등의 발생과 같은 거대한 세계의 문제와 사회문제의 해결 방안을 알 수 있는 능력입니다.

만약 누군가에게 미래를 읽을 수 있는 재능이 있다면, 그가 말하는 것을 듣기 위해 몰려드는 사람들을 수용할 만한 건물이 없을 것입니다.

이 사람은 연설하는 것에 대해 그 어떤 사람도 받을 수 없을 만큼의 엄청난 액수를 요구하고 얻을 수 있습니다.

그가 이 놀라운 재능을 소유할 수는 있겠지만, 그에게 아가파 사랑이 없다면, 그의 말이 부드러움과 감동으로 넘치더라도 하나님께서는 "그가 아무것도 아니다."라고 말씀하십니다.

"모든 비밀과 모든 지식을 알고 있을지라도" 오 바울이여, 당신은 지금 우리의 심령 깊이 들어오고 있습니다. 우리가 얼마나 지식을 갈구하는지요. 우리가 커튼을 들어 올려서 그 사건의 배후를 보고 우리를 둘러싼 그 신비의 계시를 읽고자 얼마나 갈망했는지요. 우리가 저항 없이 전력을 얻는 법과 우주를 통해 흐르는 강력한 유동체의 숨겨진 흐름을 끌어내는 법을 알기 위해, 그리고 토양을 다시 살리는 문제를 해결하기 위해 얼마나 갈망해 왔는지요. 그렇습니다. 아직 알려지지 않았지만 세상을 축복하려면 반드시 필요한 수천 가지의 유용한 것들을 알려고 얼마나 열망해 왔는지요.

바울은 비록 우리가 이 모든 것을 알지라도 아가파 사랑이 없다면 "우리는 아무것도 아니다."라고 우리에게 말합니다.

이 얼마나 우리를 깨우치고, 놀라게 하며, 찌르는 말인지요!

더 나아가 바울은 "또 산을 옮길 만한 모든 믿음이 있을지라도 아가파 사랑이 없으면 내가 아무 것도 아니요"라고 말합니다.

우리가 제단에서 예언과 지식의 하나님께 얼마나 말로만 경배해 왔는지요. 우리가 산을 움직이는 이 믿음을 얻기 위해 얼마나 고군분투해 왔는지요. 하지만 이 사람 바울은 우리의 헛된 꿈을 산산조각내며 우리 야망의 뿌리를 잘라버리는 일격을 날립니다.

지식, 지혜, 믿음, 언어 이 모든 것은 오늘날 학문 세계가 추구하고 있는 것들입니다.

바울은 우리가 그 모든 것들을 가지므로 세상의 대학들이 일어나서 학문 세계의 왕관 없는 왕으로 우리를 칭찬해 줄 수 있을지라도, "아가파 사랑이 너희 삶에 없다면 너희는 아무것도 아니야."라고 우리 귀에 속삭입니다.

이것이 오늘날 죽은 교회 위에 하나님께서 새긴 묘비명입니다.

학문이 결코 아가파 사랑의 자리를 대신할 수 없었습니다.

"내가 내게 있는 모든 것으로 구제하고 또 내 몸을 불사르게 내줄지라도"고전 13:3 다시 말해, 누군가 이 세대의 가난한 자들을 먹이고 각 도시와 마을에 도서관과 병원을 지어주며, 인류애로 옷을 입었어도 아가파 사랑이 없다면, 그것은 그에게 어떤 유익도 되지 않습니다. 그는 인생을 낭비했던 것입니다. 그것은 마치 모래더미에 물을 쏟아 버린 것과 같습니다.

인간의 노력이나 학습이나 성취는 그것이 없으면 실패합니다. 그것은 무엇입니까?

그것은 예수님께서 이 땅에 가져오신 새로운 사랑, 곧 하나님의 심령에 대한 계시입니다.

그것은 계시이지만, 그 이상이기도 합니다. 그것은 우리 심령에 부어진 하나님의 생명인데, 우리의 말과 행동을 통해 나타납니다.

그것은 고동치는 하나님의 심장으로, 우리의 영으로부터 나오는 어떤 분위기로 나타나는데, 세상의 필요에 복을 주고 위로합니다.

그것은 상심한 인간의 절망적인 울부짖음에 대한 하나님의 응답입니다.

바울은 우리에게 "아가파 사랑은 오래 참고 온유하며"고전 13:4라고 말합니다.

필레오 사랑은 고통당할 수 있으나, 짐으로 인해 더욱 견디기 힘들어집니다.

"아가파 사랑은 시기하지 아니하며"고전 13:4

필레오 사랑은 항상 시기와 질투를 드러냅니다.

"아가파 사랑은 자랑하지 아니하며 교만하지 아니하며"고전 13:4

필레오 사랑은 항상 자랑합니다. 필레오가 움직이는 중심은 자신입니다.

당신이 필레오 사랑으로부터 이기심을 뺀다면, 필레오는 무너져서 바닥에 고꾸라질 것입니다. 이기심이 필레오의 힘입니다.

"아가파 사랑은 무례히 행치 아니하며" 고전 13:5

필레오 사랑은 이혼 법정에서 불평을 늘어놓습니다. 필레오 사랑은 그 사랑의 대상에게 갑자기 질투를 내며, 냉혹하게 쓰러뜨립니다.

필레오 사랑은 시끄럽고 종종 저속합니다.

"아가파 사랑은 자기의 유익을 구하지 아니하며" 고전 13:5

필레오 사랑이 시작부터 끝날 때까지 고군분투하는 것은 자신의 유익을 얻고 지키기 위해서입니다.

필레오 사랑은 불행하고 비참합니다. 불성실하고 믿을 수 없는 것이 됩니다. 필레오 사랑의 모토는 "사랑과 전쟁에는 모든 것이 공평하다"입니다.

필레오 사랑은 잔인한 독재자이지만, 인간이 타락한 때부터 예수님이 오시기 전까지 옛사람이 가질 수 있는 최고의 것입니다.

"아가파 사랑은 성내지 아니하며" 고전 13:5

필레오 사랑은 예민하여 다루기 어렵습니다. 쉽게 화를 냅니다. 필레오 사랑은 아주 예민하기에 무시하거나 충격을 받아서는 안 된다고 우리에게 말합니다.

예민함sensitiveness은 항상 마귀에게 속한 것이었고 또 지금도 그렇습니다.

"아가파 사랑은 악한 것을 생각하지 아니하며" 고전 13:5

필레오 사랑은 항상 세상의 추문을 주절대며 웃고 떠들어댑니다.

"아가파 사랑은 불의를 기뻐하지 아니하며 진리와 함께 기뻐하고"
고전 13:6

필레오 사랑은 이것을 이해할 수 없습니다. 필레오 사랑은 사소한 자극에도 금방 미움과 원한으로 바뀝니다. 그래서 필레오 사랑은 항상 자기와 대적하는 자가 넘어지면 기뻐합니다. 그래서 진리가 필레오의 격정을 충족시켜 주지 못하면, 진리와 함께 기뻐할 수 없습니다.

"아가파 사랑은 모든 것을 참으며 모든 것을 믿으며 모든 것을 바라며 모든 것을 견디느니라" 고전 13:7

아가파 사랑은 절대로 파산하지 않습니다.

필레오 사랑은 젊은 시절 방탕한 삶으로 재산을 탕진하고, 성인이 되기 전에 실패의 바위에 내팽개쳐질 위험이 있습니다.

아가파 사랑은 무엇입니까?

요한 사도는 하나님이 아가파 사랑이라고 우리에게 알려줍니다.

다른 말로 하면, 예수님이 세상에 가져오신 이 새로운 것은 위대한 창조주 하나님의 본성으로, 하나님께서 모든 피조물에게 널리 퍼뜨리려던 것입니다. 하나님께서는 이 아가파가 동물을 다스리고 인간의 본성이 되게 하려 하셨지만, 인간의 타락과 함께 영적인 죽음이 그 자리를 차지하였고, 마귀의 끔찍한 본성으로부터 미움과 원한과 불신이 솟아납니다.

안식 없는 영이 모든 본성을 장악합니다.

오늘날 이 낯설고 부자연스러운 힘이 인간과 짐승을 지배합니다. 하지만 동물의 마음과 인간의 심령은 아가파 사랑을 갈망하여 울고 있습니다.

강한 자가 더 이상 약한 자를 잡아먹지 않고, 부자가 가난한 자를 더 이상 착취하지 않을 때, 하나님께서 만물을 다스리실 것입니다.

아가파 사랑은 교회 곧 하나님의 가족의 새로운 법입니다.

독자들이여, 아가파 사랑이 당신을 다스리고 있습니까? 아니면 예전의 타락한 인간의 사랑이 당신을 지배하고 있습니까?

확인 문제

1. 새로운 피조물에게 새로운 법이 주어져야 했던 이유는 무엇입니까?

2. 하나님의 본성이 우리의 행동 가운데 사랑으로 자신을 나타낼 수밖에 없는 이유가 무엇입니까?

3. "필레오"를 정의하십시오.

4. "아가파"를 정의하십시오.

5. 고린도전서 13장에 제시된 "필레오"와 "아가파"를 비교하십시오.

14 장

하나님의 가정
THE HOUSEHOLD OF GOD

하나님과 인간이 가족이라는 사실이 성경 전체의 기초를 이루는 사실입니다.

창조주 하나님의 본래 최고의 꿈은 그분의 사랑과 호응, 그분 자신의 영과 본성으로 사는 아들과 딸들로 이루어진 가족이었습니다.

로더햄Rotherham은 에베소서 1:5을 "사랑 안에서 예수 그리스도를 통해서 그분 자신의 아들 됨으로 미리 정하셨으니"라고 번역합니다.

하나님께서는 우리를 그분의 가족 안에서 아들의 위치와 자리로 미리 정하셨습니다.

이처럼 하나님과 인간이 가족이라는 사실은 인간이 영원한 존재라는 위대한 진리를 전면에 내세웁니다.

하나님을 닮지 않고, 하나님처럼 영원한 존재가 아니며, 하나님과 같은 종류가 아니었다면, 인간은 하나님의 아들이 되지 못하고 그분의 본성에 참여하는 자가 되지도 못하였을 것입니다.

아마도 가장 아름다운 사실은, 하나님께서 그분의 능력의 말씀 한마디로 인류 전체를 창조하시는 대신, 한 남자와 한 여자를 창조하셔서 그들이 하나님의 자녀의 부모가 되도록 허락하셨다는 것입니다.

하나님께서는 인간을 자신의 동역자로 여기셔서 우리로 하여금 그분의 기쁨을 낳게 하신 것입니다. 이는 우리가 아버지와 어머니가 됨으로써 가지는 영원한 책임을 보여 줍니다.

하나님께서는 한꺼번에 인류 전체를 창조할 수 있으셨지만, 그렇게 하기로 선택하지 않으셨습니다.

하나님께서는 우리가 자식을 낳아 부모가 되어 그 기쁨을 알게 됨으로써, 그분과 교제하는 기쁨을 누리기를 더 원하셨습니다.

갈라디아서 6:10에서 바울은 하나님의 가족에 관한 한 법을 제시합니다. "그러므로 우리는 기회 있는 대로 모든 이에게 착한 일을 하되 더욱 믿음의 가정들에게 할지니라"

믿음의 가족

여기에서 하나님의 가족은 고르고 고른 이름 가운데 한 이름을 부여받습니다. 그 이름은 "믿음의 가정the Household of Faith" 곧 믿음의 가족입니다.

그 이름은 우리가 피를 나눈 형제이며, 같은 본성에 참여하였고, 유업을 이어받은 자이며, 예수 그리스도와 공동 상속자임을 드러내는 아름다운 이름입니다.

우리는 이 땅에서 하나님 가족을 대표합니다.

우리는 감리교도, 침례교도, 성공회신자, 로마 가톨릭신자가 아니라 하나님의 아들과 딸인 하나님의 가족입니다.

가족의 구성원인 우리는 사랑 안에서 서로를 섬기고 돌보아야 합니다.

"그러므로 이제부터 너희는 외인도 아니요 나그네도 아니요 오직 성도들과 동일한 시민이요 하나님의 권속the Household of God이라" 엡 2:19

우리는 하나님의 가족입니다! 하나님께서 우리와 함께 사십니다!

예수님은 "사람이 나를 사랑하면 내 말을 지키리니 내 아버지께서 그를 사랑하실 것이요 우리가 그에게 가서 거처를 그와 함께 하리라" 요 14:23라고 말씀하셨습니다.

하나님께서는 그분의 자녀와 함께 살고 싶어 하십니다.

그분은 우리 가정에 그저 손님으로 있고 싶어 하지 않으십니다.

그분은 우리 삶과 심령에 하나님 아버지의 자리가 있기를 원하십니다.

예수님과 아버지께서 오셔서 우리와 함께 거처를 마련하실 것이라고 예수님이 하신 약속은 매우 값진 것입니다.

그때 예수님과 하나님 아버지는 우리의 짐을 지시고 위로자가 되시며, 우리는 삶의 힘든 싸움 가운데서 그분들의 지혜와 보호하심을 신뢰할 수 있는 것입니다.

예수님이 "아버지께서 친히 너희를 사랑하심이라" 요 16:27라고 말씀하신 것은 우리를 향한 아버지의 태도를 제시하신 것입니다.

하나님 아버지께서는 친히 우리를 갈망하시고 사랑하십니다.

요한계시록 3:20에서 예수님은 우리 가정에 오셔서 우리와 함께 식탁에 앉아 먹고 마시기(근동지역 국가에서 함께 먹는다는 것은 매우 신성한 특권입니다)를 얼마나 간절히 바라시는지 우리에게 알려주십니다.

그래서 예수님은 "볼지어다 내가 문 밖에 서서 두드리노니 누구든지 내 음성을 듣고 문을 열면 내가 그에게로 들어가 그와 더불어 먹고 그는 나와 더불어 먹으리라"계 3:20라고 말씀하셨습니다.

말 그대로 예수님이 그들 안에 거하신다면, 그들의 가정은 어떻게 바뀌었을까요! 그랬다면 오늘날 그들을 흠집 내는 쓴 감정과 불친절이 얼마나 없어졌을까요!

만약 그리스도인들이 하나님과 인간의 관계가 종교적인 일이 아니라 가정사라는 사실을 깨달을 수만 있었더라면 하나님이 그들에게 더 큰 의미가 되었을 것이고, 그러면 그들은 하나님께 더 큰 기쁨을 드릴 수 있었을 것입니다.

"이로 인하여 내가 우리 주 예수 그리스도의 아버지께 무릎을 꿇고 비노니 그분께로부터 하늘이나 땅에 있는 모든 가족이 이름을 부여받았느니라"엡 3:14-15

모든 아버지 됨Fatherhood ; 부성은 하늘에 계신 위대한 하나님 아버지로부터 시작된 것이며 "하늘이나 땅에 있는 모든 가족"이라는 말씀에 주목하십시오. 우리는 하나님으로부터 나온 가족입니다.

여기에서 가족에 사용된 헬라어는 "Fatherhood"인데, 동물의 본능적인 부성은 하나님께서 부여하신 것입니다. 인간 안에 있는 모든 부성애는 우리 하나님 아버지의 위대한 품에서 나옵니다.

하나님 아버지는 아버지 됨의 원천입니다.

그럼에도 당신이 수많은 교회에서 일상적으로 이루어지는 기도 모임에 가게 되면 방금 언급한 하나님 아버지의 이름을 좀처럼 듣기 어려울 것입니다. 오늘날 하나님은 그저 하나님일 뿐입니다.

교회는 맹목적으로 천국으로 가려고 하는 아버지 없는 자녀들의 고아원일 뿐입니다. 그들은 이 땅에 있는 동안 시험을 당하거나 필요가 있을 때 하나님의 축복과 도움을 받기 위해 애쓰지만, 그들에게 있어서 하나님은 아버지가 아닙니다.

그들의 심령에서 하나님은 아버지의 자리를 차지하고 있지 않으며 그들은 그분의 자녀가 아닙니다.

그들은 종의 영을 받아들였습니다. 그래서 그들은 하나님의 종이 되는 것에 대해서는 말하면서도 아들이 되는 것에 대해서는 전혀 말하지 않습니다.

그리고 그들은 새로운 탄생에 대해 말할 때마다 그것을 탄생이 아닌 입양으로 언급합니다.

심지어 그들은 그것을 삶에 적용하기도 합니다. 그들은 입양된 자녀일 뿐입니다.

그들은 신성한 성품에 참여하지 않았고, 마귀와의 연합을 통해 온 세상의 부패를 피하지도 못했습니다.

그들은 아들일지라도, 탕자의 비유 이야기에서 단지 종의 영을 가지고 종들과 같이 살았던 장자와 같은 자들입니다.

전능하신 하나님의 자녀들이 아들 됨의 특권이나 책임에 대해서 전혀 알지 못한 채 종의 자리를 차지하고 있었다는 사실보다 더 슬픈 현대 교회의 모습은 상상하기도 힘듭니다.

바울은 디모데전서 3:15에서 "너로 하여금 하나님의 집에서 어떻게 행하여야 할지를 알게 하려 함이니 이 집은 살아 계신 하나님의 교회요 진리의 기둥과 터니라"라고 말합니다.

"어떻게 행하여야 할지"라는 말씀은 우리가 함께 모여 예배나 교제를 나누는 예배당에서가 아니라, 가족 곧 하나님의 가정에 대한 말씀입니다. 그것은 당신의 일이나 즐거움이 있는 곳일 수도 있고, 가족의 집합체일 수도 있습니다.

바울은 우리가 이 경이로운 믿음의 가정, 곧 하나님의 가족 안에서 형제와 자매, 젊은이와 나이 든 자들에 대해 어떻게 행동해야 하는지에 대해 우리에게 편지를 쓰고 있습니다.

스스로 어떻게 행동해야 하는지를 아는 사람이 얼마나 적은지요!

왕의 가족이 지켜야 할 예의범절을 이해하는 사람이 얼마나 적은지요!

자신의 특권과 서로에 대한 책임을 제대로 알아차리는 자가 얼마나 적은지요!

하나님의 가족은 기둥이며 토대입니다. 더 문자 그대로 말하면, 오늘날 세상에 있는 모든 진리가 담겨 있는 보고depository입니다.

바울은 몇몇만이 알게 되었던 것을 우리로 하여금 깨닫게 합니다. 그것은 오늘날 진리의 진보가 과학자나 대학이나 연구소나 조사기관에 의해서가 아니라 하나님의 가족 안에 있다는 사실입니다.

우리는 일반적으로 교회로 알려진 하나님의 가족이 존중과 인정을 받아 국가 단체 내에서 교회의 목소리를 낼 수 있는 곳은 어디나 정신적, 도덕적, 기술적 성장이 있다는 사실을 깨닫습니다.

이교 국가가 문명화된 수준은 각자의 심령 안에 예수 그리스도에 대한 계시가 비추어진 만큼입니다.

교회야말로 진리의 보고인 것입니다

히브리서 3:6은 이 집house, 곧 "그의 집인 우리"가 그분의 집이라고 말씀합니다. 즉 우리는 하나님의 집입니다.

우리는 왕의 복된 가정의 가족원인 전능하신 하나님의 아들과 딸입니다.

거대한 궤도를 따라 도는 이 신비로운 천체들은 우리 아버지에 의해 창조되었으므로 그것들은 우리의 것입니다.

지금 사탄의 통치 아래 있는 이 땅은 태초에 우리의 집으로 창조된 것이었습니다. 우리가 유업을 지키지 못했을지라도, 이 땅은 오늘날 우리의 것입니다. 예수 그리스도의 복음과 우리 영에 들어온 영원한 생명을 통해 우리는 잃어버린 영토를 차츰 회복하고 있습니다.

전기, 항공, 가솔린이라는 새로운 동력과 화학 분야에서 거둔 대단한 성과들을 통해 우리는 대 반역죄로 말미암아 잃어버린 에덴의 권세 일부를 다시 우리 손에 넣을 수 있습니다.

베드로전서 2:5은 우리가 우리 주 예수 그리스도를 통해서 하나님 아버지께 영적인 제사를 드리는 거룩한 제사장, 즉 영적인 가정임을 말씀합니다.

이것은 매우 달콤한 계시 중 하나입니다.

여기에서 영적인 제사란 사랑의 제사요, 심령의 제사요, 찬양과 경배와 사랑의 제사를 뜻합니다.

이는 우리와 아버지의 거룩하고 내적인 관계입니다.

아버지의 가족에 속한 모든 구성원이 각자의 본성에 있는 지성소에서 날마다 아버지와 함께 잠시라도 시간을 보내는 것은 가족원의 특권인데, 그곳에서 우리는 위대한 아버지와 영과 영으로서 교제하며 그분의 가슴에 기대어 앉아서 그분의 얼굴을 바라보며 마침내 우리가 다른 사람들을 대함에 있어 사랑하는 아버지를 꼭 빼닮을 때까지 그분의 사랑과 위대하심과 능력으로부터 영감을 얻습니다.

우리가 예수 그리스도로 인해 바빠 일하시는 아버지와 긴 시간 동안 교통할 수 있다니요, 경이롭고도 놀랍습니다!

베드로전서 2:9은 우리를 왕 같은 제사장이라고 합니다.

베드로는 "그러나 너희는 택하신 족속이요 왕 같은 제사장들이요 거룩한 나라요 그의 소유가 된 백성이니 이는 너희를 어두운 데서 불러내어 그의 기이한 빛에 들어가게 하신 이의 아름다운 덕을 선포하게 하려 하심이라"라고 말합니다.

이 성경 구절은 나의 보물입니다.

이 말씀은 우리가 선택된 족속이라고 말합니다. 우리는 그런 존재입니다. 우리는 하늘로부터 태어나서 우리 아버지의 심령과 본성, 목적과 계획을 계시하는 자로 이 땅에 살도록 허락받은 자들입니다.

우리는 왕 같은 제사장입니다. 우리는 하나님의 보좌와 연결되어 있습니다.

우리는 예수님만큼이나 하나님 아버지의 심령 가까이에 있습니다.

우리는 아버지와 심령과 심령으로 영과 영으로 항상 대화할 수 있습니다.

낡아 떨어진 거지 옷을 입은 마귀의 자녀들이 보는 앞에서 우리는 왕 같은 제사장으로서 왕의 가족이 입는 찬란한 옷을 입게 될 것입니다.

우리는 거룩한 나라입니다. "거룩한 나라holy nation"라는 말은 '구별된 나라separated nation'라는 뜻입니다.

우리는 세상에 속한 자들이 아닙니다. 우리는 세상에서 어떤 몫이나 지분도 가지고 있지 않습니다.

우리는 오로지 그분께만 속해 있습니다. 그러므로 우리는 말과 행위로 우리 하나님 아버지의 사랑과 은혜의 영광과 아름다움과 부요를 드러내기만 하면 되는 것입니다.

"하나님의 집에서 심판을 시작할 때가 되었나니 만일 우리에게 먼저 하면 하나님의 복음을 순종하지 아니하는 자들의 그 마지막은 어떠하며" 벧전 4:17

여기에 가장 엄숙한 경고가 있습니다. 즉 하나님께서 그분께 속한 백성을 심판하실 것이라면, 하나님의 가족 밖에 있는 하나님 없는 세상에 대한 심판은 어떻게 될 것인가에 대한 것입니다.

이는 하나님의 자녀의 심령을 흔들어 깨워 각자에게 임하게 될 심판을 피하도록 그 자신을 살펴보게 합니다.

우리가 속한 하나님의 가족에 걸맞게, 우리의 위대한 하나님 아버지의 전통에 걸맞게, 하나님 아버지와의 관계에 걸맞게, 아버지와 우리 주 예수 그리스도 구원자가 있는 가족에 걸맞게 삽시다.

하나님 아버지

"아버지께서 친히 너희를 사랑하심이라" 요 16:27

이 문장에서 예수님은 아버지의 심령을 사진 찍어 우리에게 보여주셨습니다.

그분의 자녀를 사랑하는 분은 바로 아버지이십니다.

그 아버지의 온화하고 부드러운 사랑은 그분의 가족을 향해 있습니다.

아버지께서 친히 나를 사랑하신다는 이 보배로운 생각은 얼마나 큰 위로가 되는지요.

이 말은 삶의 모든 짐과 염려 가운데 있는 나를 그분이 친히 사랑하신다는 뜻입니다.

마음의 아픔이 어떠하든지, 부담이 어떠하든지, 남모르는 괴로움이 어떠하든지 위대한 하나님 아버지의 심령은 나를 갈망하십니다.

이 사실이 영혼에 엄청난 힘을 불어넣습니다. 삶의 모든 이유가 모두 사라지고 죽음만이 유일한 해결책일 때도 싸울 수 있는 엄청난 용기를 불어넣습니다.

우리는 싸움에 다시 임하여 승리를 거둘 수 있습니다. 왜냐하면 우리는 아버지께서 우리를 사랑하시는 것을 알기 때문입니다.

우리가 사랑을 받고 사랑할 수 있는 한 세상에 존재하는 이유가 있지만, 더 이상 사랑하지 않고 더는 사랑의 대상이 되지 않을 때에는 존재 이유가 사라집니다.

예수님은 아버지와 그분이 우리 거처로 들어오셔서 그곳에 거하실 것이라고 우리에게 말씀합니다.

"사람이 나를 사랑하면 내 말을 지키리니 내 아버지께서 그를 사랑하실 것이요 우리가 그에게 가서 거처를 그와 함께 하리라" 요 14:23

바삐 일하시는 하나님, 열심히 일하시는 하나님, 지치지 않으시는 하나님, 모든 종류의 생명체와 우주의 뭇별들과 모든 초목과 꽃의 모든 잎사귀를 돌보시는 그분, 모든 인간의 심령의 소리에 귀를 여시고 모든 가족의 미래를 계획하시는 그분이 우리에게 오셔서 그분의 거처를 우리와 함께하실 것이라는 이 약속은 참으로 경이롭습니다.

하나님과 예수님이 우리에게 들어오셔서 거하실 것이라는 사실을 우리 심령은 좀처럼 받아들일 수 없어 합니다.

우주의 황제께서 우리의 비천한 집에 거하실 것입니다.

지혜 그 자체이신 분이 우리의 무지를 참아주실 것입니다.

정순하시고 거룩하신 분이 우리의 조잡한 이기심을 참아주실 것입니다.

그런 분이 우리와 함께 사시겠다니요, 그분은 그렇게 하겠다고 약속하셨습니다.

이 의미는 그분이 우리의 짐을 지고, 우리의 근심을 담당하시고, 우리의 가난을 나누어 지시며, 우리의 심령을 위로하신다는 뜻입니다.

오, 이 위대하신 아버지의 심령, 이 전능하신 하나님께서 우리의 집으로 들어오셔서 우리가 자녀를 양육하도록 도우시며, 우리에게 삶의 문제를 다루는 지혜를 주시고, 우리가 어떻게 해야 할지 알지 못하는 어두운 때에도 우리를 도우실 것이라니요, 이 얼마나 엄청난 축복이며 경이로움입니까!

이것이 기독교입니다. 기독교는 종으로서 하나님을 섬기는 것이 아니라, 자녀로서 아버지와 함께 사는 것입니다.

왕의 가족

하나님의 가족은 왕의 가족입니다.

하나님은 우주의 왕이시고, 우리는 그분의 아들과 딸입니다.

우리는 그분의 본성에 참여한 자입니다.

우리는 그리스도 주님과 공동상속자입니다.

우리는 하나님의 자녀라 불립니다.

우리는 하나님 나라에 속한 귀족계급의 성원입니다.

이 땅의 모든 꽃, 모든 관목과 식물, 모든 바위와 광물, 하나님의 감추어진 모든 비밀과 목적은 우리를 위한 것이거나 우리에 관한 것입니다.

위대하신 하나님 아버지께서는 오로지 한 꿈과 계획만이 있는데, 그것은 그분의 자녀에 대한 것입니다.

우주 만물의 중심에는 이 하나님의 가족이 있습니다.

우리는 티끌같이 비천하고 나약한 벌레가 아니라 지극히 높으신 하나님의 아들과 딸입니다.

나는 왕의 가족에 속한다네,
내 하나님 아버지는 왕이시지.
그분과 교제하는 영광은
나로 영원토록 노래하게 해.
내 하나님 아버지는 왕이시지,
내 하나님 아버지는 왕이시지,
나는 왕의 가족에 속한다네,
내 하나님 아버지는 왕이시지.

우리가 우리의 특권을 누리지 못하며 살고, 하나님 아버지 대신 인간과의 교제를 추구하고, 마치 하나님을 마지막 남은 자원을 다 쓰고 찾아가는 구제단체로 취급함으로써 얼마나 우리와 그분과의 관계를 단절시키고 우리의 왕족 지위를 잘못 사용해 왔습니까!

얼마나 아버지의 심령은 우리를 갈망하고 열망하는지요! 우리에게 내려주신 축복이 얼마나 대단한지요! 지금 얼마나 많은 부가 우리의 유업인지요! 왕의 가족으로서 하나님과의 교제는 얼마나 대단한지요!

하나님은 우리의 아버지이십니다. 우리는 그분의 자녀입니다. 오, 나의 심령아, 노래하며 경이로운 유업을 기뻐하라!

확인 문제

1. 가족이라는 사실이 왜 모든 성경 가운데 기본 사실일까요?

2. 우리를 하나님의 가정으로 부르신다는 성경 말씀이 의미하는 바가 무엇일까요?

3. 우리의 거룩한 제사장직과 왕 같은 제사장직을 구분해서 설명해 보십시오.

4. 우리를 향한 아버지의 태도를 논하십시오.

"너희가 내 안에 거하고, 내 말이 너희 안에 거하면, 너희가 너희의 권리를 요구하라, 그러면 너희의 권리가 너희에게 주어질 것이다" 요 15:7, 문자적 번역

"내가 진실로 진실로 너희에게 이르노니 나를 믿는 자는 내가 하는 일을 그도 할 것이요 또한 그보다 큰 일도 하리니 이는 내가 아버지께로 감이라 너희가 내 이름으로 무엇을 구하든지 내가 행하리니 이는 아버지로 하여금 아들로 말미암아 영광을 받으시게 하려 함이라 내 이름으로 무엇이든지 내게 구하면 내가 행하리라" 요 14:12-14

위의 성경 구절은 기도를 가리키는 게 아니다. 우리가 질병과 귀신의 세력을 쫓아내기 위해서 예수의 이름의 권세를 사용하는 것을 가리키는 구절이다. 여기에서 예수의 이름은 그리스도께서 육신적으로 현재하실 경우 의미할 수 있던 전부를 우리에게 의미한다. 예수의 이름으로 우리가 무엇이든지 요구하는 것은 그분을 활동하시게 한다.

"이는 한 개인의 범죄를 통해서 죽음이 그 개인을 사용하여 전권을 장악하였다면 하나님의 흘러넘치는 은혜와 의의 선물을 받은 자들은 한 개인인 예수 그리스도를 통해서 더욱더 생명 안에서 왕으로 통치할 것이기 때문이다" 롬 5:17, Weymouth

15 장

우리의 권리를 주장하기
CLAIMING OUR RIGHTS

    기독교는 법적인 문서입니다. 우리의 대부분의 기본적인 법적인 용어는 성경 구절로부터 나옵니다.

    옛 언약과 새 언약이라는 명칭은 법적 용어입니다.

    인간이 타락한 때부터 예수 그리스도께서 높은 곳에 계신 지극히 크신 분의 우편에 앉으셔서 인류를 속량하셨을 때까지 속량 계획의 모든 걸음은 인간이 소유하고 있는 가장 중요한 법적 문서를 완전하게 만드는 일련의 합법적인 단계일 뿐입니다.

    우리는 법적인 관점에서 읽을 때 속량 계획을 이해할 수 있습니다.

    이 속량 계획에는 계약의 세 당사자들이 있습니다. 그것은 하나님과 인간과 사탄입니다.

    하나님께서는 그분 자신과 인간과 마귀에게 공의로워야 합니다.

    우리는 하나님께서 인간을 창조하셨고, 이 땅에 인간을 두셨으며, 인간에게 어떤 합법적인 권리를 부여하셨다고 이해합니다. 부여받은 합법적인 권리는 태어날 때 받은 권리보다 더 쉽게 박탈됩니다. 인간은 이 합법적인 권리를 하나님의 원수인 사탄에게 넘겨주었습니다.

이는 마귀를 속량 계획에 끌어들여 사탄을 다룰 수밖에 없게 합니다. 그래서 계획의 전체 구도는 하나님께서 공의의 요구사항을 완벽하게 만족시키면서 인간의 필요를 충족시키는 동시에 합법적인 토대로 사탄을 패배시키는 공정한 기초 위에서 인류를 아담의 죄로부터 속량하고자 하시는 것입니다.

인간의 타락은 법적 효력이 있는 행위였습니다. 다시 말해, 아담에게는 하나님께서 주신 권세와 통치권을 다른 이에게 넘겨줄 수 있는 합법적인 권리가 있었습니다.

이것이 인간과 창조 세계를 지배할 수 있는 합법적인 권리를 사탄에게 부여합니다.

속량 계획은 하나님의 모든 작품 가운데 가장 독창적이고 경이로운 작품입니다.

하나님께서 해야 하신 것에 주목하십시오.

인간은 마귀에게 팔려서 그의 노예가 되었고, 인간의 노예 상태는 인간에 대한 사탄의 통치 기간이 만료될 때까지 지속될 것입니다.

하나님께서는 어떤 식으로든 타락한 인간을 죄와 사탄의 지배로부터 속량하셔야 합니다.

하나님께서는 사탄과 인간에게 공의롭지 않은 방식으로 인간을 속량하셔서는 안 됩니다.

하나님께서는 통치권을 넘겨준 인간의 반역 행위를 고스란히 인정하셔야 합니다.

인간이 통치권을 넘겨준 것은 합법적인 행위였기에, 하나님께는 그것을 마음대로 무효화시킬 권리가 없으십니다.

하나님께서는 사탄에게 모든 면에서 완벽한 공의를 보여주셔야 하며, 동시에 무력한 인간에게 다가가서 인간을 속량하셔야 합니다.

이렇게 하기 위해 사탄에게 굴복하지 않으면서도 누군가 인간으로서 이 땅에 와서 인간에 대한 모든 공의의 요구사항을 충족시키는 것이 필요합니다.

이 성육신하신 분은 사탄이나 죽음에 종속된 자여서는 안 됩니다. 그러므로 이 목적을 이루도록 하나님께서는 성령을 유다 지파의 한 처녀에게 보내셔서, 성령으로 잉태한 처녀가 아들을 낳습니다.

이 아들은 자연생식이 아닌 초자연적 생식으로 탄생한 것입니다.

이 아이는 죽음이나 사탄에 종속되지 않습니다.

이 아이의 몸은 첫 사람 아담이 죄를 짓기 전에 지녔던 몸과 똑같은 몸입니다.

이 성육신하신 분이 완수하신 사역의 모든 단계는 완벽하게 합법적인 토대 위에 기초한 것이었습니다.

첫째, 이 성육신하신 분은 하나님의 뜻을 행하였을 완벽한 인간에 대한 하나님의 심령의 요구사항을 충족시켰습니다.

둘째, 그분은 인간으로서 마귀와의 공개적인 싸움에서 마귀를 정복하셨다는 점에서 타락한 인간에 대한 요구사항을 충족시켰습니다.

"모든 일에 우리와 똑같이 시험을 받으신 이로되 죄는 없으시니라" 히 4:15

그분이 십자가에 달리시자 하나님께서 그분에게 인류의 죄과를 얹으십니다.

그런 다음, 죄과를 지시고 하나님의 심판을 받자 그분은 지옥으로 내려가셔서 속량을 위해 공의가 요구하는 죗값을 치르십니다.

그분은 이 죗값을 다 치르셨을 때 죽은 자들로부터 일어나셨습니다.

그분은 사탄을 정복하셨습니다. 그분은 사탄의 통치권을 깨뜨리시고, 그에게서 권세와 권능을 빼앗으셨습니다.

그런 다음, 그분은 승리의 전리품을 가지고 높은 곳에 계신 지극히 크신 분의 우편으로 승천하셔서 그분의 위대하신 아버지 발아래 승리의 전리품을 내려놓으셨습니다.

이 승리를 근거로 죄인에게는 예수 그리스도를 그 개인의 구원자로 받아들일 수 있는 합법적인 권리가 있습니다.

그에게는 영원한 생명을 얻을 수 있는 합법적인 권리가 있습니다.

그에게는 죄와 사탄에 대해 승리할 수 있는 합법적인 권리가 있습니다.

그에게는 하늘에 있는 처소로 갈 수 있는 합법적인 권리가 있습니다.

그에게는 기도 가운데 예수의 이름을 사용할 수 있는 합법적인 권리가 있습니다.

그에게는 아버지의 보호와 돌봄을 누릴 수 있는 합법적인 권리가 있습니다.

그에게는 하나님의 가족에서 아들의 자리를 차지할 수 있는 합법적인 권리가 있습니다.

그에게는 성령님의 임재와 돌봄과 중보와 가르침을 받을 수 있는 합법적인 권리가 있습니다.

그에게는 주 예수님께서 재림하실 때 옮겨질 수 있는 합법적인 권리가 있습니다.

그에게는 불멸의 몸을 얻을 수 있는 합법적인 권리가 있습니다.

그에게는 새 하늘과 새 땅에서 차지하는 유업에 대한 합법적인 권리가 있습니다.

그에게는 영원토록 아버지와 살 수 있는 합법적인 권리가 있습니다.

우리는 우리의 권리를 주장하고 있는가?

우리가 위대하신 아버지의 은혜와 사랑의 부요하심뿐만 아니라 그분의 능력과 지혜도 다 쓸 수 있는데도 하나님의 가족이 영적으로 나약하고 가난하다는 것은 변명의 여지가 없습니다.

우리는 문을 두드리며 먹을 것을 구걸하는 거지로 아버지께 나오지 않습니다. 우리는 우리의 합법적인 권리만이 아니라 사랑으로 태어난 자녀의 생득권을 주장하는 아들로 나옵니다.

누구도 우리가 아버지께 나아가는 것을 막거나 우리의 권리에 이의를 제기할 수 없습니다.

구원받지 못한 세상에 커다란 필요가 있다는 것과, 교회를 통해 역사하시는 아버지의 위대하신 심령만이 그 필요를 채울 수 있다는 사실을 우리가 깨달을 때, 이는 우리를 흔들어 깨워 우리로 하여금 세상의 필요를 위해 강력히 중보하게 합니다.

오늘날 하나님께서는 교회를 통하지 않고서는 인간과 접촉할 수 없으십니다. 교회가 하나님의 유일한 중재자입니다. 그러므로 교회가 그 임무를 다하지 못한다면, 하나님의 손은 무력해집니다.

하나님께서 우리의 기도 생활에 그분 자신을 제한하셨다는 사실을 깨닫는 것은 우리를 충격으로 비틀거리게 합니다. 그러므로 우리가 기도의 임무를 다하기를 거부할 경우, 하나님의 손은 마비됩니다.

우리의 권세

"죄가 너희를 주장하지 못하리니 이는 너희가 법 아래에 있지 아니하고 은혜 아래에 있음이라" 롬 6:14 다른 식으로 표현하면 "죄가 너에게 주인 노릇하지 못하리라"

죄는 우리에 대한 지배력 또는 권세를 잃어버렸습니다.

사탄은 옛사람을 다스리는 합법적인 권세가 있을지라도, 새로운 피조물을 다스릴 합법적인 권세는 전혀 없습니다.

사탄에게는 죄인을 다스릴 수 있는 합법적인 권리가 있습니다. 하나님께서도 이 부분에 대해선 반박하거나 도전하실 수 없습니다.

사탄은 죄인을 노예로 팔 수 있습니다. 사탄은 죄인들의 영과 혼과 몸을 소유합니다.

그러나 우리가 거듭난 순간 하나님의 본성인 영원한 생명을 받습니다. 그러면 거듭난 새로운 피조물에 대한 사탄의 합법적인 통치는 끝납니다.

그리스도는 새로운 피조물 또는 하나님의 가족의 합법적인 머리이십니다. 그래서 그분은 받으신 모든 권세를 우리에게 주셨습니다. 마 28:18 그 권세는 "하늘에 있는 모든 권세" 곧 권세의 자리와 "땅에 있는 모든 권세" 곧 권세를 행사하는 위치를 말합니다.

그리스도는 그분의 몸인 교회가 유익하도록 "만물을 다스리는 머리" 곧 우주에서 가장 높은 권세자이십니다.

"그의 능력이 그리스도 안에서 역사하사 죽은 자들 가운데서 다시 살리시고 하늘에서 자기의 오른편에 앉히사"엡 1:20

이제 그리스도는 "하나님의 우편에" 계십니다.

"뛰어나게far above"엡 1:21라는 의미는 그분의 권세의 자리는 모든 통치자를 초월하고 능가한다는 뜻입니다.

"이러므로 하나님이 그를 지극히 높여 모든 이름 위에 뛰어난 이름을 주사 하늘에 있는 자들로 모든 무릎을 예수의 이름에 꿇게 하시고 모든 입으로 예수 그리스도를 주라 시인하여 하나님 아버지께 영광을 돌리게 하셨느니라"빌 2:9-11

그분에게는 세 종류의 세상 곧 하늘과 땅과 지옥에 있는 모든 이름을 능가하는 이름이 있습니다.

모든 귀신과 천사가 예수의 탁월한 이름에 복종합니다. 놀라지 마십시오. 그분이 그 능력의 이름을 사용할 수 있는 대리인의 능력을 우리에게 주셨습니다.

우리의 모든 권세는 예수님의 완성된 사역에 근거하며, 예수의 이름 안에 싸여 있습니다.

그분은 우리가 이 이름을 합법적으로 사용할 수 있게 하심으로써 우리가 사탄의 무리들과 싸울 때 그분의 전능하심을 마음껏 쓸 수 있게 하셨습니다.

"믿는 자들에게는 이런 표적이 따르리니 곧 그들이 내 이름으로 귀신을 쫓아내며 새 방언을 말하며 뱀을 집어 올리며 무슨 독을 마실지라도 해를 받지 아니하며 병든 사람에게 손을 얹은즉 나으리라 하시더라 주 예수께서 말씀을 마치신 후 하늘로 올려지사 하나님 우편에 앉으시니라 제자들이 나가 두루 전파할새 주께서 함께 역사하사 그 따르는 표적으로 말씀을 확실히 증언하시니라"막 16:17-20

"그들이 내 이름으로 귀신을 쫓아내며"

여기에서 예수님은 우리의 합법적인 권세를 규정하십니다.

우리는 귀신을 쫓아낼 것입니다. (이 의미는 사람들에게 영향력을 행사하는 귀신들을 다스리는 권세를 뜻합니다.) 즉 우리는 사람들의 몸과 마음과 영에서 귀신들을 쫓아낼 것입니다. 우리는 모임과 가정과 때로는 공동체를 장악하는 귀신의 능력을 분쇄할 것입니다.

우리의 싸움은 혈과 육에 대한 것이 아니라 하늘의 영역에 있는 정사들과 권력들에 대한 것입니다. 다른 말로 하면, 모든 등급과 종류의 귀신과 권세자에 대한 것이라는 말입니다.

이들은 어디서나 인간을 공격하고 있습니다. 특별히 하나님의 자녀들을 공격하고 있습니다. 그러면 우리는 어떻게 그들에 맞서서 우리 자신을 방어하며 그들을 공격하여 사로잡힌 자들을 해방시킬 수 있을까요?

오래된 건물에 박쥐가 들끓듯이 공중에는 우리의 몸을 해하려는 악한 영들로 가득합니다. 우리나라에 맹위를 떨치는 악의 세력이 이것을 설득력 있게 입증합니다.

"그들이 내 이름으로 … 새 방언을 말하며"

성령의 이 새롭고 놀라운 나타나심은 예수의 이름 안에 있는 우리의 합법적인 권리인데, 그 예수의 이름 안에는 우리를 위한 하나님의 모든 강력한 능력이 담겨 있습니다.

"그들이 내 이름으로 … 뱀을 집어 올리며 무슨 독을 마실지라도 해를 받지 아니하며 병든 사람에게 손을 얹은즉 나으리라 하시더라"

여기에서 말하는 것은 묵인이나 동정이 아니라 합법적인 권세입니다.

당신이 돈을 예금한 은행에 수표를 현금으로 바꾸어달라고 요구할 수 있듯이 당신에게는 치유를 요구할 수 있는 권리가 있습니다.

당신에게 사탄으로부터 해방될 수 있는 합법적인 권리가 있습니다.

이 나라에서 누군가 당신을 억압하거나 노예로 부리려 한다면, 당신에게는 당신이 속해 있고 세금을 내는 정부의 보호를 받을 수 있는 합법적인 권리가 있습니다.

따라서 당신에게는 하나님의 가족이 갖는 합법적인 권리가 있습니다.

오늘날 누구도 노예를 부릴 수 있는 권리가 없습니다. 마찬가지로 사탄도 하나님의 자녀를 속박할 합법적인 권리가 없습니다.

모든 질병은 마귀에게 속한 것입니다.

우리가 일어나서 우리의 합법적인 권리를 차지한다면, 아버지께서 얼마나 기뻐하실까요.

모든 나쁜 습관도 마귀에게 속한 것입니다.

요한복음 14:13-14, 15:16, 16:23-24을 살펴보십시오.

"너희가 내 이름으로 무엇을 구[요구]하든지 내가 행하리니 이는 아버지로 하여금 아들로 말미암아 영광을 받으시게 하려 함이라 내 이름으로 무엇이든지 내게 구[요구]하면 내가 행하리라" 요 14:13-14

이 성경 구절은 기도를 가리키는 것이 아닙니다. 간구함으로 아버지께 나아가는 것을 말하는 것이 아닙니다. 이는 주님의 자리를 차지하는 것을 말합니다. 그분의 권세를 사용하여 귀신을 쫓아내고, 병든 사람을 고치는 것을 말합니다.

이 성경 구절을 문자적으로 번역하여 이렇게 읽을 수도 있습니다. "너희가 내 이름으로 무엇이든지 요구하면, 내가 그것을 행하리라." 그분의 자리에서 그분의 이름의 권세로 우리는 병과 귀신들에게 떠나라고 요구합니다. 그러면 그분은 그분의 능력으로 우리가 한 말을 확증하시려고 그 자리에 계십니다.

이 성경 구절은 마가복음 16:17-18에서 그분이 우리에게 주신 권세를 우리가 사용하는 것을 가리킵니다.

이제 요한복음 16:23-24에 주목하십시오.

"그날에는 너희가 아무것도 내게 묻지 아니하리라 내가 진실로 진실로 너희에게 이르노니 너희가 무엇이든지 아버지께 구하는 것을 내 이름으로 주시리라 지금까지는 너희가 내 이름으로 아무것도 구하지 아니하였으나 구하라 그리하면 받으리니 너희 기쁨이 충만하리라" 요 16:23-24

이는 예수의 이름으로 아버지께 기도드리는 것을 가리키는 성경 말씀입니다.

지금 여기 우주에서 가장 높은 권세의 자리에 앉아계신 하나님의 강력하신 아들은 우리가 이 땅에서 사탄과 귀신들에게 맞서 싸울 때 그분의 이름의 힘과 권세와 능력을 사용할 수 있는 대리인의 합법적인 권능을 우리에게 주십니다.

이 강력한 사실 앞에 우리 영의 빈곤과 약함은 어리석은 죄criminal 입니다.

우리는 모든 하늘뿐만 아니라 이 땅에서도 그 힘과 권세를 마음껏 쓸 수 있습니다.

이는 믿음을 가지려고 애쓰는 것이 아니라 당신의 것인 합법적인 권리를 당신이 입는 옷이나 당신이 잠자는 침대나 당신이 쓰는 모자처럼 당신 것으로, 다행히도 법적으로 전부 당신의 소유인 것으로 아는 것입니다.

사탄은 당신에게 그 이름을 사용할 수 있는 권리를 주셨던 그분이 갈릴리 땅을 걸으셨을 때에는 그분 앞에 설 수 있었지만, 지금은 그 이름 앞에 설 수 없습니다.

질병은 주인으로서 인간으로 오신 아들이 이 땅을 걸으셨을 때도 그러했듯이 그분의 이름 앞에선 힘을 쓸 수 없습니다.

귀신은 예수님이 이 땅에 사셨던 때 Jesus's Day에도 그 이름 앞에 무릎을 꿇었듯이 오늘날 하나님과 동행하는 사람의 입술에 있는 그 이름을 두려워합니다.

지옥의 모든 무리는 예수의 이름의 능력을 알고 있습니다. 그들은 우리의 합법적인 권리와 권세를 알고 있습니다.

따라서 그들은 우리로 하여금 우리의 합법적인 권리를 계속 알지 못하게 하려고 고군분투하고 있습니다. 우리가 우리의 합법적인 권리를 알더라도, 그들이 우리를 계속 정죄하도록 허용하면 우리는 담대하게 우리의 합법적인 권리를 사용하지 못할 것입니다.

"진실로 너희에게 이르노니 무엇이든지 너희가 땅에서 매면 하늘에서도 매일 것이요 무엇이든지 땅에서 풀면 하늘에서도 풀리리라 진실로 다시 너희에게 이르노니 너희 중의 두 사람이 땅에서 합심하여 무엇이든지 구하면 하늘에 계신 내 아버지께서 그들을 위하여 이루게 하시리라 두세 사람이 내 이름으로 모인 곳에는 나도 그들 중에 있느니라" 마 18:18-20

위의 말씀을 볼 때, 심령은 그 이름의 권능과 하나님께서 위임하신 권세 앞에 입을 다물고 서 있습니다.

"무엇이든지 너희가 땅에서 매면 하늘에서도 매일 것이요"

이 부분은 오늘날 대부분의 사람들에게는 미개척지입니다.

우리는 귀신, 질병, 습관 및 사람들을 묶어 이러한 것들이 사탄의 뜻대로 행해지는 것을 막을 수도 있으며, 반대로 이 무시무시한 능력을 사용하여 사탄에게 육신을 파괴할 수 있도록 그 영혼을 내어줄 수도 있습니다.

"내가 실로 몸으로는 떠나 있으나 영으로는 함께 있어서 거기 있는 것 같이 이런 일 행한 자를 이미 판단하였노라 주 예수의 이름으로 너희가 내 영과 함께 모여서 우리 주 예수의 능력으로 이런 자를 사탄에게 내주었으니 이는 육신은 멸하고 영은 주 예수의 날에 구원을 받게 하려 함이라" 고전 5:3-5

우리는 공동체를 지배하는 사탄의 능력을 묶어서 사람들이 그리스도를 쉽게 영접할 수 있게 할 수 있습니다.

"무엇이든지 땅에서 풀면 하늘에서도 풀리리라"

예수의 이름으로 우리가 푸는 것은 무엇이든지 하늘에 계신 하나님께서 이행하실 것입니다.

우리가 어떤 능력을 가지고 있는지요! 그 능력을 사용합시다!

하늘로부터 부여받은 우리의 특권을 누리시겠습니까?

도처에 묶여 있는 사람들을 보십시오. 말씀은 가서 갇힌 자들을 자유롭게 하라고 우리에게 도전합니다.

이것은 무슨 말입니까?

그것은 말 그대로입니다. 하나님께 감사드립니다.

당신이 질병에 걸린 사람들을 자유롭게 할 수 있습니다. 우리는 일상생활에서 그렇게 할 것입니다!

당신은 귀신에 묶여 있는 사람들을 자유롭게 할 수 있습니다. 당신은 사람들을 묶고 있는 사슬을 강력하신 예수의 이름으로 끊을 수 있습니다.

대부분의 그리스도인은 어떤 식으로든, 즉 간증이나 기도에서조차 두려움과 마귀가 준 의심에 묶여 있습니다. 그들이 예수의 이름을 사용하여 그들의 특권을 취한다면 말 한마디로 그들을 자유롭게 할 수 있습니다.

우리는 세상을 묶고 있는 것, 곧 세상을 속박하는 마귀의 영과 이 세상의 신이 묶고 있는 보이지 않는 속박을 견디고 있습니다.

사탄이 얼마나 인간을 속박하고 있는지요.

그러나 모든 영이 자유롭게 될 수 있습니다. 그렇습니다. 예수님만큼이나 자유롭게 될 수 있습니다.

인간이 얼마나 두려움에 묶여 있는지요. 하지만 권세 있는 말 한마디면, 속박은 깨어질 것입니다.

사람들이 얼마나 가난의 두려움에 묶여 있는지 지폐가 아니라 잔돈을 털어 냅니다. 하지만 자유 곧 모든 묶인 영혼을 위한 자유가 있습니다.

독자 여러분! 성령님은 당신이 일어나서 이 진리 안에 살도록 도전하고 계십니다.

그리스도인들이 기도와 간증 속에서 자유로웠더라면, 우리가 얼마나 대단한 기도 모임을 가졌겠습니까!

하나님께서 우리의 손을 사용하실 수 있을 때까지는 하나님의 손은 묶여 있습니다.

천사들은 우리를 섬기는 종입니다. 천사들은 우리가 해야 할 일을 할 수 없습니다. 하나님께서는 우리의 믿음과 순종에 제한받으십니다.

하나님께서는 우리가 그분을 작게 나타내면 세상에서 작아지십니다.

하나님께서는 우리가 부여받은 이 신성한 권세를 사용하여 그분을 크게 나타내는 곳에서만 크게 되십니다.

우리는 그리스도의 몸입니다. 머리이신 그리스도는 우리의 손과 발이 없으면 무력합니다.

여러분들이여, 하나님이 우리 행동 가운데 전능하게 사실 수 있기 전까지는 그분이 얼마나 무력하실지 이해할 수 있습니까?

심령에 죄가 많은 사람들을 품에 안으셨던 하나님의 팔을 묶습니다.

우리에게 익숙하던 두려움이 하나님의 전능하심을 묶습니다.

하나님께 속한 이들이여! 하나님의 사람이 되어, 그대들에게 위임된 권세를 사용하십시오.

초대교회가 그들의 권세를 사용했던 방식

광범위하게 말해, 사도행전이 우리의 교과서입니다. 사도행전은 예수의 이름으로 승리를 거둔 일련의 이야기입니다.

새 하늘이 부여한 권세를 사용하는 예를 보여준 첫 번째 기록은 사도행전 3장에 나온 성전 미문에 있던 걷지 못하는 사람을 치유한 이야기입니다.

베드로와 요한 사도가 아주 조용하지만 담대하게 "나사렛 예수 그리스도의 이름으로 일어나 걸으라"행 3:6고 말합니다.

하나님께서 이에 응답하시어, 그 사람은 낫습니다.

이 일로 예루살렘 도성에 다시 소동이 일어나고, 유대교가 얼마나 흔들렸는지요! 사도들은 체포되고, 그곳에서 예수의 이름을 사용하거나 전하는 것을 금지합니다.

바로 그 이름에는 능력이 담겨 있습니다.

예수님께서 이 땅에 사셨을 때 사도행전에 기록된 예수 이름으로 행한 기적보다 더 큰 기적을 행하시지 않으셨습니다.

우리는 베드로가 거짓말을 한 부부를 쳐서 죽음에 이르게 한 장면을 알고 있습니다.

이 무시무시한 능력은 사람을 죽이기도 하고 살리기도 합니다.

그들은 예수님께서 주신 전능한 권세 가운데 살았습니다.

그들은 예수님의 말씀을 진지하게 받아들였습니다.

그들은 하나님의 말씀이 실재임을 인지하며 행동하였습니다.

우리는 하나님의 은혜로 새로워진 가운데 걸었던 사람들을 언급할 지면의 여유가 없습니다.

우리는 바울이 대적하는 자들에게 눈을 멀게 한 것을 알고 있습니다.

우리는 바울이 귀신 들린 소녀에게서 귀신을 쫓아낸 것을 알고 있습니다.

우리는 바울이 독사에게 물렸지만, 아무런 해를 당하지 않은 것을 알고 있습니다.

우리는 병자들이 낫고, 죽은 자들이 일어난 것을 알고 있습니다.

이방 도시 전체가 유대인들이 믿었으나 알지 못한 하나님께로 돌이킵니다.

33년이라는 짧은 기간 내에 보통 사람들의 손에 있던 이 복음이 예수 이름의 능력을 힘입어서 로마제국의 각지로 퍼져나갔습니다.

우리는 바울이 만진 앞치마와 수건이 병자에게 보내져 바울 자신이 한 것과 똑같은 강력한 일을 한 것을 알고 있습니다.

이들은 전부 우리와 같은 몸에서 살고, 우리와 똑같은 성정을 지녔으며, 우리와 똑같은 실수를 했던 이들입니다. 하지만 그들은 귀신과 질병을 다스릴 수 있는 하나님이 부여하신 이 권세로 기적을 행하였습니다.

그들은 우리와 같은 성정의 사람들일 뿐이었습니다.

우리를 괴롭히는 문제는, '왜 연약함 가운데 행하는 대신에 능력 가운데 걷지 않느냐?'는 것입니다.

바울은 어떤 사람의 몸을 멸하도록 사탄에게 넘겨줄 수 있었습니다. 바울은 후메내오와 알렉산더를 그렇게 하여, 그들이 신성모독 하는 것을 배우지 않도록 했습니다.딤전 1:20

"그 가운데 후메내오와 알렉산더가 있으니 내가 사탄에게 내준 것은 그들로 훈계를 받아 신성을 모독하지 못하게 하려 함이라"딤전 1:20

설교자들은 그 당시에 자칫 신성모독을 범할 수 있을 정도로 위험스러웠습니다.

그리스도인들은 그들의 주장을 입증할 수 있는 능력이 있었습니다.

그들은 설교했습니다. 그들은 실천했습니다. 그들은 목적을 달성했습니다.

오늘날 사람들이 말하듯이, 그들은 '상품배달을 완료' 했습니다.

그들의 믿음은 말만이 아니라 실천과 능력으로 나타났습니다.

기적은 그 당시에는 특별한 것이 아니라 보통이었습니다.

기독교는 그 당시에 기적이었습니다.

개인적인 경험과 관찰

필자는 수백 명의 사람들이 낫는 것을 보았습니다. 즉 관절의 통증이 기도 중에 사라졌고, 부은 곳이 즉시 가라앉고, 장 파열이 순식간에 나았고, 말기 소모성 질환(예: 폐병)이 치유되었으며, 모든 통증과 기침이 즉시 사라졌으며 손상된 등뼈가 바로 나았고, 암도 즉각적으로 치유되었습니다.

사례를 일일이 열거하자면 지면이 부족할 것입니다.

그러나 예수의 이름에 부여된 권세는 바울의 시대만큼이나 지금도 강력합니다.

우리는 귀신들이 쫓겨나고, 사람들이 자유롭게 되며, 간증이 회복되고, 기도의 능력이 나타난 것을 보았습니다.

우리는 미친 사람들이 즉시 자유롭게 되는 것을 보았습니다.

우리는 성령께서 공동체 전체에 큰 두려움이 내재되어 있음을 확실히 알게 하심을 보았습니다.

우리는 다른 지역들이 사탄의 속박으로부터 해방된 것을 보았습니다.

우리는 하나님께서 많은 사람들을 두려움과 탐욕으로부터 자유롭게 하시는 것을 보았습니다.

우리는 습관에 묶여 있던 영혼들이 한순간에 해방되는 것을 보았습니다.

우리가 기도하는 중에 술주정뱅이가 속박으로부터 자유롭게 되어 일어나는 것을 우리는 보았습니다.

그렇습니다. 우리에게는 합법적인 권리와 권세가 있습니다. 그 권리 안에서 살아갑시다.

확인 문제

1. 속량의 계획에서 그 계약에 관여한 세 당사자는 누구입니까?

2. 그리스도의 속량의 결과로 모든 사람에 속한 합법적인 권리 다섯 가지를 열거하십시오.

3. 교회가 실패할 경우 하나님의 손이 무기력하게 되는 이유는 무엇입니까?

4. 예수의 이름을 사용하는 두 가지 방식은 무엇입니까?

5. 예수의 이름은 당신에게 어떤 의미를 지녀야 할까요?

"우리가 알거니와 우리의 옛 사람이 예수와 함께 십자가에 못 박힌 것은 죄의 몸이 죽어 다시는 우리가 죄에게 종노릇하지 아니하려 함이니 이는 죽은 자가 죄에서 벗어나 의롭다 하심을 얻었음이라

이와 같이 너희도 너희 자신을 죄에 대하여는 죽은 자요 그리스도 예수 안에서 하나님께 대하여는 살아 있는 자로 여길지어다 그러므로 너희는 죄가 너희 몸을 지배하지 못하게 하여 몸의 사욕에 순종하지 말고 또한 너희 지체를 불의의 무기로 죄에게 내주지 말고 오직 너희 자신을 죽은 자 가운데서 다시 살아난 자 같이 하나님께 드리며 너희 지체를 의의 무기로 하나님께 드리라 죄가 너희를 주장하지 못하리니 이는 너희가 법 아래에 있지 아니하고 은혜 아래에 있음이라"롬 6:6-7,11-14

"그러므로 형제들아 내가 하나님의 모든 자비하심으로 너희를 권하노니 너희 몸을 하나님이 기뻐하시는 거룩한 산 제물로 드리라 이는 너희가 드릴 영적 예배니라 너희는 이 세대를 본받지 말고 오직 마음을 새롭게 함으로 변화를 받아 하나님의 선하시고 기뻐하시고 온전하신 뜻이 무엇인지 분별하도록 하라"롬 12:1-2

16 장

하나님은 변화된 몸을 원하신다
GOD WANTS TRANSFIGURED BODIES

"그러므로 형제들아 내가 하나님의 모든 자비하심으로 너희를 권하노니 너희 몸을 하나님이 기뻐하시는 거룩한 산 제물로 드리라 이는 너희가 드릴 영적 예배니라" 롬 12:1

이는 참으로 너무도 혁명적인 가르침입니다.

바울은 모든 서신을 통해서 우리의 혼과 영을 하나님 아버지의 뜻에 복종시키라고 강력한 논증과 호소와 때론 경고로 우리에게 촉구하였습니다.

이제 바울은 이 강력한 설득력이 있는 논리를 우리 몸에 적용합니다.

소멸될 우리 몸에 대해 그리도 신경을 쓰는 이유가 무엇일까요?

그 비밀은 여기에 있습니다. 즉 우리의 혼과 영 모두 우리 육신의 몸의 습관에 엄청난 영향을 받고 있기 때문입니다.

누구도 불결한 육신의 습관을 가지고 아버지와 달콤한 교제 가운데 살 수 없습니다. 이는 얼마 지나지 않아 이 습관이 혼을 더럽히고,

영을 속박하여 위대하신 하나님 아버지와의 교제를 깨뜨릴 것이기 때문입니다.

몸이 주도하는 길로 마지못해 영이 들어가면, 조만간 몸과 영 사이에 전쟁이 일어나는데, 대개는 영이 싸움에서 집니다.

바울은 우리의 몸이 산 제물이 되도록 요구합니다.

유대인의 제물은 죽은 것이었습니다.

이제 바울은 우리의 몸을 향기로운 산 제물로 올려드리는데, 우리의 몸이 자유의지로 드리는 산 제물일 뿐만 아니라 거룩하고 향기로운 제물일 것을 요구합니다.

이는 자기 마음의 동기를 살피는 호소력이 있는 말씀으로, 우리의 몸이 거룩하도록, 다시 말해 알려진 모든 죄로부터 구별되고 우리의 행위로 깨끗하게 되기를 요청합니다.

예수 그리스도의 피가 우리의 영을 씻지만, 우리가 예수님의 은혜로써 모든 악한 생각으로부터 우리의 마음mind과 의지will와 심령heart을 깨끗하게 하고, 우리의 몸도 불결한 습관으로부터 깨끗이 씻어야 합니다.

우리가 불결하고 불순한 생각을 받아들이지 않기로 작정하지 않으면, 성령님은 우리의 마음에서 그런 생각을 제거할 수 없으십니다.

우리가 성령님과 협력하지 않으면, 성령님은 우리의 몸에서 더러움과 악한 습관을 깨끗이 씻어낼 수가 없습니다.

새로워진 영이 거하는 성전이 거룩하고, 순결하며, 소제 되어 깨끗해진 성전이어야 한다는 것은 얼마나 합당한 말입니까!

성령님은 거룩한 몸만이 아니라 하나님께 드리기에 만족스러운 몸도 요구하십니다.

"받아들이실 만한acceptable"이라는 말은 실제로 '만족스럽다well-pleasing'라는 뜻입니다. 그래서 바울은 "이는 우리가 드릴 영적 예배" 또는 경배라고 말합니다. 문자 그대로 번역하면 "이치에 맞는 예배a service belong to reason"입니다.

하나님께서 오염되고 더러운 성전에 거하실 것이라 기대하는 것은 이치에 맞지 않을 것입니다.

하나님은 그분의 성전이 깨끗한 상태로 유지되기를 원하십니다.

그분은 거하기에 깨끗하고 향기로우며 건전한 곳을 원하십니다.

바울은 계속 말합니다. "너희는 이 세대를 본받지 말고 오직 마음을 새롭게 함으로 변화를 받아 하나님의 선하시고 기뻐하시고 온전하신 뜻이 무엇인지 분별하도록 하라"롬 12:2

나는 어느 누가 불결한 습관을 잔뜩 지닌 몸으로 하나님의 뜻을 제대로 알 수 있을지 의문입니다.

우리의 몸과 죄

믿는 자의 개인 삶에서 죄에 대해 승리를 거두는 문제가 어떤 문제보다 더 많은 곤혹스러움을 불러일으켰습니다.

은혜의 두 번째 사역을 가르치는 자들은 그 문제를 해결하려고 했지만, 참담하게 실패하였습니다.

이중 본성론자들 역시 이 문제를 처리해 보려고 했지만, 마찬가지로 성공을 거두지 못했습니다.

바울은 그 문제와 관련해서 분명한 메시지를 우리에게 제시합니다.

로마서에서 바울은 우리의 영을 다루면서 하나님과 올바른 관계를 맺는 방법을 우리에게 알려준 다음, 로마서 6:12-14에서 이 문제를 다룹니다.

바울이 한 말에 주목하십시오. "그러므로 너희는 죄가 너희 죽을 몸을 지배하지 못하게 하여 몸의 사욕에 순종하지 말고 또한 너희 지체를 불의의 무기로 죄에게 내주지 말고 오직 너희 자신을 죽은 자 가운데서 다시 살아난 자 같이 하나님께 드리며 너희 지체를 의의 무기로 하나님께 드리라 죄가 너희를 주장하지 못하리니 이는 너희가 법 아래에 있지 아니하고 은혜 아래에 있음이라"롬 6:12-14

죄는 거의 우리 몸의 지체를 통해 작용합니다.

바울과 예수님과 야고보가 말하는 "지체members"는 혀, 눈, 귀, 손, 발 등 우리 몸의 신체 기관을 가리킵니다.

실제로 지금까지 저질러진 모든 죄는 몸의 지체 곧 이 신체 기관을 통해서 저질러진 것이었습니다.

예수님은 산상수훈에서 우리에게 말씀하시기를, 우리의 눈으로 인해 온몸이 불 못에 던져지는 것보다 차라리 그 눈을 뽑아버리는 게 낫다고, 또한 오른 손으로 인해 우리의 온몸이 불 못에 던져지는 것보다 차라리 그 오른손을 잘라버리는 게 낫다고 하셨습니다.

야고보는 혀가 그 어떤 소방관도 끌 수 없는데 화재의 시초가 될 지옥 불에 놓인 작은 지체라고 우리에게 말해줍니다.

"너희는 죄가 너희 죽을 몸을 지배하지 못하게 하여"라는 이 성경 구절에 주목하십시오. 문자 그대로 말하면, 당신이 몸의 욕구에 복종함으로 죽을 운명에 처한 당신의 몸에서 죄가 왕 노릇 하게 허락하지 말라는 말입니다.

그리스도를 영접하기 전 당신에게는 나쁜 습관이 있었습니다. 당신은 입으로 나쁜 것을 말하고, 노래하고, 이야기를 했었습니다. 그런데 지금도 그런 것을 반복해서 하면, 당신은 아버지와 당신의 교제를 깨뜨릴 것입니다.

당신은 이전에 안 좋은 것들을 먹고 마셨습니다. 만약 지금도 당신이 그런 것들을 먹고 마신다면 당신의 영적 삶을 파괴할 것입니다.

당신에게는 또 다른 나쁜 습관이 있을지도 모릅니다. 하지만 그런 습관은 끊어져야 합니다. 과거의 행실은 죽어야 합니다.

로마서 8:13이 말씀하듯이 "영으로써 몸의 행실을 죽이면" 하나님과 올바른 관계에서 살게 될 것입니다.

몸 자체는 잘못이 없습니다. 몸에는 악함이란 없습니다. 당신이 실제로 그 몸에 복종할 때만 문제가 됩니다. 당신이 몸에 복종하는 것은 잘못입니다.

몸에는 혀만이 아니라 다른 지체들도 있습니다. 손과 발이 당신의 영적인 삶을 손상시킬 것들을 만지거나 조작하거나 이끌게 하지 말아야 합니다.

"죄로부터 해방되어 의에게 종이 되었느니라 너희 육신이 연약하므로 내가 사람의 예대로 말하노니 전에 너희가 너희 지체를 부정과 불법에 내주어 불법에 이른 것 같이 이제는 너희 지체를 의에게 종으로 내주어 거룩함에 이르라" 롬 6:18-19

몸을 복종시키고 다스릴 수 있는 자는 깨어지지 않는 교제 가운데 아버지께서 기뻐하시는 삶을 살 수 있을 것입니다. 하지만 그런 자의 몸이 영에 반대하여 죄를 짓도록 허락하면, 마귀가 그의 삶을 지배할 것입니다.

당신의 손과 꿈을 깨끗하게 하십시오. 당신의 심령의 삶 가운데 그 어떤 것도 영을 더럽혀서 하늘의 부요로 넘치는 당신의 교제와 기쁨을 깨뜨리지 못하게 하십시오.

신약에서 거룩함sanctification;성화의 문제는 몸의 문제입니다.

거룩함sanctification 또는 거룩holiness;성결이라는 용어가 쓰인 거의 모든 성경을 보면, 거룩함은 육체의 몸과 연관을 맺고 있습니다.

"하나님의 뜻은 이것이니 너희의 거룩함이라 곧 음란을 버리고 각각 거룩함과 존귀함으로 자기의 아내 대할 줄을 알고 하나님을 모르는 이방인과 같이 색욕을 따르지 말고 이 일에 분수를 넘어서 형제를 해하지 말라 이는 우리가 너희에게 미리 말하고 증언한 것과 같이 이 모든 일에 주께서 신원하여 주심이라 하나님이 우리를 부르심은 부정하게 하심이 아니요 거룩하게 하심이니 그러므로 저버리는 자는 사람을 저버림이 아니요 너희에게 그의 성령을 주신 하나님을 저버림이니라"살전 4:3-8

당신이 여기에서 유의해야 할 것은, 우리의 육체의 몸이 거룩하게 사용되도록 따로 구별된다는 사실입니다. 이 '거룩하게 하심sanctification'이라는 단어는 로마서 6장과 똑같은 의미에서 사용된 것입니다.

당신은 성결과 거룩함을 가리키는 헬라어들이 '구별하다 또는 따로 떼어놓다'라는 똑같은 어근에서 나온 것임을 기억할 것입니다. 성전이 여호와를 경배하기 위해 따로 구별되었듯이, 지금 성령님께서 거하시는 우리 몸 역시 주님께로 따로 구별되어 완전히 거룩하게 된 것입니다.

확인 문제

1. 하나님께서는 왜 우리가 우리 몸을 그분께 산 제물로 드리기를 원하십니까?

2. 몸의 습관이 영과 혼에 미치는 영향력에 대해 설명하십시오.

3. 로마서 6:12을 설명하십시오.

"이 몸, 곧 하늘의 이 기묘한 작품, 그토록 놀랍고도 경이롭게 만들어진 이 몸이 항상 파멸 가운데 있고, 결코 고쳐지지 않을 것인가. 우리는 '죽은 자들을 살리는 것이 하나님께는 불가능한 일이 아니시다' 라는 이 사실을 안다. 우리의 몸을 무에서 처음 지으실 수 있었던 분께서 확실히 우리의 몸을 새롭게 지으시며 낭비된 시간을 벌충하실 수 있다.

전지하신 하나님께서는 우리의 죽을 수밖에 없는 몸을 흩어지고 섞여진 씨들을 수집하고 구분하며 합성하는 법을 알고 계신다. 우리가 아는 한, 물질은 거대한 개조와 정교하게 다듬는 것이 가능하다. 그래서 몸이 최고의 완벽함 가운데 나타날 것이다. 성도의 몸은 영광스럽고, 부패하지 않으며, 질병이나 죽음의 씨앗이 없게 지어질 것이다. 의심의 여지없이 물질이 도달할 수 있는 최고의 완벽함에 도달한 물질인 그리스도의 몸은 이후로 형성될 몸의 패턴일 것이다.

그렇다면 그 몸은 어마어마하게 크고 영원한 영광의 무게 아래 유지될 수 있을 것이다. 그러면 몸은 더 이상 혼에 장애나 방해물이 되지 않고, 오히려 하늘에 있는 고양된 모든 예배와 기쁨을 누리는 적절한 도구와 조수가 될 것이다."

— 사무엘 데이비스 Samuel Davis

17 장

필멸성과 불멸성
MORTALITY AND IMMORTALITY

하나님께서는 인간을 창조하셨을 때 그분의 영원한 동료가 되도록 창조하셨습니다.

전도서 3:11이 진술하듯이, 인간은 "영원을 사모하는 마음"이 있습니다. 다른 말로 하면, 인간은 영원한 존재이며, 하나님의 부류God's class에 속한 존재라는 말입니다.

인간은 동물의 창조 세계에 속하지 않습니다. 이는 동물은 시간에 속한 존재인 반면, 인간은 영원에 속한 존재이기 때문입니다.

하나님께서 인간을 창조하셨을 때 완벽한 인간존재로 만드셨습니다.

인간의 몸은 영원하였습니다.

이는 마치 인간이 육신이 있는 존재로 영원히 사는 것이 하나님의 원래의 계획이었던 것 같습니다.

생리학자들은 인간의 몸에는 7년마다 새롭게 되는 능력이 있다고 말합니다. 그래서 최근 몇몇 과학자들은 인간이 육신의 몸으로 영원히 살지 못하고 죽음이 인간을 파괴하는 이유를 도무지 알 수 없다고 말합니다.

새 하늘과 새 땅의 모든 계획은 육신의 몸을 가지고 영원히 살게 될 인간을 위한 것입니다.

하나님께서 인간을 처음 창조하셨을 때, 그를 죽을 수밖에 없는 존재도 아니요 그렇다고 불멸하는 존재로도 창조하지 않으셨습니다.

히브리어와 헬라어에서 "죽을 수밖에 없는mortal"이라는 말은 죽음에 굴복한, 깨어지는, 제한되어 있다는 뜻입니다. 다른 말로 하면, 마귀에게 종속되어 있다는 말입니다. 이는 인간이 사탄에게 굴복한 존재가 되기 전까지는 죽음이 인간에게 오지 않았기 때문입니다.

인간이 반역죄를 저지르고 사탄에게 굴복하게 되자마자, 사탄은 인간에게 사탄의 본성을 불어넣었고, 그리하여 인간은 영 안에서 죽었습니다. 이것이 바로 최초로 일어난 근본적인 죽음입니다.

그 후에 영적인 죽음이 인간의 육신적인 몸에서 작동하기 시작했고, 육신의 죽음 또는 분해가 일어나기까지 거의 1,000년의 기간이 걸렸습니다. 결국에는 성공을 거두었고, 아담은 930살에 죽었습니다.

이후, 인간의 수명이 100살 이하가 되기까지 수천 년이 걸렸습니다.

처음에 아담은 죽음에 종속되지 않았습니다. 어떤 경우에도 죽음은 아담을 다스릴 통치권이 없었습니다.

물이 오염되더라도 자정하는 능력이 있듯이, 인간에게는 육체적으로 회춘rejuvenation, 곧 육신의 재창조 능력이 있어서 몸으로 영원히 존재했을 것입니다. 하지만 인간이 죄를 짓자마자 죽을 수밖에 없는 존재, 곧 사탄과 죽음에 종속된 존재가 되었습니다.

이런 맥락에서 가장 놀라운 사실 중 하나는 아마도 아담이 그의 첫 손자에게 붙인 이름입니다.

창세기 5:6에 따르면, 아담은 손자에게 에노스라는 이름을 붙여주었는데, 그 문자적인 의미는 '죽을 수밖에 없는', '깨어지는', '사탄의 지배를 받는' 이라는 뜻입니다.

아담의 기억에는 그의 반역과 죄가 달라붙어 있었음에 틀림 없습니다!

그 기억이 얼마나 아담의 생각 가운데 다른 모든 것을 압도하였기에 첫 손자에게 "죽을 수밖에 없는 존재"라는 이름을 붙여주어야만 했던가!

아벨의 피가 아담의 기억에 여전히 붉은 빛을 띠었습니다.

에덴동산에서 저지른 그 끔찍한 죄가 밤낮으로 그를 괴롭혔습니다.

불멸성은 믿는 자에게 임하는 것인데, 다시 말해 주 예수님께서 재림하실 때에만 믿는 자에게 임하는 어떤 것입니다.

"불멸한Immortal"이라는 말은, 이교의 작가들이 사용한 것과 달리 혼soul에는 적용되지 않습니다.

사람들은 종종 우리의 "불멸하는 혼"에 대해 말합니다. 하지만 우리의 혼은 필멸하지도 불멸하지도 않습니다.

우리의 혼은 영원합니다.

오늘날 죽을 수밖에 없는 것은 우리의 몸이지만, 우리가 영원한 생명을 받았다면, 주 예수님께서 재림하시는 순간 우리는 우리 몸에 불멸성을 받게 될 것입니다.

아담은 필멸의 존재도 아니요 불멸의 존재도 아니었습니다. 그는 완벽한 인간이었습니다.

예수님도 아담이 가졌던 것과 똑같은 종류의 육신의 몸을 가졌습니다.

예수님은 자연생식으로 잉태되지 않으셨기에, 그분의 어머니 마리아의 필멸성에 참여하지 않으셨습니다.

예수님께서 우리 죄의 대속물이 되시기 전까지는 사람들이 그분을 죽일 수가 없었습니다.

예수님께서는 요한복음 10:18에서 이렇게 말씀하십니다. "이를 내게서 빼앗는 자가 있는 것이 아니라 내가 스스로 버리노라 나는 버릴 권세도 있고 다시 얻을 권세도 있으니"

그분의 아버지께서 그럴 수 있는 권세를 그분에게 주셨습니다.

예수님께서 십자가에서 고난을 겪으셨을 때, 아버지께서는 우리의 죄의 본성인 영적인 죽음을 취하셔서 그분의 아들의 영에 놓으셨습니다.

아버지께서 그렇게 하시자마자, 예수님은 죽을 수밖에 없는 존재 곧 죽음과 사탄에 종속된 존재가 되었습니다.

이 부분에 대해서는 이미 다른 장에서 더 길고 상세하게 다루었습니다.

예수님께서 죽은 자들로부터 일어나셨을 때 그분의 몸에 불멸성이 주어졌고, 그래서 그분은 그 몸으로 하늘로 올라가셨습니다. 오늘날 예수님은 그분이 재림하실 때 우리가 갖게 될 몸과 똑같은 종류의 불멸의 몸으로 높은 곳에 계신 지극히 크신 분의 우편에 앉아 계십니다.

부활

인간 몸의 부활과 불멸성은 우리가 속량의 계획을 이해한다면 알 수 있듯이 피할 수 없는 사실인 동시에 완벽하게 자연스러운 것이기도 합니다.

인간은 우주 공간을 떠돌아다니는 몸이 없는 영이 되고 싶어 하지 않습니다. 인간은 영원히 육신의 몸이 있기를 원합니다.

인간은 육신의 몸과 연결되어 있었기에, 당신이 육신의 몸을 벗으면 생명의 첫 번째 자산을 강탈당한 것입니다.

예수님만이 아니라 에베소서 저자도 우리 육신의 몸의 부활에 대해 분명하게 말했습니다.

예수님께서 부활하셨듯이, 우리 역시 부활할 것입니다.

예수님은 지금 불멸의 몸을 지니고 계십니다. 따라서 우리도 불멸의 몸을 갖게 될 것입니다. 우리가 불멸의 몸을 갖게 되는 시점은 예수님께서 재림하실 때입니다.

그 몸은 불멸의 몸일 뿐만 아니라, 우리가 지니던 몸이기도 합니다. 만약 그렇지 않다면, 그것은 부활이 아니라 새로운 창조라고 했을 것입니다.

우리는 서로를 알아볼 것이며, 이 땅의 물리적 조건 가운데 누렸던 것과 똑같은 것을 누릴 것입니다.

오직 완벽한 몸만이 새 하늘과 새 땅에 있는 완벽하고 영원한 존재의 상태로 들어가게 될 것입니다.

부활을 부인한다는 의미는 속량의 계획을 부인한다는 뜻입니다.

바울은 이 죽을 수밖에 없는 것이 불멸성을 입고, 이 썩을 것이 썩지 않을 것을 입을 것이라 선언합니다. "죽은 자의 부활도 그와 같으니 썩을 것으로 심고 썩지 아니할 것으로 다시 살아나며 욕된 것으로 심고 영광스러운 것으로 다시 살아나며 약한 것으로 심고 강한 것으로 다시 살아나며 육의 몸으로 심고 신령한 몸으로 다시 살아나나니 육의 몸이 있은즉 또 영의 몸도 있느니라" 고전 15:42-44

바울은 우리에게 "우리가 다 잠 잘 것이 아니요 마지막 나팔에 순식간에 홀연히 다 변화되리니 나팔 소리가 나매 죽은 자들이 썩지 아니할 것으로 다시 살아나고 우리도 변화되리라"라고 말합니다. 고전 15:51-52

이는 속량의 전체 계획에 있는 모든 것 가운데 절정입니다. 그러므로 이를 부인하는 것은 속량의 전체 계획을 쓰레기 더미로 전락시키는 것입니다.

우리는 부활하게 될 것입니다. 부활된 육신의 몸에 우리가 살게 될 것입니다.

인간 자체는 영이지만 육신의 몸 안에 거합니다.

인간에게는 생각하는 지성과 느끼는 감성과 선택하고 선별하는 의지와 하나님을 사랑하는 영이 있습니다.

분명한 사실은, 데살로니가전서가 우리에게 말씀하듯이, 어느 날 우리의 사랑하는 자들의 몸이 부활의 몸을 "입기 위해서" 죽은 자들로부터 부활하여 하늘로부터 돌아온 다음, 전대미문의 새 하늘과 새 땅의 실제로 들어갈 것입니다.

새 하늘과 새 땅

인간에게는 보편적으로 땅과 인류를 손상시킨 죄나 죽음이 없던 시기, 즉 인간과 하나님이 함께 행복한 교제를 나누며 거닐었던 황금기에 대한 이전의 경험이 있습니다.

꿈에서조차 죽음과 죄와 고통과 미움과 슬픔이 더 이상 존재하지 않을 시기가 다가온다는 것은 또 다른 황금기에 대한 꿈입니다.

북미 인디언은 그 꿈을 행복한 사냥터Happy Hunting Ground라 부릅니다. 각 언어마다 이를 부르는 나름의 호칭이 있습니다. 이는 인간이라면 다 보편적으로 갈구하는 바입니다.

이 땅에서 가장 하층민으로 사는 수백만의 사람들도 새 하늘과 새 땅에 대한 소망이 있습니다. 비록 그 소망의 형태가 기괴할지라도, 그곳에 대한 소망과 꿈이 있습니다.

성경은 세상의 시초에 죄와 죽음과 저주가 없던 인간의 영광에 대해 분명히 가르칩니다. 즉 사랑이 동물의 왕국과 인간의 왕국을 다스렸던 시기에 대해 가르칩니다.

우리에게는 인간의 반역을 통해 죄가 들어왔고, 죽음이 무시무시한 지배를 시작했다는 사실을 알려주는 이야기가 있습니다. 하지만 성경은 아주 분명하게 죄와 죽음과 고통과 눈물이 절대로 들어오거나 침입하지 못할 또 다른 황금기를 제시합니다.

바울은 로마서 8장에서 피조물이 그 자신의 뜻이 아니라 굴복시킨 이(아담)로 인해 허무한 데(마귀에게) 굴복하였기 때문에 하나님의 아들들이 나타나는 것을 열렬히 고대한다고 우리에게 알려줍니다. 하지만, 피조물에게는 썩어짐이라는 속박으로부터 하나님의 자녀의 영광으로 해방될 수 있다는 소망이 있습니다. 이는 우리가 피조물 전체가 지금까지 고통 가운데 함께 신음하며 산고를 치르고 있음을 알기 때문입니다.

오랫동안 모욕을 당하던 교회가 갑자기 자신의 것을 차지하게 될 때, 곧 주 예수님께서 다시 오실 날을 기다리는 것입니다.

사탄은 결박되어 감옥으로 던져지며, 오랫동안 지속된 사탄의 통치는 끝나고, 하나님의 아들들과 딸들이 불멸의 몸을 입고 영광으로, 다시 말해

결코 끝나지 않는 영원한 영광의 시대 안으로 불쑥 등장할 것입니다.

요한은 계시록에서 마지막 원수인 죽음이 불 못에 던져질 때 새 하늘과 새 땅이 등장할 것인데, 처음 하늘과 처음 땅은 사라지고 바다도 더 이상 존재하지 않을 것이라고 우리에게 말해줍니다.

하나님께서는 이 시대에 속한 예전의 죄 또는 마음의 아픔을 혹시나 우리에게 떠올려 줄지도 모르는 별 하나라도 우리의 새 하늘에 들어오도록 허락하지 않으실 것입니다. 심지어 그분은 "더 이상 바다도 없을 것이라"고 말씀하십니다. 그래서 우리는 무자비한 파도 밑으로 가라앉았던 사랑하는 이들의 죽음을 더 이상 떠올리지 않을 것입니다.

그분은 모든 눈물을 닦아주실 것입니다. 그래서 더 이상 울부짖음도, 고통도, 예전의 삶을 우리에게 떠올려 줄 만한 어떤 것도 없을 것입니다. 이런 것들은 완전히 사라질 것입니다. 그리고 그분은 모든 것을 새롭게 하실 것이고, 그러면 교회가 그 광대한 유업 안으로 들어갈 것입니다.

바울은 에베소서에서 위대하신 하나님 아버지께서 이전의 영원의 시기에 그분의 위대한 사랑 가운데 우리를 위해 쌓아두셨던 풍요와 부를 다가오는 시대에 우리에게 주실 것이라고 알려줍니다.

오, 하나님의 가족에 속한 풍요와 부와 기쁨에 대한 영광스러운 진리여! 우리는 세세토록 서로서로 알게 되며, 서로서로 이야기하고, 하늘의 축복을 영원토록 누리게 될 것입니다.

예전의 태양은 없지만 빛이 있을 것입니다. 그 이유는 어둠이 과거 죄의 삶을 우리에게 떠올려 주기 때문입니다. 어떤 피곤이나 슬픔이나 고통도 없는 하나의 영원한 낮one Eternal Day이 있을 것입니다.

새 하늘과 새 땅의 소망은 복되도다!

확인 문제

1. 하나님께서 인간을 창조하셨을 때 왜 인간에게 영원한 몸을 주셨을까요?

2. "죽을 수밖에 없는"이라는 말은 무슨 뜻일까요? 인간의 몸은 언제 죽을 수밖에 없는 몸이 되었습니까?

3. 그리스도께서는 어떤 유형의 몸을 가지셨나요?

4. 믿는 자는 언제 자신의 몸에 불멸성을 받게 되나요?

5. 하나님께서 새 하늘과 새 땅에 대해 우리에게 계시하신 것은 무엇입니까?

"복음에 하나님의 의가 나타났다는 선포는 복음이 하나님께서 의로우시다는 사실을 계시하였음을 의미하지 않는다. 그 계시는 복음이 있기도 전에 있었다. 복음에 하나님의 의가 나타났다는 선포는, 복음은 하나님께서 의를 불의한 사람들이 마음대로 가지고 사용할 수 있도록 하셨다는 사실을 계시한다는 뜻이다. 당신이 내게 구원이란 지옥으로부터의 구출이라고 말한다면, 나는 당신에게 구원이 무엇인지에 대해 완전히 부적절하게 이해하고 있다고 말해주고 싶다. 당신이 구원이란 죄의 용서라고 내게 말해준다면, 나는 당신이 구원이 무엇인지를 실제로는 이해하고 있지 않다고 확인해 줄 것이다. 구원이 죄의 형벌로부터의 구출과 용서 이상이 아니라면, 나는 구원이 나의 심령과 양심을 만족시킬 수 없다고 정중하게 말씀드리는 바이다. 누군가는 이에 동의하지 않을지도 모르지만, 인간 양심의 깊은 곳에는 의에 대한 반응, 의의 부름과 의의 아름다움, 의의 필요성을 인정하는 부분이 있다. 그렇다면 구원이란 그 의를 가능케 하는 것이라 할 수 있다."

— 조지 캠벨 모건George Campbell Morgan

18 장

의
RIGHTEOUSNESS

우리는 이 연구를 통해서 인간이 존재하는 이유가 인간과 교제하고 싶어 하시는 하나님의 심령에 있는 굶주림이었음을 보았습니다.

인간의 영 안으로 영적 죽음이 들어옴으로써 하나님과 인간 사이에 이루어진 이 교제가 파괴되었습니다.

영적인 죽음은 하나님으로부터 인간을 분리시켰습니다. 인간은 반역하자마자 곧장 하나님의 임재 안에 아무런 정죄감 없이 설 수 없음을 느끼게 되었습니다.

죄의식, 무가치하다는 의식, 열등감은 인간의 삶을 지배한 영적인 죽음의 산물들이었습니다. 하나님과 인간 사이의 교제가 불가능하게 되었습니다.

인간을 속량하려는 이유는 인간을 창조한 이유와 똑같았습니다. 그것은 인간과 교제하고 싶어 하시는 하나님의 갈망이었습니다.

인간이 하나님 아버지와의 완벽한 교제로 회복되려면, 의가 인간에게 주어져야 합니다. 모든 죄의식과 무가치하다는 의식과 열등감이 인간의 영과 마음에서 제거되어야 합니다.

따라서 아버지께서 인간의 속량을 준비하시면서 직면하신 첫 번째 문제는 인간에게 의를 마련하시는 것이었습니다. 의는 다음과 같이 정의될 수 있을 것입니다. 의는 아무런 죄의식이나 죄책감이나 열등감 없이 하나님의 임재 안에 설 수 있는 능력입니다.

인간이 타락하기 전과 같이 하나님의 임재 안에 설 수 있는 능력을 받지 않는다면 하나님과 인간 사이의 완벽한 교제는 성립될 수 없습니다. 과거에 인간에게 속한 죄의식이 뿌리째 뽑히지 않으면 아버지와 인간의 교제는 자발적이고 자유로운 교제가 될 수 없습니다.

다시 요약해 봅시다. 새로운 피조물이 존재하는 이유는 하나님과 인간 사이의 교제를 회복하기 위해서입니다. 그 교제가 인간이 의롭게 되었다는 기초 위에 있지 않으면, 속량은 그 목적을 성취하지 못했을 것입니다. 이는 인간이 자기 아버지의 임재 가운데 죄의식과 무가치하다는 의식을 가지고 있는 한 아버지와 인간 사이에 기쁨의 교제가 존재할 수 없기 때문입니다.

하나님께서 인간을 의롭게 할 수 없어서 죄가 세상에 들어오기 전처럼 인간을 죄의식과 정죄감으로부터 자유롭게 할 수 없으시다면, 사탄이 아담 안에서 행한 일이 하나님께서 그리스도 안에서 행하신 일보다 더 효과적이었다고 말할 수 있을 것입니다. 하나님께서 인간 안에 있는 (영적인 죽음의 산물인) 죄의식과 무가치하고 약하다는 의식을 멸절시킬 수 없으시다면, 그리스도께서는 사탄의 일을 멸하지 못하셨던 것이고, 따라서 영적인 죽음으로 각인된 것들이 아직도 인간의 의식에 남아 있어서 아버지와 인간의 교제를 손상시켰을 것입니다.

우리가 의의 주제를 공부함에 있어서 인간의 가르침과 전통은 우리에게 권위가 될 수 없습니다. 오직 말씀만이 우리의 권위가 될 뿐입니다. 하나님께서 의에 대해 우리에게 말씀하신 것을 발견하도록 성경을 공부하십시오.

하나님 아버지께서는 합법적인 토대 위에서 인간에게 의가 주어져야 한다는 사실을 인지하고 계셨습니다. 이것이 하나님께서 속량 계획에서 직면하신 핵심 문제였습니다.

이는 로마서 3:26(미국 개역 개정)에서 다음과 같이 표현됩니다. "이는 바로 지금 시대에 자기의 의로우심을 나타내심에 있어 자기도 의로울 뿐만 아니라 예수님을 믿는 자의 의도 드러내려 함이라고 내가 말하기 때문이다"

하나님께서 인간과 완벽한 교제를 하시려면 그분이 의로우신 만큼이나 인간을 의롭게 하셔야 합니다. 이것이 바로 하나님께서 로마서 3:26에서 밝히신 문제입니다. 즉 그 문제는 하나님께서 그리스도를 믿는 자의 의가 되시는 것입니다. 그분이 그리스도를 믿는 자의 의가 되신다면, 믿는 자는 그분이 의로우신 만큼이나 의롭게 될 것입니다.

그분은 그리스도 안에 있는 이 속량을 받아들이는 자의 의가 되셔야 합니다. 그러나 그분은 공의롭게 그 일을 하셔야 합니다. 다른 말로 하면, 공의의 토대 위에서 이루어져야 한다는 말입니다.

성경은 의의 문제를 하나님께서 속량 가운데 대면하신 핵심 문제라고 밝히고 있을 뿐만 아니라 세상에 주어진 복음의 핵심이라고도 밝히고 있습니다. 사실, 복음이란 의의 계시입니다.

바울은 로마의 그리스도인들에게 자신이 받은 복음의 계시를 가져다 주기 위해 그들을 방문하고자 하는 열망을 로마서에서 나타냅니다.

"내가 복음을 부끄러워하지 아니하노니 이 복음은 모든 믿는 자에게 구원을 주시는 하나님의 능력이 됨이라 먼저는 유대인에게요 그리고 헬라인에게로다 복음에는 하나님의 의가 나타나서 믿음으로 믿음에 이르게 하나니 기록된바 오직 의인은 믿음으로 말미암아 살리라 함과 같으니라" 롬 1:16-17

하나님의 속량은 인간의 필요를 채우기에 적합하고도 충분했습니다. 그러므로 복음은 하나님께서 인간이 받고 쓸 수 있게 하신 의에 대한 계시입니다. 복음 안에는 오로지 믿음의 기초 위에서만 인간의 소유가 되는 하나님의 의가 계시되어 있습니다.

로마서 4:25은 하나님께서 어떻게 합법적인 토대 위에서 의를 마련하셨는지를 우리에게 계시합니다. "예수는 우리가 범죄한 것 때문에 내줌이 되고 또한 우리를 의롭다 하시기 위하여 살아나셨느니라" 롬 4:25

이를 문자적으로 번역하면 "그분[예수님]은 우리가 범죄한 것 때문에 드려지셨고, 우리가 의롭다고 선언되었을 때 일으켜지셨느니라"입니다.

로마서 5:19은 로마서 4:25에 빛을 비추어 줍니다. "한 사람이 순종하지 아니함으로 많은 사람이 죄인 된 것 같이 한 사람이 순종하심으로 많은 사람이 의인이 되리라" 롬 5:19

속량은 이중적인 법칙에 근거합니다. 즉 아담과 인간의 동일시 및 그리스도와 인간의 동일시라는 법칙입니다. 모든 사람이 죄인이 되었던 것, 다시 말해 모든 사람이 정죄를 받는 것은 바로 한 사람 아담과 인류의 동일시를 통해서입니다.

따라서 한 사람을 통해서 모든 사람이 의롭게 되는 것도 논리적으로 타당합니다. 이는 그리스도께서 죗값을 치르셨을 때 인류가 바로 그분 그리스도와 동일시되었기 때문입니다. "예수는 우리가 범죄한 것 때문에 내줌이 되고"라는 성경 구절에 주목하십시오.

그리스도께서는 넘겨지셔서 십자가에 못 박히셨습니다. 이는 그분이 우리와 하나가 되셨기 때문입니다. 우리의 영적인 죽음이 그분에게 얹어졌고, 그리하여 그분이 죄가 되셨습니다.고후 5:17 (이 부분을 「죄의 담당자」라는 9장에서 이미 충분히 다루었습니다.)

이제 다음의 놀라운 사실에 유의하십시오. 즉 우리가 의롭다고 선언되었을 때 그분께서 일으켜지셨다는 것입니다. 그분께서 영적인 죽음이 우리를 형성했던 그 모든 것이 되셨기 때문에 인간이 의롭다고 선언되기 전까지는 그런 상태에서 일으켜질 수 없으셨습니다. 인류에 대한 공의의 요구사항이 만족되었을 때 그리스도께서는 일으켜질 수 있으셨습니다. 디모데전서 3:16은 그리스도 자신이 영으로 의롭게 되셨음을 밝혀줍니다. 그분은 죄가 되셨고, 죗값이 다 치러졌을 때 그리스도 자신이 의롭게 되셔야 했습니다.

따라서 그리스도께서 죽은 자들로부터 일어나셨을 때, 인류는 합법적으로 의롭다고 선언되었습니다. 인류는, 마치 아담이 전혀 죄를 지은 적이 없는 것처럼 죄로부터 자유롭게 하나님 앞에 합법적으로 서게 되었습니다.

고린도후서 5:18-20에 주목하십시오. "모든 것이 하나님께로부터 났으며 그가 그리스도로 말미암아 우리를 자기와 화목하게 하시고 또 우리에게 화목하게 하는 직분을 주셨으니 곧 하나님께서 그리스도 안에 계시사 세상을 자기와 화목하게 하시며 그들의 죄를 그들에게 돌리지 아니하시고 화목하게 하는 말씀을 우리에게 부탁하셨느니라 그러므로 우리가 그리스도를 대신하여 사신이 되어 하나님이 우리를 통하여 너희를 권면하시는 것 같이 그리스도를 대신하여 간청하노니 너희는 하나님과 화목하라"고후 5:18-20

속량은 세상을 그분 자신과 화해시키신 하나님의 전부입니다. 화해 reconciliation로 인해 하나님께서는 세상 사람들의 죄를 그들에게 돌리지 않으십니다. 그분은 그들의 죄로 인해 그들을 비난하지 않으십니다. 하지만 우리는 다음의 사실을 간과하지 말아야 합니다. 즉 인간이 그리스도 안에서 합법적으로 의롭다고 선언되었을지라도, 그 사람에게 구원이 이루어지는 것은 오로지 그가 그리스도 안에 있는 화해를 개인적으로 받아들일 때입니다. 그 사람은 오직 한 가지 죄, 곧 예수 그리스도를 그의 구원자로 받아들이기를 거부하는 죄에 대해서만 유죄 선고를 받게 될 것입니다.

인간이 그리스도 안에서 합법적으로 의롭다고 선언되었기 때문에 하나님의 본성인 영원한 생명을 받기 위해 그리스도 예수를 통해 하나님께 다가갈 수 있게 되었습니다. 이것이 의의 계시의 두 번째 단계입니다. 첫째, 우리는 의롭다고 선언되었습니다. 다시 말해 아담의 범죄로 인해 받은 정죄로부터 자유롭게 되었다는 말입니다. 둘째, 우리가 그리스도를 구원자와 주님으로 영접하는 순간 개인적인 모든 죄로부터 자유롭게 되고, 우리에게 하나님의 본성이 전이됩니다.

하나님의 본성을 받아들이는 것은, 실제로 말하면 하나님의 의를 받아들이는 것입니다. 그것은 그리스도께서 그분 자신에게 우리의 영적인 죽음을 얹으심으로 죄가 되셔서 우리만큼이나 불의하게 되셨다는 것입니다. 이제 하나님의 본성을 받아들인 우리는 하나님의 의가 됩니다. 고린도후서 5:21은 이 사실을 이렇게 밝힙니다. "하나님이 죄를 알지도 못하신 이를 우리를 대신하여 죄로 삼으신 것은 우리로 하여금 그 안에서 하나님의 의가 되게 하려 하심이라" 그분은 우리의 본성을 받아들이심으로 죄가 되셨습니다. 반면에, 우리는 그분의 본성을 받아들임으로 하나님의 의가 됩니다.

그리고는 그리스도 안에 있는 우리의 의를 더욱 밝혀주시기 위해 그분은 우리에게 고린도전서 1:30을 제시하십니다. "너희는 하나님으로부터 나서 그리스도 예수 안에 있고 예수는 하나님으로부터 나와서 우리에게 지혜와 의로움과 거룩함과 구원함[속량]이 되셨으니" 그리스도께서 친히 하나님의 자녀의 의이십니다. 바로 그 사실이 그리스도께서 아버지 앞에서 가지신 것과 똑같은 위치standing를 하나님의 자녀에게 부여합니다.

그분이 복음을 의의 계시라고 부르는 것은 그리 놀랄 일이 아닙니다. 그리스도께서 죽은 자들로부터 일어나셨을 때, 우리는 합법적으로 의롭다고 선언되었습니다. 우리는 거듭난 순간 하나님의 의가 되었고, 그리스도 그분 자신이 우리의 의이십니다.

이것이 하나님께서 우리가 영적인 죽음의 결과로써 우리에게 있던 죄의식으로부터 자유롭게 되어, 하나님의 가족 안에서 아들과 딸의 위치를 기쁘게 차지하며, 그리스도께서 그러하셨던 것처럼 죄와 귀신과 질병과 환경 앞에서 아무런 두려움 없이 살 수 있음을 우리의 심령에 분명히 밝혀주려고 하셨던 단 하나의 메시지입니다.

이 의의 메시지가 바로 우리가 알지 못하도록 사탄이 훼방했던 단 하나의 메시지입니다. 우리에게 복음이란 죄에 대한 계시였었습니다. 우리는 구원받지 못한 사람들에게는 죄sin;죄의 본성를 전했고, 그리스도인들에게는 죄들sins;자범죄을 전했습니다. 그 결과 약함과 불안정을 초래하였습니다.

사탄은 우리가 하나님 앞에서 우리의 죄 많고 약하고 무가치한 상태를 떠들어대는 것이 겸손의 표시인 것처럼 생각하도록 만들었습니다. 하지만 우리 자신을 비참하고 나약한 지렁이 같은 존재라고 말하는 것은 겸손이 아닙니다. 이는 하나님을 모욕하는 것이고, 속량과 예수 그리스도의 피를 모독하는 것입니다. 사탄이 아담 안에서 행한 일이 하나님께서 그리스도 안에서 행하신 속량보다 더 효과적이라고 여기는 것입니다.

우리는 사탄이 우리의 소유인 의를 우리가 알지 못하도록 방해하는 까닭을 이해할 수 있습니다.

새로운 피조물에게 있어서, 사탄은 아무것도 아닌 존재가 되었습니다. "자녀들은 혈과 육에 속하였으매 그도 또한 같은 모양으로 혈과 육을 함께 지니심은 죽음을 통하여 죽음의 세력을 잡은 자 곧 마귀를 멸하시며 또 죽기를 무서워하므로 한평생 매여 종노릇 하는 모든 자를 놓아주려 하심이니" 히 2:14-15 사탄은 새로운 피조물을 지배할 어떤 권리도 없습니다. 예수 그리스도의 이름으로 우리는 사탄을 다스릴 권세가 있습니다. 따라서 여러 세대에 걸쳐 내려오면서 그리스도의 몸이 하나님의 실제적인 의로서 그 자리를 차지하고 사탄과 그의 무리들 앞에 아무 두려움 없이 섰더라면, 인류를 지배했던 사탄의 능력은 어마어마하게 무너졌을 것입니다. 그러나 사탄은 교회가 죄와 무가치함을 의식하도록 만들었고, 그로 인해 사람들은 사탄 앞에서 그의 권능을 깨뜨리거나 그의 지배로부터 자유롭게 살기에는 자신들이 너무도 미약하다고 느꼈던 것입니다.

당신은 삶에서 이 의의 메시지가 무엇을 의미할지 알 수 있습니까? 이 메시지는 당신이 당면하는 모든 문제를 해결할 것입니다. 아버지와 당신의 교제가 달콤하고 기쁨으로 차게 될 것이며, 어떤 정죄감이나 아버지와 당신 사이를 가로막는 어떤 것도 전혀 없게 될 것입니다. 하나님께서 당신의 필요를 채우실 것을 신뢰하는 데 전혀 어렵지 않을 것입니다. 당신은 기도 생활과 간증에 확신을 갖게 될 것입니다.

당신은 기도하는 것마다 응답된다는 명성을 얻게 될 것입니다. 왜냐하면 당신은 예수의 이름으로 구하면 하나님께서 당신의 기도를 들으시며, 또 구한 바를 갖게 된다는 사실을 알고 있기 때문입니다. 당신은 예수 그리스도의 이름의 권세로 병자를 위해 기도할 수 있을 것입니다. 왜냐하면 당신은 예수 그리스도의 이름을 사용하기에 당신이 너무도 무가치하다고 느끼지 않을 것이기 때문입니다.

여기에 당신이 지금껏 삶 속에서 찾아왔던 능력의 비밀이 있습니다. 그 비밀은 당신이 하나님의 의라는 사실을 아는 것입니다. 당신은 당신의 자리를 차지하거나 하나님을 영화롭게 할 예수 이름의 권세를 사용하는 데 더 이상 훼방 받지 않을 것입니다.

확인 문제

1. 하나님 아버지께서 인간을 위해 속량을 준비하시면서 직면하신 첫 번째 문제는 무엇이었습니까?

2. 인간에게 의가 회복되지 않을 경우, 하나님과 인간 사이에 완벽한 교제가 존재할 수 없는 이유는 무엇입니까?

3. 하나님께서는 어떤 근거 위에서 인간이 하나님의 의가 될 수 있게 하셨습니까?

4. 우리가 하나님의 실제적인 의라는 사실을 알지 못하게 사탄이 방해했던 까닭은 무엇입니까?

5. 이 의의 메시지는 당신에게 어떤 의미입니까?

19 장

교제
FELLOWSHIP

    나는 사역 초기에 상당수의 교인들뿐만 아니라 내가 전도했던 성도들이 영적으로 실패하는 이유가 무엇인지 궁금했습니다. 나는 기독교가 혹시나 구멍 난 자루가 아닌지 궁금했습니다. 나는 매우 열심이었습니다. 나는 매주 헌신 예배를 드렸습니다. 나는 열심히 말씀을 전하고 일도 했지만, 내가 갖은 노력을 다해도 나의 성도들은 기도 모임에 참석하지 않았습니다.

    세월이 흘렀습니다. 어느 날 나는 보스턴 근처에 있는 한 도시에서 말씀을 전하고 있었습니다. 내가 알고 지냈던 어떤 성경 교사가 내게 "당신은 연합union과 친교communion를 구분하는 군요."라고 말했습니다. 다시 말해, 관계relationship와 교제fellowship를 구분한다는 말입니다.

    나는 신중하게 분석하고 검토하지 않은 것을 전하고 있다는 사실을 깨닫고는 급히 방으로 들어가서 '교제'라는 주제를 살펴보기 시작했습니다.

마침내 나는 "신앙의 타락"이라는 말이 신약성경에는 등장하지 않는다는 사실을 발견했습니다. 이 말은 종과 결부된 용어였습니다.

반면, 하나님의 아들과 딸에게 해당되는 단어는 "교제Fellowship"였습니다.

"너희를 불러 그의 아들 예수 그리스도 우리 주와 더불어 교제하게 하시는 하나님은 미쁘시도다"고전 1:9

우리는 영적 죽음의 불화, 쓴 감정, 불행에서 우주의 위대하신 하나님 아버지와의 교제로 부름 받았습니다. 그러자 나는 교제야말로 창조 세계가 존재하는 이유라는 것을 알았습니다.

하나님께서는 인간과의 교제를 원하셨습니다. 그래서 하나님께서는 우주를 창조하셨습니다. 인간이 타락하여 하나님과의 교제가 깨어졌습니다. 따라서 속량이 존재하는 이유는 잃어버린 교제를 회복시키는 것이었습니다.

새로운 피조물의 핵심 비결은 교제입니다. 하나님께서는 원수 마귀가 지배한 옛 피조물과는 교제하실 수 없었습니다. 그래서 하나님께서는 옛 피조물을 재창조하셔서, 그에게 하나님 자신의 본성을 전이하시어 완벽한 교제가 가능할 수 있게 하셨습니다.

나는 참으로 얼굴과 얼굴을 맞대고 아버지를 만나는 기도의 비결이 '교제'라는 말에 있음을 발견했습니다.

말씀 안으로 들어가, 말씀을 알고, 또 그 말씀이 능력으로 우리 안에 거하게 하는 비결은 교제에 있습니다. 사람들로 하여금 각성하도록 말씀을 전하여 그들을 주께로 돌이키게 하는 비결은 교제에 있습니다. 기쁨과 생기가 넘치는 풍성한 영적 삶의 비결은 교제입니다.

가족 내에 깨어진 교제는 비참과 위험을 부릅니다. 깨어진 교제가 치료되지 않으면 이혼과 가정파탄을 초래할 것입니다.

똑같은 법칙이 영적인 삶에도 적용됩니다. 사랑에서 벗어난 모든 걸음은 깨어진 교제를 가리키며, 따라서 교제가 회복되지 않으면 조만간 영적인 파산을 맞게 될 것입니다.

오늘날 우리 교회가 처한 영적인 상태는 깨어진 교제의 결과입니다. 그것이 바로 교회의 비극입니다.

요한일서는 교제의 신성함sacredness과 아름다움만이 아니라 깨어진 교제의 위험도 가르칩니다.

"우리가 보고 들은 바를 너희에게도 전함은 너희로 우리와 사귐이 있게 하려 함이니 우리의 사귐은 아버지와 그의 아들 예수 그리스도와 더불어 누림이라"요일 1:3

"우리가 그에게서 듣고 너희에게 전하는 소식은 이것이니 곧 하나님은 빛이시라 그에게는 어둠이 조금도 없으시다는 것이니라"요일 1:5

여기에 대조가 있습니다. 즉 하나님은 빛이시기에, 우리가 빛 가운데 걸을 때 교제 가운데 걸으며, 우리가 빛 곧 사랑에서 벗어나서 걸을 때 어둠 속으로 들어갑니다.

"그의 형제를 사랑하는 자는 빛 가운데 거하여 자기 속에 거리낌이 없으나 그의 형제를 미워하는 자는 어둠에 있고 또 어둠에 행하며 갈 곳을 알지 못하나니 이는 그 어둠이 그의 눈을 멀게 하였음이라"요일 2:10-11 어둠은 깨어진 교제를 말합니다.

깨어진 교제를 회복시키는 법

"만일 우리가 우리 죄를 자백하면 그는 미쁘시고 의로우사 우리 죄를 사하시며 우리를 모든 불의에서 깨끗하게 하실 것이요" 요일 1:9

요한일서 1:10에서 요한 사도는 우리가 죄를 지은 적이 없다고 말한다면 교제에서 벗어난 거짓말쟁이라고 말합니다.

깨어진 교제는 우리가 우리 죄를 고백하는 순간 회복될 수 있습니다. 하나님께서는 신실하셔서 우리를 용서하십니다. 그 깨어진 교제는 이제 과거에 속한 것입니다. 당신이 당신의 죄를 고백할 때 하나님께서는 확실히 용서하십니다. 하나님께서는 용서하신 것은 잊어버리시며 기억조차 하지 않으십니다. 우리는 교제가 깨어진 적이 없는 것처럼 계속 교제해야 합니다.

"나의 자녀들아 내가 이것을 너희에게 씀은 너희로 죄를 범하지 않게 하려 함이라 만일 누가 죄를 범하여도 아버지 앞에서 우리에게 대언자가 있으니 곧 의로우신 예수 그리스도시라 그는 우리 죄를 위한 화목제물이니 우리만 위할 뿐 아니요 온 세상의 죄를 위하심이라" 요일 2:1-2

우선, 당신에게는 아버지와 함께하시는 대언자이자 변호사가 있음을 인식하십시오. 그러므로 당신이 죄를 지은 후 용서를 구하면, 변호사이신 그분이 당신의 사정case을 맡으실 것입니다. 당신은 의롭지 않기 때문에 아버지의 임재 가운데 설 수 없을까봐 두려워할지도 모르지만, 당신의 변호사이신 예수님은 의로우신 오직 한분이십니다. 예수님께서 아버지의 임재 안으로 들어가셔서 당신의 사정을 변론하시어, 당신의 깨어진 교제를 회복시키실 수 있습니다.

우리는 깨어진 교제로는 부흥을 누릴 수 없습니다. 깨어진 교제로는 하나님만이 아니라 사람에게도 힘이 없습니다. 교제를 회복하는 것은 너무도 쉽습니다. 그러나 우리가 어디로 갈지 모르기 때문에 어둠 가운데 사는 것은 매우 위험합니다.

확인 문제

1. "신앙의 타락"이라는 말은 누구에게 해당되는 말입니까?

2. "교제"라는 말은 누구에 관한 용어입니까?

3. 새로운 피조물의 핵심 비결이 교제인 까닭은 무엇입니까?

4. 아버지와 우리의 교제를 유지하는 중요성에 대해 논해보십시오.

5. 깨어진 교제는 어떻게 회복될 수 있습니까?

20 장

그리스도인이 되는 법
HOW TO BECOME A CHRISTIAN

"저는 여러 차례 그리스도인이 되려고 했지만 실패했어요. 그래서 믿음도 잃어버렸어요."

"어떤 믿음 말입니까?"

"아마도 제 자신에 대한 믿음을 잃어버린 것 같아요. 아시다시피 저는 그리스도인이 되고 싶었어요. 이 땅에 사는 동안 하나님의 도움을 받고 싶었어요. 반복해서 제단에 나갔지만, 아무것도 받지 못했답니다. 여러 번 하나님을 구하고 부르짖었지만 실패하고 말았지요."

"구원은 선물이므로 그것을 얻기 위해 어떤 곳으로 갈 필요가 없다는 사실을 아셨습니까? 구원은 어디서나 찾을 수 있습니다. 구원은 당신이 무엇을 하느냐가 아니라 하나님께서 당신을 위해 이미 하신 것이라는 사실을 깨달으셨습니까? 영원한 생명을 받아들이는 것이 구원의 전부입니다. 하나님의 자녀가 되는 것은 무언가를 주는 것이 아니라 무언가를 받는 것이지요. 그런데 당신은 수고하고 애쓰며 구원을 얻으려고 했던 것입니다.

구원은 아버지의 심령으로부터 당신에게 온 선물이에요. 대부분 구원은 우리 죄를 포기하고 내어주며 고백하는 것이라고 생각해왔죠. 그렇지 않아요. 구원은 예수 그리스도를 당신의 구원자로 받아들이고 그분을 당신의 주님으로 고백하는 것이에요."

구원은 아주 간단하다

"구원이 그렇게 쉬울 리가 없어요. 저는 항상 많은 것을 해야 하고 포기해야 한다는 말을 들었거든요."

"그렇지 않아요. 성경에서 우리에게 그렇게 말씀하시는 대목은 전혀 없답니다. 원하신다면 저와 함께 이사야 53:6을 보실까요?

'우리는 다 양 같아서 그릇 행하여 각기 제 길로 갔거늘 여호와께서는 우리 모두의 죄악을 그에게 담당시키셨도다' 이 구절은 당신을 묘사하는 말씀입니다. 당신은 제 길로 갔습니다. 우리는 완고하고 제멋대로였지만, 하나님께서는 그리스도께 우리 모두의 죄악을 담당시키셨습니다. 여기에서 당신이 당신 자신을 구원하거나 돕기 위해 어떤 것도 하지 않았다는 사실을 알아차리실 거예요.

하나님께서 당신의 죄를 예수님께 담당시키셨어요. 그렇습니다. 그분께서 당신을 예수님께 담당시키셨어요. 이는 당신의 과거에 대해 어떤 것도 요구하지 않죠. 그렇죠?

다음 성경 구절을 봅시다. '영접하는 자 곧 그 이름을 믿는 자들에게는 하나님의 자녀가 되는 권세를 주셨으니' 요 1:12 이 말씀을 보면, 당신은 하나님의 선물로 그리스도를 받아들이는 것 이외에는 어떤 것도 하지 않아요.

다른 성경 구절을 보죠. '하나님이 세상을 이처럼 사랑하사 독생자를 주셨으니 이는 그를 믿는 자마다 멸망하지 않고 영생을 얻게 하려 하심이라' 요 3:16 이 말씀은 아버지께서 당신의 대속물이자 당신의 구원자로 그분의 아들을 주셨다는 뜻이에요. 그래서 하나님께서 당신에게 하라고 요구하신 단 하나는 그 아들을 당신의 구원자로 영접하는 거에요. 그분은 당신에게 믿는 것 외에는 다른 어떤 것 하나도 하라고 하지 않으십니다. 당신이 믿는다는 것은 그분의 말씀대로 행동한다는 뜻이에요.

로마서 4:25은 '예수는 우리가 범죄한 것 때문에 내줌이 되고 또한 우리를 의롭다 하시기 위하여 살아나셨느니라' 라고 말씀하지요. 하나님께서는 우리를 대신하여 예수님을 내어주셨고, 예수님께서는 우리의 죗값을 다 치르시자 일으켜지셨어요. 우리가 해야 할 일은 단지 예수님이 하신 일을 받아들이는 것뿐입니다."

값은 치러졌다

"로마서 5:1은 '그러므로 우리가 믿음으로 의롭다 하심을 받았으니 우리 주 예수 그리스도로 말미암아 하나님과 화평을 누리자' 라고 말씀합니다.

당신은 어떤 것도 할 필요가 없어요. 그렇죠? 당신을 위해 모든 게 이미 이루어졌어요. 당신이 해야 하는 전부는 오직 그것을 받아들이는 것뿐이에요. 로마서 10:9-11은 '네가 만일 네 입으로 예수를 주로 시인하며 또 하나님께서 그를 죽은 자 가운데서 살리신 것을 네 마음에 믿으면 구원을 받으리라 사람이 마음으로 믿어 의에 이르고 입으로 시인하여 구원에 이르느니라 성경에 이르되 누구든지 그를 믿는 자는 부끄러움을 당하지 아니하리라 하니' 라고 선언합니다.

이 성경 말씀을 주의 깊게 살펴봅시다. '네가 만일 네 입으로 예수를 주로 시인하며' 이 말씀은 당신이 제 길로 가고 당신 뜻대로 행하는 것이 끝났다는 말이에요. 그것은 어렵지 않아요. 왜냐하면 당신 스스로 갔던 그 길은 행복하지 않은 길이었고 성공적인 길도 아니었기 때문이죠. 하나님이 없던 고되고 외로운 길이었죠.

이제 그분은 당신 자신이 당신 인생의 주인이거나 당신의 원수 마귀가 주인 노릇하도록 내어주는 삶으로부터 돌이켜서 당신 입술로 예수님이 주님이시라고 고백하길 원하신다고 말씀합니다."

"그거야 쉽죠. 저는 기꺼이 예수님을 주님으로 고백합니다. 저는 하나님께서 예수님을 죽은 자들로부터 살리신 것을 압니다."

"그러면, 말씀은 뭐라고 합니까?"

"'내가 구원을 받으리라' 라고 합니다."

"언제 구원을 받게 된다고 합니까?"

"제가 믿을 때입니다."

"지금 믿습니까?"

"물론입니다."

"저는 구원받는 것이 이렇게 쉬울 줄은 꿈에도 생각 못 했어요. 제가 지금 거듭났다는 말씀이죠?"

"요한일서 5:1은 '예수께서 그리스도이심을 믿는 자마다 하나님께로부터 난 자니 또한 낳으신 이를 사랑하는 자마다 그에게서 난 자를 사랑하느니라' 라고 선언합니다. 당신은 예수님이 그리스도이심을 믿습니까?"

"확실히 믿습니다."

"그렇다면 당신은 어떤 존재입니까?"

"그것은 제가 지금 하나님의 자녀라는 말씀이지요?"

"요한일서 3:2은 '사랑하는 자들아 우리가 지금은 하나님의 자녀라 장래에 어떻게 될지는 아직 나타나지 아니하였으나 그가 나타나시면 우리가 그와 같을 줄을 아는 것은 그의 참모습 그대로 볼 것이기 때문이니' 라고 말씀합니다. 당신은 언제 하나님의 자녀가 된 것입니까?"

"지금입니다."

"당신이 하나님의 자녀가 된 것을 어떻게 알죠? 당신이 하나님으로부터 태어난 것을 어떻게 알죠?"

우리의 증거는 말씀이다

"왜냐하면 말씀이 제가 그렇다고 말씀하기 때문입니다. 저는 예수님을 저의 구원자로 받아들였습니다. 저는 그분을 저의 주님으로 고백했습니다. 저는 하나님의 자녀임에 틀림없습니다. 말씀이 제가 그렇다고 선언합니다. 영원한 생명을 받는 것에 대해서는 어떻습니까?"

"요한일서 5:13은 '내가 하나님의 아들의 이름을 믿는 너희에게 이것을 쓰는 것은 너희로 하여금 너희에게 영생이 있음을 알게 하려 함이라' 라고 말씀합니다. 당신은 예수의 이름을 믿습니까?"

"확실히 믿습니다."

"그렇다면 당신은 무엇을 가지고 있나요?"

"저는 영원한 생명을 가지고 있습니다."

"영원한 생명은 하나님의 본성입니다."

"그 말은 제게 지금 하나님의 본성이 있다는 말씀입니까?"

"베드로후서 1:4은 우리에게 '이로써 그 보배롭고 지극히 큰 약속을 우리에게 주사 이 약속으로 말미암아 너희가 정욕 때문에 세상에서 썩어질 것을 피하여 신성한 성품[본성]에 참여하는 자가 되게 하려 하셨느니라' 라고 말씀합니다. 썩어질 것이란 영적인 죽음을 말합니다. 당신은 하나님의 본성인 영원한 생명을 받음으로써 영적인 죽음을 피했습니다."

"이 말씀은 놀랍군요. 그런데 저는 아무런 죄책감이나 열등감 없이 하나님의 임재 가운데 설 수 있는 능력인 의에 대해서 당신이 여러 차례 말씀하신 것을 들었습니다. 언제 그 의를 얻게 되나요?"

"로마서 3:26은 '곧 이때에 자기의 의로우심을 나타내사 자기도 의로우시며 또한 예수 믿는 자도 의롭다 하려 하심이라' 라고 말씀합니다. 당신은 예수님을 당신의 구원자로 믿습니까?"

"네, 그렇습니다."

"하나님께서는 그분이 당신에게 어떤 분이라고 말씀하십니까?"

"하나님께서는 그분이 저의 의라고 말씀하십니다. 저는 그와 같은 것을 얻을 수 있으리라고는 꿈에도 생각해 본 적이 없습니다. 하나님께서 친히 저의 의가 되셨습니다."

"그렇습니다. 고린도후서 5:21에 주목하신 적이 있나요? '하나님이 죄를 알지도 못하신 이를 우리를 대신하여 죄로 삼으신 것은 우리로 하여금 그 안에서 하나님의 의가 되게 하려 하심이라'"

"저는 그 말씀을 이해하지 못합니다."

"당신은 하나님께서 당신의 죄로 인해 예수님을 죄가 되게 하신 것을 알고 있습니다. 그렇지 않나요?"

"하지만 예수님께서 제 죄 때문에 죄가 되셔야 했다니, 참으로 끔찍하군요."

"그분은 이렇게 하심으로 당신이 그분 안에서 하나님의 의가 되게 하셨습니다. 그분이 죄가 되셨고, 당신이 그분을 당신의 구원자로 영접하면 당신은 그분 안에서 하나님의 의가 됩니다."

"놀랍지 않나요? 그 모든 게 저에게 값없이 주어졌다는 말씀인가요?"

"에베소서 2:8-10은 '너희는 그 은혜에 의하여 믿음으로 말미암아 구원을 받았으니 이것이 너희에게서 난 것이 아니요 하나님의 선물이라 행위에서 난 것이 아니니 이는 누구든지 자랑하지 못하게 함이라 우리는 그가 만드신 바라 그리스도 예수 안에서 선한 일을 위하여 지으심을 받은 자니 …' 라고 말씀합니다."

"저는 그 일이 그렇게도 쉽게 이루어질 수 있으리라고는 꿈에도 생각해 본 적이 없습니다. 제가 스스로 구원을 받은 것이 아니라 그분의 은혜로 믿음으로 구원을 받은 것입니다. 이는 하나님의 선물입니다. 저는 구원받기 위해 어떤 것도 하지 않았습니다. 저는 그리스도 예수 안에서 창조되었습니다. 저는 새로운 피조물입니다. 저는 하나님의 자녀입니다. 이 모든 것이 저에게 선물로 온 것입니다. 그러니 제가 어찌 하나님을 찬양하지 않을 수 있겠어요! 제가 어찌 예수님, 곧 저의 새롭고 놀라우신 주님을 통해 하나님께 감사드리지 않을 수 있겠어요!"

당신은 이제 그 구원에 관해 무엇을 하시렵니까?

당신은 이 경이로운 메시지를 읽어보셨습니까? 그 메시지가 당신에게는 어떤 의미입니까? 그 메시지가 당신에게 어떤 영향을 미칠까요?

당신은 아버지의 심령의 비밀the heart secrets 안으로 들어갔습니다. 당신은 당신을 위해 그분의 아들이 겪으신 그 죽음의 고통을 보았습니다. 그것은 개인적인 사건이 되었습니다. 그래서 당신은 "그분이 나를 위해 죽으셨다. 그분이 나를 위해 고통당하셨다. 그분이 죽은 자들로부터 일으켜지시기 전에 나를 위해 대단한 싸움을 싸우셨다.

그것은 내가 싸웠어야 할 싸움이었다. 그분이 나를 위해 사탄을 정복하셨다. 그것은 마치 내가 그 싸움을 겪고, 그 모든 고통을 당하며 나 혼자서 원수 마귀를 정복한 것과 같다. 원수는 영원히 정복당했음에 틀림없다. 그가 악착같이 나에게 다시 도전할 수 있지만, 나는 그를 지배한 자라는 것을 알고 있다.

나는 예수의 이름으로 귀신들과 그들이 사람들의 몸과 생각에 가져다 줄 어떤 문제도 정복할 수 있다는 것을 알고 있다. 나는 예수 이름으로 치유하고 해방하는 하나님의 도구이다."라고 말하고 있었습니다.

당신은 새로운 피조물의 실재, 곧 하나님의 본성인 영원한 생명을 갖는다는 것이 무슨 의미인지를 보았습니다.

당신은 이 새로운 피조물이 예수님께로부터 발원하는 것을 알고 있습니다. 그러므로 예수님께서는 "나는 포도나무요 너희는 가지라"요 15:5 라고 말씀하셨을 때 그분과 당신의 연합이라는 절대적 진리를 말씀하고 계셨던 것입니다.

당신은 당신 안에 그분의 생명과 본성을 가지고 있습니다. 그분은 십자가에서 당신의 영적 죽음과 옛 본성을 담당하셨고, 그분의 부활은 당신에게 그분의 생명과 본성을 주십니다.

당신은 이 생명이 이성의 추론 능력을 능가할 정도로 실제로 당신이 그리스도의 마음mind을 가질 때까지 당신의 영을 통치할 것임을 압니다.

당신의 영으로 들어오신 그분의 영원한 생명이 당신에게 창조적인 능력을 주시는 것과 이제 당신이 그분과 같은 부류에 속한다는 사실을 압니다.

당신의 믿음은 지배하는 능력, 창조적 에너지가 됩니다.

그분의 생명이 당신의 생명, 당신의 빛, 당신의 지혜, 당신의 능력이 되었습니다.

그분께서 제자들에게 위로부터 능력을 받을 때까지 예루살렘에 머물러 있으라고 말씀하신 의미는 그들이 위로부터 임하는 하나님의 능력을 받아야 한다는 뜻이었습니다.

지금 당신 안에 그 능력을 가지고 있습니다. 그 능력은 하나님의 본성입니다. 당신은 그 본성을 풀어놓게 될 것입니다. 당신 안에 있는 하나님의 능력을 자유롭게 풀어놓는 비밀을 배우게 될 것입니다.

당신은 그분이 이루신 완벽한 새로운 창조 곧 완벽한 속량을 가지며, 이 새로운 창조를 통해 그분의 의 또한 받았습니다.

당신도 알다시피, 의는 아무런 죄책감이나 나약한 의식이나 열등감 없이 아버지의 임재 가운데 설 수 있는 능력을 의미합니다.

그런데도 우리가 사탄과 그가 한 일들과 암과 폐병 앞에서 또다시 두려움 없는 믿음을 가지고 설 수 있는 의가 필요하다는 것은 이상한 사실 아닙니까?

인간이 철저하게 무력하고 무능하다는 것을 나타내고, 암에 걸린 몸처럼 나약하게 열등감으로 인간의 의식이 망가질 만한 일은 전혀 없을 것입니다.

새로운 탄생이 일어나 우리에게 전이된 이 의는 우리의 대적이 하는 일 앞에서 거룩한 담대함을 줍니다.

우리는 사탄의 절대 지배자입니다. 그리고 우리는 그 사실을 압니다. 예수님께서는 "그들이 내 이름으로 귀신을 쫓아내며"막 16:17라고 말씀하셨습니다.

그 의미는 대적을 다스린다는 뜻입니다. 그리스도 안에서 새롭게 발견된 이 의는 우리로 하여금 질병과 재정적 속박과 그밖의 사탄의 모든 통제로부터 자유하도록 예수의 이름을 사용할 수 있게 합니다.

이 의는 우리를 자주 패배시키는 압도적인 환경에서 두려움 없이 대적할 수 있게 합니다.

우리는 노예로서 주인을 섬기던 곳에서 주인이 되었습니다. 우리는 속박당했던 곳에서 자유인이 되었습니다.

우리는 인도받을 만한 용기도 없었던 곳에서 지도자가 되었습니다. 우리는 빛의 전달자the light-bearer가 되었습니다. 우리는 그분이 "너희는 세상의 빛이라"마 5:14라고 말씀하신 바를 인식합니다.

아들이 우리를 자유롭게 하셨습니다. 우리는 불가능 앞에 정복자로 선다는 것이 무슨 뜻인지 압니다.

우리는 주님과 함께 바다 위를 걷는 것을 두려워하지 않습니다. 우리는 사람들을 자유롭게 하기 위해 도처의 싸움터에서 "옛 뱀"과 대적하기를 두려워하지 않습니다.

우리는 우리에게 절대적인 지배권을 주는 성령의 검을 가지고 있음을 압니다.

우리는 사람의 입술에 있는 말씀의 능력과 권세를 보았습니다. 말씀은 성경 안에서는 죽어있으나 믿음의 입술에서는 하나님 자신으로 충만하게 됩니다.

우리가 담대하게 "예수의 이름으로, 너는 정복된 자다. 나의 아버지께서 그 암을 예수님께 얹으셨다. 그래서 예수님께서 그 암을 담당하셨다. 그리고 그분이 채찍에 맞으심으로 치유는 이 고통당하는 사람에게 속한다."라고 말할 때, 이 말씀은 예수님께서 사도들에게 하셨던 것만큼이나 우리 입술에서 생생하고 신선합니다.

우리의 말이 우리의 일부이듯이, 말씀은 하나님 자신의 일부입니다.

믿음이 "있어라!"라고 말하였을 때 창조 세계가 존재하게 되었습니다. 오늘날 그 창조의 근본이 말씀에 있습니다.

"내가 너희에게 이른 말은 영이요 생명이라" 요 6:63

그 의미는 말은 창조의 능력이 있고, 지배하며, 말하는 자의 뜻이 요구하는 것은 무엇이든지 존재하게 한다는 뜻입니다.

기독교는 아주 위대하게 됩니다. 기독교는 노예를 초인간으로 만듭니다.

하나님께서는 "아무것도 아닌 존재nobodies"를 취하셔서, "특별한 존재somebodies"로 만드십니다.

그러나 이런 것보다 더 위대한 사실은 아버지와 우리가 교제한다는 실재입니다. 교제는 함께 나눈다는 뜻입니다. 남편과 아내가 결혼이라는 교제 속으로 들어가서 서로를 함께 나누듯이, 하나님의 가족으로 태어난 우리는 예수님과 아버지와 교제하며 서로 나누는 자fellowsharer가 됩니다.

성령님은 그렇게 하도록 우리에게 능력을 주시는 분입니다.

우리에게는 그분의 능력이 있습니다. 이는 예수님께서 그분이 오셨을 때 새로운 피조물에게 능력을 주실 것이라 약속하셨기 때문입니다. 우리에게는 그런 능력이 있습니다. 우리는 그분과 함께합니다.

우리의 교제는 이 경이로운 삶의 빛이요 기쁨입니다.

우리는 그 빛 가운데 걷고 있습니다. 우리의 영에는 어둠이 조금도 없습니다. 그분을 기쁘시게 하지 않는 모든 것이 우리 삶에서 제거되었습니다.

우리는 더 이상 성별하고 포기하고 양보하려 하지 않습니다. 그것들은 이 놀라운 삶에서의 어린아기 상태에 속한 것들입니다.

우리는 하나님의 아들과 딸의 온전한 분량의 수준으로 자랐습니다. 우리는 그분의 부담을 지며, 그분의 짐을 나르고 있습니다.

강한 우리가 연약한 이들의 짐을 지고 있습니다. 우리가 우리의 믿음으로 병든 자들을 치유하고 있습니다.

우리는 그리스도의 몸 안에서 치유자, 화해자, 돕는 자가 되었습니다.

우리는 예수님을 대신하고 있습니다. 우리는 그분의 일을 넘겨받았습니다. 우리는 그분께서 "그보다 큰 일도 하리니 이는 내가 아버지께로 감이라"요 14:12라고 말씀하시는 음성을 듣습니다.

우리에게는 그분의 이름, 그분의 지혜, 그분의 말씀, 그분의 모든 능력에 대한 권리가 있습니다. 그분 자신 안에 있는 전부가 우리에게 있습니다.

아버지께서 우리에게 그분을 주셨습니다. "하나님이 세상을 이처럼 사랑하사 독생자를 주셨으니"요 3:16 그분은 결코 그 선물을 도로 가져가지 않으셨습니다. 우리의 주님이신 그분은 우리를 돌보시는 분이시요, 우리를 보존하시는 이시며, 우리 삶의 대들보이십니다.

"너희 안에 계신 이가 세상에 있는 자보다 크심이라"요일 4:4 우리는 내재하시는 하나님을 의식하는 자가 되었습니다.

우리는 그분이 우리 삶으로 들어오신 날을 알고 있습니다. 그분은 우리 안에 거하시는 절대적인 주님이 되셨습니다.

우리는 그분이 사탄보다 더 위대하신 분임을 압니다.

그분은 예수님을 죽은 자들로부터 일으키신 분입니다. 그분은 예수님의 죽은 몸을 하늘의 향기처럼 달콤하고 신선하게 만드신 분입니다. 그분은 나사로의 죽고 부패한 몸을 만지셔서 그 몸에 생명과 활기와 건강으로 가득 채우신 분입니다.

그분은 교회를 새롭게 하시는 분이요, 치유하시는 분이며, 지지하고 후원하시는 분입니다.

그분이 우리 삶에 들어오셨습니다. 그분은 우리를 모든 실제로 인도하십니다.

그분은 아버지께 속한 것들과 예수님께 속한 것들을 우리에게 가져오셔서 그 비밀을 밝혀주십니다.

우리가 지금 읽고 있는 이 책은 그분이 보물창고로 들어가 오랫동안 잃어버렸던 그리스도의 부요를 빼 오셔서 우리에게 돌려주신 결과의 산물입니다.

그분은 오늘날 우리에게 그것들을 가지고 무엇을 할지 묻고 계십니다. 우리는 그것들을 수건에 싸매둘 것입니까? 아니면 그것들을 투자할 것입니까?

이는 우리의 특권이자 책임입니다.

결론

당신은 당신에게 찾아온 새로운 지식에 대한 책임을 지지 않은 채로 이와 같은 책을 읽을 수 없습니다. 당신은 다른 사람들에게 이 책에 대해 말해야 합니다.

당신은 가능하면 여러 권을 사서 돌려 보도록 해야 합니다. 이 책의 진가를 알 수 있는 사람들에게 빌려주십시오.

말씀 위에 서서 담대히 행할 수 있는 그룹을 당신의 공동체 안에 세우십시오.

지금은 이 나라와 문명 역사의 위기입니다. 사탄의 세력이 이 나라와 문명의 기반에 도전하고 있습니다.

실재라는 어떤 동호회에서 드리는 제안

이 책은 이해할 경우 교회를 혁명적으로 바꾸었을 것입니다.

이 책이 알려지도록 돕는 것이 당신의 일입니다.

여러 사람을 집으로 초대하여, 그들에게 이 책을 읽어준 다음, 그들의 심령이 이전의 당신처럼 전율할 때까지 설명해 주십시오.

우리에게 편지를 보내십시오. 우리의 잡지 「The Herald of Life」에 보내주십시오, 우리가 펴낸 다른 책들도 보십시오. 그 책들도 이 책만큼이나 전율시킬 책입니다.

오늘날 예수님을 대신할 수 있는 비결을 배우십시오.

믿음의말씀사 출판물

구입문의 : 031-8005-5483 http://faithbook.kr

■ 케네스 해긴의 「믿음 도서관」 책들
- 새로운 탄생
- 재정 분야의 순종
- 나는 지옥에 갔다 왔습니다
- 하나님의 처방약
- 더 좋은 언약
- 예수의 보배로운 피
- 하나님을 탓하지 마십시오
- 네 주장을 변론하라
- 셀 모임에서 성령인도 받기
- 안수
- 치유를 유지하는 법
- 사랑은 결코 실패하지 않습니다
- 하나님께서 내게 가르쳐 주신 형통의 계시
- 왜 능력 아래 쓰러지는가?
- 다가오는 회복
- 잊어버리는 법을 배우기
- 위대한 세 단어
- 하나님의 은사와 부르심
- 그 이름은 "놀라우신 분"
- 우리에게 속한 것을 알기
- 성령을 받는 성경적인 방법
- 하나님의 영광
- 은혜 안에서의 성장을 방해하는 다섯 가지
- 사랑 가운데 걷는 법
- 바울의 계시: 화해의 복음
- 당신은 당신이 말하는 것을 가질 수 있습니다
- 그리스도 안에서
- 말
- 방언기도의 능력을 풀어 놓으라
- 옳은 사고방식 틀린 사고방식
- 속량-가난, 질병, 영적 죽음에서 값 주고 되사다
- 네 염려를 주께 맡겨라
- 예언을 분별하는 일곱 단계
- 절망적인 상황을 반전시키기
- 당신의 믿음을 풀어 놓는 법
- 진짜 믿음
- 믿음이란 무엇인가
- 그리스도께서 지금 하고 계시는 일
- 충분하고도 넘치는 하나님 엘 샤다이
- 금식에 관한 상식
- 하나님의 말씀 : 모든 것을 고치는 치료제
- 가족을 섬기는 법
- 조에
- 당신이 알아야 하는 신유에 관한 일곱 가지 원리
- 여성에 관한 질문들
- 인간의 세 가지 본성
- 몸의 치유와 속죄
- 크게 성장하는 믿음
- 하나님 가족의 특권

- 기도의 기술
- 나는 환상을 믿습니다
- 병을 고치는 하나님의 말씀
- 영적 성장
- 신선한 기름부음
- 믿음이 흔들리고 패배한 것 같을 때 승리를 얻는 법
- 믿음의 선한 싸움을 싸우는 법
- 하나님의 계획과 목적과 추구
- 예수 열린 문
- 믿음의 계단
- 당신을 향한 하나님의 계획
- 역사하는 기도
- 기름부음의 이해
- 내주하시는 성령 임하시는 성령
- 재정적인 번영에 대한 성경적 열쇠들
- 어떻게 하나님의 영으로 인도받을 수 있는가?
- 마이더스 터치
- 치유의 기름부음
- 그리스도의 선물
- 방언
- 믿는 자의 권세(생애기념판)
- 믿음의 양식
- 승리하는 교회

■ E. W. 케년
- 십자가에서 보좌까지 무슨 일이 일어났는가?
- 두 가지 의
- 놀라우신 그 이름 예수
- 하나님 아버지와 그분의 가족
- 나의 신분증
- 두 가지 생명
- 새로운 종류의 사랑
- 그분의 임재 안에서
- 속량의 관점에서 본 성경
- 두 가지 지식
- 피의 언약
- 숨은 사람
- 두 가지 믿음
- 새로운 피조물의 실재

■ 스미스 위글스워스
- 스미스 위글스워스의 천국
- 스미스 위글스워스의 매일묵상
- 위글스워스는 이렇게 했다
- 스미스 위글스워스의 능력의 비밀

■ T. L. 오스본
- 행동하는 신자들
- 기적 - 하나님 사랑의 증거
- 새롭게 시작하는 기적 인생

- 좋은 인생
- 성경적인 치유
- 능력으로 역사하는 메시지
- 100개의 신유 진리
- 24 기도 원리 7 기도 우선순위
- 하나님의 큰 그림
- 긍정적 욕망의 힘
- 당신은 하나님의 최고의 작품입니다

■ 잔 오스틴
- 믿음의 말씀 고백기도집
- 하나님의 사랑의 흐름
- 견고한 진 무너뜨리기
- 초자연적인 흐름을 따르는 법
- 당신의 운명을 바꿀 수 있습니다
- 어떻게 하나님의 능력을 풀어놓을 수 있는가?

■ 크리스 오야킬로메
- 여기서 머물지 말라
- 이제 당신이 거듭났으니
- 당신의 인생을 재창조하라
- 이 마차에 함께 타라
- 그리스도 안에 있는 당신의 권리
- 성령님과 당신
- 성령님이 당신 안에서 행하실 일곱 가지
- 성령님이 당신을 위해 행하실 일곱 가지
- 기적을 받고 유지하는 법
- 하나님께서 당신을 방문하실 때
- 올바른 방식으로 기도하기
- 당신의 믿음을 역사하게 하는 법
- 끝없이 샘솟는 기쁨
- 기름과 겉옷
- 약속의 땅
- 하나님의 일곱 영
- 예언
- 시온의 문
- 하늘에서 온 치유
- 효과적으로 기도하는 법
- 어떤 질병도 없이
- 주제별 말씀의 실재
- 마음의 능력

■ 앤드류 워맥
- 당신은 이미 가졌습니다
- 은혜와 믿음의 균형 안에 사는 삶
- 하나님의 참 본성
- 하나님은 당신이 건강하기 원하십니다
- 영·혼·몸
- 전쟁은 끝났습니다
- 믿는 자의 권세
- 새로운 당신과 성령님
- 노력 없이 오는 변화
- 하나님의 충만함 안에 거하는 열쇠
- 더 좋은 기도 방법 한 가지
- 재정의 청지기 직분

- 하나님을 제한하지 마라
- 하나님의 뜻을 발견하고 따라가며 성취하라
- 하나님의 참 본성
- 하나님의 최선 안에 사는 법
- 더 큰 은혜, 더 큰 은총

■ 기타 「믿음의 말씀」 설교자들
- 성령의 삶 능력의 삶
- 복을 취하는 법
- 주는 자에게 복이 되는 선물
- 믿음으로 사는 삶
- 붉은 줄의 기적
- 당신이 말한 대로 얻게 됩니다
- 예수–치유의 길 건강의 능력
- 성령 안의 내 능력
- 존 G. 레이크의 치유
- 믿음과 고백
- 임재 중심 교회
- 성령충만한 그리스도인의 지침서
- 열정과 끈기
- 제자 만들기
- 어떻게 교회를 배가하는가
- 운명
- 모든 사람을 위한 치유
- 회복된 통치권
- 그렇지 않습니다
- 당신의 자녀를 리더로 훈련하라
- 오순절 운동을 일으킨 하나님의 바람
- 주일 예배를 넘어서
- 신약교회를 찾아서
- 내가 올 때까지
- 매일의 불씨
- 여성의 건강한 자아상

■ 김진호 · 최순애
- 왕과 제사장
- 새로운 피조물의 실재
- 믿음의 반석
- 새 언약의 기도
- 새로운 피조물 고백기도집(한글판/한영대조판)
- 성령 인도
- 복음의 신조
- 존중하는 삶
- 성경의 세 가지 접근
- 말씀 묵상과 고백
- 그리스도의 교리
- 영혼 구원
- 새로운 피조물
- 믿음의 말씀 운동의 뿌리
- 1인 기업가 마인드
- 내 양을 치라
- 새사람을 입으라